建设工程项目全流程法律合规风险防范指引

周本强 孙珺涛 主编

中国建筑工业出版社

图书在版编目（CIP）数据

建设工程项目全流程法律合规风险防范指引 / 周本强，孙珺涛主编. — 北京：中国建筑工业出版社，2023.10

ISBN 978-7-112-29091-8

Ⅰ.①建… Ⅱ.①周… ②孙… Ⅲ.①建筑工程-工程项目管理-业务流程-建筑法-风险管理-研究-中国 Ⅳ.①D922.297.4

中国国家版本馆CIP数据核字（2023）第161714号

本书坚持问题导向与解决实际问题的原则，以编著者十余年在建设工程领域积累的法律实务经验，对建筑施工企业常见的法律合规风险进行梳理，结合典型案例分析，提出了具有针对性、可操作性的法律合规风险防范建议。

本书涵盖建设工程项目招标投标合同签订与履行、分包采购管理、劳动（劳务）用工管理、项目履约管理、涉外项目管理等关键环节的法律合规风险防范，每部分都辅以典型真实案例，部分案例源于编著者亲自经办的案件。通过案例的导入，进一步明晰法律合规风险防范的重点与难点，提出具体可行的经营管理和业务操作建议，为建筑施工企业法律合规风险防范提供帮助。本书对于建筑施工企业推进依法治企、合规经营具有较高的参考价值。

责任编辑：徐仲莉　王砾瑶
责任校对：李美娜

**建设工程项目全流程
法律合规风险防范指引**
周本强　孙珺涛　主编

*

中国建筑工业出版社出版、发行（北京海淀三里河路9号）
各地新华书店、建筑书店经销
北京鸿文瀚海文化传媒有限公司制版
北京君升印刷有限公司印刷

*

开本：787毫米×1092毫米　1/16　印张：14　字数：346千字
2023年10月第一版　　2023年10月第一次印刷
定价：**80.00**元
ISBN 978-7-112-29091-8
（41817）

版权所有　翻印必究
如有内容及印装质量问题，请联系本社读者服务中心退换
电话：（010）58337283　　QQ：2885381756
（地址：北京海淀三里河路9号中国建筑工业出版社604室　邮政编码：100037）

本书编写委员会

主编　周本强　孙珺涛

编委（以姓氏笔画为序）

　　　　尹玲俐　刘　群　李宏涛　张肖肖
　　　　张昕煜　罗　璇　段立波　姜浩波
　　　　翁宇倩　卿　叶　高庆稳　崔敏捷

目　录

第一章　招标投标阶段法律合规风险防范 ··············· 1

第一节　应公开招标而未公开招标的风险 ··············· 1
一、法律合规风险点描述 ··············· 1
二、法律合规风险防范措施 ··············· 1
三、典型案例：应招未招，行为无效责自担 ··············· 2

第二节　联合体投标的风险 ··············· 4
一、法律合规风险点描述 ··············· 4
二、法律合规风险防范措施 ··············· 5
三、典型案例：联合投标不慎，获小利担大责 ··············· 7

第三节　发包人资信不良的风险 ··············· 9
一、法律合规风险点描述 ··············· 9
二、法律合规风险防范措施 ··············· 9
三、典型案例：资信审查不严格，小疏忽酿大损失 ··············· 12

第四节　适用地方性法规及政策的风险 ··············· 14
一、法律合规风险点描述 ··············· 15
二、法律合规风险防范措施 ··············· 15
三、典型案例：政府文件误工期，吃一堑长一智 ··············· 15

第五节　建设手续不完备的风险 ··············· 17
一、法律合规风险点描述 ··············· 17
二、法律合规风险防范措施 ··············· 17
三、典型案例：建设手续不完备，到嘴鸭子也会飞 ··············· 18

第六节　对招标文件理解错误的风险 ··············· 20
一、法律合规风险点描述 ··············· 20
二、法律合规风险防范措施 ··············· 21
三、典型案例：招标文件理解错，自酿苦果自己吃 ··············· 21

第七节　低价投标、高价索赔的风险 ··············· 25
一、法律合规风险点描述 ··············· 26
二、法律合规风险防范措施 ··············· 27
三、典型案例：材料补差破局难，提前筹划才能赢 ··············· 27

第八节　放弃优先受偿权的风险 ··············· 29
一、法律合规风险点描述 ··············· 29

二、法律合规风险防范措施 ·· 30
三、典型案例：法定优先权，放弃需谨慎 ·· 30

第二章　合同签订阶段法律合规风险防范 ··· 33

第一节　合同主体资格不适格的风险 ··· 33
一、法律合规风险点描述 ·· 33
二、法律合规风险防范措施 ·· 34
三、典型案例：合同强调相对性，想要突破有困难 ·· 34

第二节　履约担保的风险 ··· 37
一、法律合规风险点描述 ·· 37
二、法律合规风险防范措施 ·· 38
三、典型案例：履约担保有风险，作出决策需谨慎 ·· 38

第三节　违背招标投标文件实质性内容签订合同的风险 ··· 41
一、法律合规风险点描述 ·· 41
二、法律合规风险防范措施 ·· 42
三、典型案例：中标合同有效力，实质变更属无效 ·· 42

第四节　签订"阴阳合同"的风险 ·· 44
一、法律合规风险点描述 ·· 44
二、法律合规风险防范措施 ·· 44
三、典型案例：阴阳合同风险高，勿以小利换大亏 ·· 45

第五节　合同内容被篡改的风险 ·· 46
一、法律合规风险点描述 ·· 46
二、法律合规风险防范措施 ·· 46
三、典型案例：合同内容易篡改，审核签订需谨慎 ·· 47

第六节　重要条款约定不明的风险 ··· 48
一、法律合规风险点描述 ·· 48
二、法律合规风险防范措施 ·· 50
三、典型案例：重要条款约不明，主张权利要受限 ·· 50

第七节　违约条款设置不合理的风险 ··· 52
一、法律合规风险点描述 ·· 52
二、法律合规风险防范措施 ·· 53
三、典型案例：违约金要合理，过高过低要调整 ·· 53

第八节　争议解决条款约定不当的风险 ··· 56
一、法律合规风险点描述 ·· 56
二、法律合规风险防范措施 ·· 57
三、典型案例：争议约定有风险，管辖利益应重视 ·· 57

第三章　合同履行阶段法律合规风险防范 ··· 60

第一节　建设单位资信状况及履约能力恶化的风险 ··· 60

一、法律合规风险点描述 ··· 60
　　二、法律合规风险防范措施 ··· 60
　　三、典型案例：业主资信要警惕，一旦恶化风险高 ······························· 61
第二节　工期违约的风险 ·· 63
　　一、法律合规风险点描述 ··· 63
　　二、法律合规风险防范措施 ··· 64
　　三、典型案例：工期延误后果重，违约责任要分清 ······························· 65
第三节　签证、变更及索赔的风险 ··· 69
　　一、法律合规风险点描述 ··· 69
　　二、法律合规风险防范措施 ··· 70
　　三、典型案例：索赔依据要充分，提早筹划胜算足 ······························· 71
第四节　发包人未按合同约定支付工程款的风险 ······································ 73
　　一、法律合规风险点描述 ··· 74
　　二、法律合规风险防范措施 ··· 75
　　三、典型案例：工程付款应准时，逾期拖欠要担责 ······························· 76
第五节　未按程序停工的风险 ··· 79
　　一、法律合规风险点描述 ··· 80
　　二、法律合规风险防范措施 ··· 80
　　三、典型案例：停工维权需谨慎，依据充分方可为 ······························· 80
第六节　施工设计图纸缺陷的风险 ··· 84
　　一、法律合规风险点描述 ··· 84
　　二、法律合规风险防范措施 ··· 84
　　三、典型案例：工程质量有缺陷，各方责任要划清 ······························· 84
第七节　未按约定配备项目管理人员的风险 ·· 86
　　一、法律合规风险点描述 ··· 87
　　二、法律合规风险防范措施 ··· 87
　　三、典型案例：项目管理要到位，管理缺位要担责 ······························· 87
第八节　项目经理滥用职权的风险 ··· 90
　　一、法律合规风险点描述 ··· 90
　　二、法律合规风险防范措施 ··· 90
　　三、典型案例：项目经理慎用权，肆意妄为惹祸端 ······························· 91
第九节　安全事故的风险 ·· 93
　　一、法律合规风险点描述 ··· 93
　　二、法律合规风险防范措施 ··· 95
　　三、典型案例：安全事故猛于虎，安全生产重如山 ······························· 96
第十节　农民工工资支付的风险 ·· 97
　　一、法律合规风险点描述 ··· 97
　　二、法律合规风险防范措施 ··· 98
　　三、典型案例：民工欠薪无小事，总包管理责任大 ······························· 98

第十一节　商票支付的风险 …… 100
一、法律合规风险点描述 …… 100
二、法律合规风险防范措施 …… 100
三、典型案例：商票支付风险高，逾期救济有困难 …… 100

第十二节　采用保理的风险 …… 102
一、法律合规风险点描述 …… 102
二、法律合规风险防范措施 …… 102
三、典型案例：保理业务要求高，施工单位慎选择 …… 103

第十三节　材料人工价差的风险 …… 104
一、法律合规风险点描述 …… 104
二、法律合规风险防范措施 …… 105
三、典型案例：高价索赔遭反噬，合理报价是王道 …… 106

第十四节　不可抗力引起的风险 …… 107
一、法律合规风险点描述 …… 108
二、法律合规风险防范措施 …… 108
三、典型案例：不可抗力使用好，化解风险避损失 …… 109

第四章　竣工验收与保修阶段法律合规风险防范 …… 112

第一节　结算协议的风险 …… 112
一、法律合规风险点描述 …… 112
二、法律合规风险防范措施 …… 113
三、典型案例：结算协议有效力，约束双方难推翻 …… 113

第二节　未办理竣工验收擅自使用的风险 …… 116
一、法律合规风险点描述 …… 117
二、法律合规风险防范措施 …… 117
三、典型案例：未经验收擅使用，质量责任要承担 …… 118

第三节　未按合同约定提交结算资料的风险 …… 120
一、法律合规风险点描述 …… 120
二、法律合规风险防范措施 …… 120
三、典型案例：结算资料是依据，主张权利早提交 …… 121

第四节　发包人拖延办理竣工验收与结算的风险 …… 122
一、法律合规风险点描述 …… 122
二、法律合规风险防范措施 …… 122
三、典型案例：竣工结算恶意拖，结算文件视认可 …… 123

第五节　发包人要求办理结算审计的风险 …… 126
一、法律合规风险点描述 …… 126
二、法律合规风险防范措施 …… 127
三、典型案例：以审计代结算，合理与否要分辨 …… 128

第六节　施工单位未及时履行保修义务的风险 …… 130

一、法律合规风险点描述 ·· 130
　　　二、法律合规风险防范措施 ·· 131
　　　三、典型案例：维保义务需重视，拒不修复责任大 ············ 132
　第七节　施工单位质量保证金返还的风险 ···························· 134
　　　一、法律合规风险点描述 ·· 135
　　　二、法律合规风险防范措施 ·· 136
　　　三、典型案例：缺陷责任期限满，质保金额及时返 ············ 137

第五章　分包采购合同法律合规风险防范 ·································· 141
　第一节　对分包商、供应商资信审查不严的风险 ···················· 141
　　　一、法律合规风险点描述 ·· 141
　　　二、法律合规风险防范措施 ·· 141
　　　三、典型案例：资质审查要细致，稍有不慎酿风险 ············ 142
　第二节　违法分包、转包的风险 ·· 144
　　　一、法律合规风险点描述 ·· 144
　　　二、法律合规风险防范措施 ·· 147
　　　三、典型案例：工程分包要合法，违法分包需担责 ············ 148
　第三节　挂靠施工的风险 ·· 149
　　　一、法律合规风险点描述 ·· 150
　　　二、法律合规风险防范措施 ·· 151
　　　三、典型案例：挂靠施工不合法，产生纠纷难认定 ············ 151
　第四节　未签订书面合同的风险 ·· 154
　　　一、法律合规风险点描述 ·· 155
　　　二、法律合规风险防范措施 ·· 155
　　　三、典型案例：合同形式很关键，口头协议举证难 ············ 155
　第五节　指定分包的风险 ·· 158
　　　一、法律合规风险点描述 ·· 158
　　　二、法律合规风险防范措施 ·· 159
　　　三、典型案例：指定分包要警惕，稍有不慎就背锅 ············ 159
　第六节　分包商赶工索赔的风险 ·· 161
　　　一、法律合规风险点描述 ·· 162
　　　二、法律合规风险防范措施 ·· 162
　　　三、典型案例：赶工费用要留痕，当心索赔无人应 ············ 163
　第七节　分包商违约证据缺失的风险 ······································ 165
　　　一、法律合规风险点描述 ·· 165
　　　二、法律合规风险防范措施 ·· 166
　　　三、典型案例：权利主张靠证据，证据缺失难胜诉 ············ 166
　第八节　代分包商签订采购合同的风险 ·································· 168
　　　一、法律合规风险点描述 ·· 168

二、法律合规风险防范措施 ………………………………………………… 168
　　三、典型案例：代签合同惹麻烦，有口难辩损失重 ……………………… 169

第六章　劳动（劳务）用工法律合规风险防范 ……………………………… 170

第一节　分包单位未与农民工签订劳动合同的风险 ……………………… 170
　　一、法律合规风险点描述 ………………………………………………… 170
　　二、法律合规风险防范措施 ……………………………………………… 170
　　三、典型案例：农民工使用要规范，用工主体需明确 …………………… 171

第二节　使用劳务派遣用工模式的风险 …………………………………… 172
　　一、法律合规风险点描述 ………………………………………………… 172
　　二、法律合规风险防范措施 ……………………………………………… 173
　　三、典型案例：劳务派遣非万能，适用条件要牢记 ……………………… 173

第三节　未与员工签订书面劳动合同的风险 ……………………………… 178
　　一、法律合规风险点描述 ………………………………………………… 178
　　二、法律合规风险防范措施 ……………………………………………… 179
　　三、典型案例：劳动合同及时签，权利义务定明确 ……………………… 179

第七章　授权类法律合规风险防范 …………………………………………… 182

第一节　开具授权委托书的风险 …………………………………………… 182
　　一、法律合规风险点描述 ………………………………………………… 182
　　二、法律合规风险防范措施 ……………………………………………… 183
　　三、典型案例：授权管理要严谨，忽略细节惹麻烦 ……………………… 184

第二节　建筑施工企业印章管理的风险 …………………………………… 186
　　一、法律合规风险点描述 ………………………………………………… 186
　　二、法律合规风险防范措施 ……………………………………………… 189
　　三、典型案例：印章加盖生效力，牢记假章也是章 ……………………… 192

第八章　侵权责任法律合规风险防范 ………………………………………… 195

第一节　违规参与项目征地拆迁侵权损害的风险 ………………………… 195
　　一、法律合规风险点描述 ………………………………………………… 195
　　二、法律合规风险防范措施 ……………………………………………… 195
　　三、典型案例：征地拆迁要合法，各方责任需明确 ……………………… 196

第二节　施工过程中对他人人身权利侵害的风险 ………………………… 197
　　一、法律合规风险点描述 ………………………………………………… 197
　　二、法律合规风险防范措施 ……………………………………………… 198
　　三、典型案例：施工安全要保障，侵害人身要赔偿 ……………………… 198

第三节　环境侵权的风险 …………………………………………………… 200
　　一、法律合规风险点描述 ………………………………………………… 200
　　二、法律合规风险防范措施 ……………………………………………… 201

三、典型案例：环保要求要牢记，环境损害责任重 ················· 201

第九章 涉外项目法律合规风险防范 ················· 204

第一节 项目所在国法律政策变化的风险 ················· 204
一、法律合规风险点描述 ················· 204
二、法律合规风险防范措施 ················· 204
三、典型案例：东道国法律变化，及时亮剑避损失 ················· 205

第二节 不可抗力下独立保函索兑的风险 ················· 208
一、法律合规风险点描述 ················· 208
二、法律合规风险防范措施 ················· 208
三、典型案例：独立保函风险高，国际项目要善用 ················· 209

第一章
招标投标阶段法律合规风险防范

第一节 应公开招标而未公开招标的风险

为充分保证大型基础设施、公用事业等关系社会公共利益、公共安全的项目、全部或者部分使用国有资金投资或者国家融资的项目、使用国际组织或者外国政府贷款、援助资金等项目的质量安全，防止私下交易和暗箱操作，《招标投标法》第三条明确规定上述项目必须进行招标投标。这些项目如果未按规定进行招标投标的，将会存在较为严重的法律合规风险。

一、法律合规风险点描述

1. 合同无效的风险

建筑施工企业未核实项目是否属于必须公开招标的项目或明知属于必须公开招标的项目，直接与发包人签订施工合同，最终直接导致合同无效，不能达到合同预期目的。

中标无效后可能导致建筑施工企业中途退场、违约条款无效、结算条款无效，甚至可能导致优先受偿权丧失、前期既定的合法利益受到损失等风险。

2. 建筑施工企业可能受到行政处罚风险

《招标投标法》第四十九条规定，必须进行招标的项目而不招标的，将必须进行招标的项目化整为零或者以其他任何方式规避招标的，责令限期改正，可以处项目合同金额千分之五以上千分之十以下的罚款；对全部或者部分使用国有资金的项目，可以暂停项目执行或者暂停资金拨付；对单位直接负责的主管人员和其他直接责任人员依法给予处分。

二、法律合规风险防范措施

1. 建设施工企业在承接项目时，首先要做的就是核实该工程项目是否属于必须公开招标投标的项目，建议通过以下方式予以核实：

（1）根据国家法律法规相关规定进行判断。

（2）查询项目所在地的政策法规对必须公开招标项目的有关规定。

（3）通过项目所在地政府主管机关或行业协会等正规渠道获取招标信息。

（4）特殊情况下可在施工合同中约定合同的生效条件，比如以施工合同到项目所在地主管部门办理完备案手续为生效条件等。

2. 对于续标的工程，因建设施工企业已经参与建设单位的前期工程，对建设单位的需求较为了解，基本掌握施工现场条件，采购建筑材料也轻车熟路，从工程项目现场管理

方便以及保证建设工程质量等方面,也对建设施工企业有利。但建设施工企业仍应当仔细研究,采取下列措施防范风险:

(1) 按规定办理公开招标投标手续,利用已有优势条件,适当降低投标报价,确保中标。

(2) 如属于可以议标的工程,则应按规定办理备案手续。

(3) 承接后续工程的过程中,应注意保障前期工程的利益不受损失。

三、典型案例:应招未招,行为无效责自担

【基本案情】

2012年12月9日,原告坚果建筑工程有限公司与被告北方矿业有限公司双方签订了两份《建设工程施工合同》,约定由原告承建被告位于北衙村的第二职工宿舍建设工程和办公楼扩建工程,承包方式为总承包。在第一份合同中约定第二职工宿舍楼建设工程项目中的建筑工程部分实行总价包干为24756136.41元,室外工程部分暂估价为3180108.10元;在第二份合同中约定办公楼扩建工程总价包干为4225856.51元。两份合同约定在工程设计不变更的前提下,合同总价不予调整,合同同时对付款方式、质量保证金等作了约定。合同签订后,原告于2013年1月1日进场施工,2014年3月17日工程竣工,2014年3月27日竣工验收合格,2014年7月24日提交竣工验收资料,质保期于2015年3月27日届满。2016年8月2日,经双方结算确认,原告第二职工宿舍楼建设工程价为24756136.41元、室外工程部分工程价为3403910.75元、办公楼扩建工程价为4225856.51元。扣减第二职工宿舍楼建设合同内未施工的太阳能水箱项目工程款125386.4元后,被告向原告支付了工程款24528115.54元,尚有7732401.73元的工程款未支付。原告诉至法院要求支付拖欠工程款及利息。

被告北方矿业有限公司辩称,案涉工程应公开招标而未公开招标,违反了《招标投标法》的规定,因此,双方于2012年12月签订的两份《建设工程施工合同》应为无效合同,合同约定的包干价无效,付款时间也无效,故其主张的工程欠款7732401.73元和自2013年3月17日起算的利息无依据。对案涉工程的结算价应按工程量清单计价方式结算,同时,被告申请第三方造价公司对工程款进行鉴定。

【裁判结果】

法院经审理认为被告作为国有相对控股企业,在使用国有资金进行项目建设的过程中应当进行公开招标而未公开招标,违反了相关法律法规的规定,导致双方签订的《建设工程施工合同》无效,对此,双方均有过错。《建设工程施工合同》虽然无效,但在工程验收合格后,双方仍应按合同约定支付工程款。被告在工程竣工并验收合格后,未及时支付拖欠的工程款,是过错一方,应承担归还拖欠工程款本息的民事责任。合同无效,原告亦存在一定的过错,为体现过错责任,诉讼费用由原告承担为宜。因此原告的大部分诉讼请求得到支持。

【案例评析】

本案是一起因应公开招标而未公开招标引发的建设工程施工合同纠纷。本案中法院支持原告大部分诉讼请求的主要原因如下:

1. 关于双方当事人签订的两份《建设工程施工合同》的效力问题。根据《招标投标法》第三条的规定:"使用国有资金投资的项目,必须进行招标";《招标投标法实施条例》第八条规定:"国有资金占控股或者主导地位的依法必须进行招标的项目,应当公开招标,但有下列情形之一的,可以邀请招标:(一)技术复杂、有特殊要求或者受自然环境限制,仅有少量潜在投标人可供选择;(二)采用公开招标方式的费用占项目合同金额比例过大。"上述规定系效力性强制性规定,违反该规定,必然导致民事行为无效。本案中,被告北方矿业有限公司系由黄金有限公司出资设立的全资子公司,黄金有限公司由国有企业地矿总公司和民营企业共同投资设立,其中,地矿总公司作为最大的股东,占股34.79%,因此可以认定被告北方矿业有限公司系国有相对控股企业。原告关于投资设立黄金有限公司的民营企业莲花有限公司(占股20%)、巴巴科技有限公司(占股10%)委托大白投资有限公司(占股30%)行使表决权的辩解无证据证明,法院不予确认。被告北方矿业有限公司作为国有相对控股企业进行的第二职工宿舍楼工程和办公楼扩建工程属于使用国有资产进行投资建设的项目,按《招标投标法》和《招标投标法实施条例》的规定,应当进行公开招标,而非邀请招标。因此,由于被告方在工程招标时违反了法律法规的规定,应认定其招标行为无效,双方当事人签订的两份《建设工程施工合同》无效。

2. 关于工程款如何确定的问题。《最高人民法院关于审理建设工程施工合同纠纷案件适用法律问题的解释》(法释〔2004〕14号)第二条规定:"建设工程施工合同无效,但建设工程经验收合格,承包人请求参照合同约定支付工程价款的,应予支持。"[1] 本案中,案涉工程于2014年3月27日验收合格,被告已入住使用,根据上述规定,合同虽然无效,但是对工程款的确定仍应按合同约定。双方当事人签订的两份《建设工程施工合同》中明确,办公楼扩建工程和第二职工宿舍楼建设工程是以总价包干的方式确定工程款,加之在工程完工并经过竣工验收入住使用后,原告于2016年8月2日向被告发出的《北方矿业有限公司第二职工宿舍楼、办公楼扩建工程情况说明》载明,办公楼扩建工程合同包干价:4225856.51元、第二职工宿舍楼建设工程合同包干价:24756136.41元、室外工程的审定价:3403910.75元、扣减价:125386.4元,该情况说明经被告公司法人等相关人员签名确认,应作为认定工程结算价格的依据。《最高人民法院关于审理建设工程施工合同纠纷案件适用法律问题的解释》(法释〔2004〕14号)第二十二条规定:"当事人约定按照固定价结算工程价款,一方当事人请求对建设工程造价进行鉴定的,不予支持",[2] 因双方的合同中已明确固定价,故对原告提出的申请第三方造价公司对工程款进行鉴定的请求不予支持。被告提供的其单方委托天天国际工程项目管理有限公司作出的《工程结算书》未经原告审核确认,不能作为确认工程款的依据。故法院认定办公楼扩建工程款为4225856.51元、第二职工宿舍楼建设工程款为24756136.41元、室外工程款为3403910.75元、扣减价为125386.4元。

3. 关于被告拖欠工程款的利息起算时间。根据《最高人民法院关于审理建设工程施工合同纠纷案件适用法律问题的解释》(法释〔2004〕14号)第十八条规定,当事人对付

---

[1] 该司法解释已废止,但其观点及精神已纳入《中华人民共和国民法典》第七百九十二条。
[2] 该司法解释已废止。该条已被《最高人民法院关于审理建设工程施工合同纠纷案件适用法律问题的解释(一)》(法释〔2020〕25号)第二十八条替代。

款时间没有约定或约定不明的，以实际交付之日或提交竣工结算文件之日作为利息的起算时间。[1] 本案中，案涉工程交付被告方的时间不明确，但提交竣工结算文件的时间是明确的，即2014年7月24日，故利息的起算时间从提交竣工结算文件起算符合法律本意，原告主张的从竣工验收合格之日起算于法无据。

第二节 联合体投标的风险

联合投标，是指具备承担招标项目相应能力的两个及以上法人或者其他组织组成一个联合体，以一个投标人的身份共同投标。组成联合体的各方签订共同投标协议，明确约定各方拟承担的工作和责任，并将共同投标协议连同投标文件一并提交给招标人。联合体中标的，联合体各方应当共同与招标人签订合同，就中标项目向招标人承担连带责任。

组建联合体投标能有效增强投标人的投标竞争力和中标后的履约能力，弥补单个主体某方面的不足。一般联合投标适用于结构复杂的大型建设项目，联合体投标能取得"强强联合"或者"优势互补"的效果，减轻联合体各方因支付巨额履约保证而产生的资金负担，分散联合体各方的投标风险。因此，组建联合体投标成为市场上常见的招标投标方式。

国家有关规定或者招标文件对投标人资格条件有规定的，联合体各方均应当具备规定的相应资格条件。由同一专业的单位组成的联合体，按照资质等级较低的单位确定资质等级。

然而，工程建设领域联合体投标中的联合体是一个临时性组织，不具有法人资格，如果对联合体投标法律风险识别不足，将导致项目投标失败或者中标后履约失败，引发各类法律风险。

一、法律合规风险点描述

1. 承担连带责任的风险

《中华人民共和国建筑法》（以下简称《建筑法》）第二十七条规定："大型建筑工程或者结构复杂的建筑工程，可以由两个以上的承包单位联合共同承包。共同承包的各方对承包合同的履行承担连带责任。"《招标投标法》第三十一条规定："联合体中标的，联合体各方应当共同与招标人签订合同，就中标项目向招标人承担连带责任。"

以联合体投标的，联合体各方共同作为合同当事方与业主签订施工合同，并就合同的履行共同对业主承担连带责任。如果联合体中标后，联合体一方放弃与业主签订合同，另一方缴纳的投标保证金将被没收；如果因联合体一方原因导致工程质量不符合合同约定、工期逾期，或项目发生重大安全事故的，联合体另一方也要向业主方承担连带责任。

2. 联合体内部产生纠纷的风险

由于联合体各方企业管理方式、管理能力、企业文化等差异，在联合体各方未事先明确双方的权责的情况下，出现工程范围增加、工程延期、成本增加、设计变更等事件时，

---

[1] 该司法解释已废止。该条已被《最高人民法院关于审理建设工程施工合同纠纷案件适用法律问题的解释（一）》（法释〔2020〕25号）第二十七条替代。

如联合体内部缺乏必要的沟通渠道和交流机制，大概率会造成联合体成员间产生争议甚至纠纷。尤其是某些联合体成员的上级单位对联合体成员和联合体管控过严，审批手续繁多。当各方意见和利益相左，如沟通成本过高、不畅，极易造成效率降低、成本增加，更有甚者会直接影响联合体成员之间的合作，引发联合体内部之间的纠纷。

3. 联合体资信不良引发的风险

联合体一方资信风险是指作为联合体一方资信不良，在施工过程中出现资信问题，进而影响与建设单位、设计单位、分包分供单位等利益相关方的合同履行，造成损失。

4. 联合体一方中途退出的风险

在实践中，联合体一方可能因自身各种原因中途退出，特别是投资一方可能会因项目前景不佳或融资成本增大等原因中途退场。在这种情况下，施工单位为避免项目被业主方强制接管、提前终止或对业主承担巨额违约金等，往往不得不自行垫资施工，由此导致施工单位承担巨额的垫资成本、融资成本以及资金压力。

5. 设计与施工相脱离的风险

在设计单位与施工单位组成联合体联合投标的模式下，因设计费用、设计工期会在合同中单独明确约定，设计单位在进行设计时极大可能不考虑或者不完全考虑施工单位的施工成本、施工所需工期，甚至是工程质量，容易导致施工单位成本不可控，出现亏损的情况。

二、法律合规风险防范措施

1. 审慎审查合作方资信，选好合作方组成联合体投标

在选择和确定联合体方时，作为联合投标的发起人或者主要运作者，在组成联合体前，务必要谨慎选择合作方：

（1）施工单位可通过调查联合体方的工商内档资料查询该公司有无法人资格或者是否依法成立的其他组织，注册资本及注册资本是否实际缴纳，有无与建设工程相适应的资金或者资金来源。

（2）通过中国裁判文书网、中国执行信息公开网、信用中国启信宝、企查查等方式调查联合体方资信情况，了解合作方是否有金额较大债务的诉讼案件或执行案件、是否被列入失信被执行人名单（联合体成员失信，即为联合体失信）、股权状态是否受限，或虽未被列为失信被执行人，但存在被法院列为被执行人的案件较多的情况等。

（3）施工单位应对联合体方的背景情况、技术水平、融资能力、以往项目经验进行充分的调查，慎重选择能与自己形成技术或资源优势互补的合作方。

（4）合作方的合同信用等级、银行贷款信用等级。

（5）合作方的股权、流动资金、固定资产等是否被冻结、被查封。

（6）合作方是否有被行政机关处罚或处罚未执行完毕的不良记录。

如遇有条件的重大项目，可采取在网站发布征集合作伙伴的公告，确定筛选条件，通过谈判确定双方组建联合体的合作条件、联合体成员单位数量上限等，通过公开程序规避合作伙伴选择风险。

在上述情况均有充分了解后，再慎重抉择是否与其共同投标，组成联合体。选择"靠谱"的合作方，不仅能增强投标竞争力，还能有效规避风险。

2. 制作规范的投标文件

联合体全部成员不仅要满足法定的资格条件要求，还要满足招标文件对联合体成员的资格条件要求，否则可能丧失投标资格。制作投标文件的材料要联合体成员分别提供，这就要求联合体成员必须对所提供的投标资料的真实性、完整性和准确性负责。在细节上稍有不慎，有可能会因联合体成员"弄虚作假"而被认定联合体整体中标无效。

3. 明确联合体各方权责

（1）对外的联合体协议。即由联合体按照招标文件要求填写，为格式化填充，内容相对简单，附在投标文件之中，明确联合体牵头人、联合体成员分工以及对招标人的连带责任等事宜。

（2）对内的联合体协议。施工单位应在联合体协议中将联合体成员内部职责、分工及责任承担约定明晰，联合体内部权责明晰是保证联合体正常运转的前提，也是在联合体一方出现违约或者资信问题情形时，施工单位保证自己权益的重要依据。因此，在联合体合作协议中理应细化对各方的权责一致内容的条款，尤其是要在合作协议中明确各方权利、义务和合作责任的分担，联合体内部关系及责任要清晰、联合体内部纠纷的处理程序要明确。联合体协议一般包括以下方面的内容：

一是各方权利、义务、合作责任的分担，各方的工作界面划分明确、合理，联合体内部各方的监管权，联合体内部关系及责任清晰。在明确联合体各方在其工作范围内权利义务的同时，还应明确联合体牵头人及其对外代表联合体的权限，避免联合体牵头人滥用权利从而损害联合体其他成员方的利益。

二是项目管理模式。对内应约定联合体各方派驻项目的代表及其分工、定期沟通的方式，确保联合体内部的协调机制有效运作。对外应约定联合体项目部的各种规章制度和工作程序，统一代表联合体各方对外联系工作、协调指挥。

三是资金、设备、材料周转管理制度，以确保施工组织有序、高效，工程款支付公开透明。

四是明确收款事项。明确建设单位付款是直接将合同款项支付给联合体牵头方，还是按照联合体成员的具体分工分别支付各联合体成员工作范围内相应款项，或是联合体成员共同设立银行账户。如果建设单位支付到联合体牵头方或联合体成员共管账户，还应明确联合体各方收付款程序和流程，避免联合体内部付款程序以及内部款项争议风险。

五是明确发票的开具。增值税的税收监管中，为避免虚开增值税发票的风险，应注意服务流、合同流、资金流、发票流"四流一致"。联合体作为承包人时，发票的开具应与资金、合同、服务或货物的流向一致，尤其是与联合体间付款方式相符。特别需要注意的是：设计—施工联合体可以在现有增值税法律环境下合理进行税务筹划，控制税赋风险；在合同价款全部由联合体牵头人接收的情况下，联合体牵头人转付其他成员方款项时，为取得款项相对应的发票，有时会与联合体其他成员方签订分包合同，联合体成员内部为了开具发票而签订合同应以联合体分工协议而非分包合同的形式签署，以免导致联合体另一方因《建筑法》第二十九条"禁止二次分包"的规定，可能无法再进行专业分包的风险。

六是明确管理费用的分摊比例与投入方式。

七是合理分配联合体的法律及经营风险。

八是合理划分联合体的保证责任，如投标保证金、履约保证金、预付款保证金、质量保证金及工程保险等。

九是明确联合体内部纠纷的处理程序及应急预案。

十是明确联合体成员一方对外分包，联合体另一方对该分包合同的责任。

联合体成员对外的分包是联合体各成员对其分工范围内工作的具体实施方式，联合体成员履行各自分工范围内的工作任务时，通常需对外签订各类分包合同、材料设备租赁或供应合同等。目前法律上关于联合体对建设单位承担"连带责任"的规定是清晰的，但对分包人是否承担"连带责任"规定不清，司法审判实践中出现不同判例，为避免联合体一方可能就联合体另一方分包承担责任的，可以在分包协议中约定联合体一方的追偿权利及有关担保措施。

4. 优化联合体内部组织架构

在联合体成立且成功中标工程项目后，为了高效完成后续工程项目，应在组建的联合体内部对各方职责进行统一优化，建立完备的管理系统，制定详细的规章制度和工作程序。

联合体项目部是联合体唯一的对外窗口，代表联合体各方，统一与业主、监理单位及有关机构联系工作、接受指令，同时又负责工程指挥与协调，各方应保证联合体项目部的权威和高效运转。

5. 明确退出机制及后果约定

为防止联合体合作方中途退出，导致施工单位被迫垫资施工或者承担不利后果，施工单位应与联合体合作方约定好一方中途退出机制以及中途退出应承担的后果，可事先要求合作方按比例提供相应的保函、保证金，并明确约定合作方提前退退机制及擅自提前退场的违约责任。

6. 加强自身设计能力

当前，只有极少数的施工单位有自己的设计院，但在设计—施工联合体中，设计对施工单位尤为重要，施工单位的成本、工期、施工方案几乎都与设计相关。因此，施工单位应尽量增强自身设计能力，尽量拥有自己的设计院，由此在 EPC 项目中就不用受设计单位的掣肘，从而增加自身的成本控制，增大自己的盈利空间。

7. 加强对工程款的控制程度

施工单位应尽量在联合体中起主导作用，尽量约定由业主将工程款支付给施工单位，由施工单位进行分配或者联合体设立共管账户进行工程款的收支，从而加强对工程款的监控渠道和控制程度。

三、典型案例：联合投标不慎，获小利担大责

【基本案情】

蓝天建设集团有限公司（以下简称蓝天集团）与白云建设工程有限公司（以下简称白云公司）签订《合作投标协议书》，合同部分约定如下：

第一，双方共同投标环线高速本溪至辽宁段路面工程第一、二、三合同段；铁岭至朝阳高速阜新至朝阳段路面工程第一、二、三、八合同段；双方同意以蓝天集团名义参加投标，如工程中标则蓝天集团为中标工程总承包方，与业主省高等级公路建设局（以下简称省公路建设局）签订承包主合同，双方协商处理与业主合同的一切事宜。

第二，在蓝天集团监督管理的原则下，蓝天集团根据主合同文件精神与白云公司签订《联合施工协议书》，并将全部中标工程的49%交由白云公司实施；白云公司同意向蓝天集团缴纳施工总金额的1%作为项目管理费。

第三，《合作投标协议书》签订后，白云公司应以现金方式出具人民币1400万元汇入蓝天集团账户内，供蓝天集团做上述项目的投标保证金使用；若工程中标，蓝天集团与白云公司签订《联合施工协议书》；若工程中标后，因蓝天集团原因未能与白云公司签订该工程的《联合施工协议书》，属蓝天集团违约，蓝天集团应向白云公司支付中标有效清单总金额10%的违约金等条款。

签订《合作投标协议书》当日，白云公司汇入蓝天集团账户1400万元。蓝天集团将1400万元汇入业主账户，用于7个标段的投标保证金，每个标段的投标保证金200万元。省公路建设局向蓝天集团发出中标通知书，蓝天集团为铁岭至朝阳高速阜新至朝阳段路面工程第一合同段中标单位。

蓝天集团中标后，未与白云公司签订《联合施工协议书》，亦未将工程的49%交给白云公司施工。蓝天集团分别退还白云公司1200万元和200万元。后白云公司将蓝天集团诉至法院，要求判令蓝天集团立即给付白云公司违约金900余万元。

【裁判结果】

法院经审理认为招标文件中规定"投标人最多只允许中1个标，投标人应独家参与投标，本项目拒绝联合体投标，本项目禁止转包和违规分包"。联合投标的双方当事人签订合作投标协议书的行为，系对招标文件规定的规避，有欲损害建设单位合法利益的主观故意，是恶意串通行为。根据有关法律规定，双方所签订合作投标协议书无效。

【案例评析】

本案是一起因联合投标问题引发的合同纠纷。法院认定双方签订的合作投标协议书无效，原因如下：

1. 双方不符合联合投标的要求，名为联合投标实为违法分包

白云公司和蓝天集团签订的合作投标协议的意思表示是以蓝天集团名义参加投标，中标后将全部中标工程的49%交给白云公司施工，白云公司向蓝天集团缴纳管理费。该协议形式上为合作，但在蓝天集团参加投标过程中，双方未按法律规定签订共同投标协议，也未将共同投标协议提交招标人，中标后亦未共同与招标人签订合同。蓝天集团中标后，白云公司也未按法律规定共同与招标人签订合同。故双方签订的合同实际是工程分包协议，该分包行为非经建设单位认可，违反法律强制性规定，属违法分包。

2. 白云公司与蓝天集团签订的《合作投标协议书》无效

建设单位省公路建设局在招标文件中规定拒绝联合体投标，不允许重复中标。白云公司和蓝天集团对此均是明知的，白云公司曾参加了高速公路项目路面工程的投标并中标，双方签订合作投标协议，就是为了规避建设单位的要求，是一种恶意串通行为，侵害了建设单位的合法权益，再加之双方签订的《合作投标协议书》实属违法分包协议，据此应当确认白云公司和蓝天集团签订的合作投标协议无效。

3.《合作投标协议书》无效后，其违约金条款不予支持

白云公司依据无效的协议请求蓝天集团支付违约金于法无据，不应得到支持。鉴于白

云公司已向蓝天集团提供1400万元的投标保证金，蓝天集团也实际使用保证金进行投标，故蓝天集团应赔偿使用白云公司投标保证金期间的利息。

第三节 发包人资信不良的风险

对建筑施工总承包单位而言，如果建设项目发包人资信不良、支付能力欠缺，则存在对承包人不利的风险。例如发包人不具备履约能力、资金实力及诚信度等，无良好的商业信誉，在银行和融资业内以及上下游产业链中没有良好的口碑，没有较为充足的资金投入建设工程施工项目，土地出让金等费用尚未完全缴纳，准备利用开发项目进行借款和其他融资，或者要求承包人全部或大部分进行垫资施工等。

一、法律合规风险点描述

1. 承包人的投入无法收回的风险

实践中，发包人资信不良的项目，往往会要求施工单位垫资施工。因为建设工程周期长，在施工过程中，发包人有可能因各种原因破产倒闭，施工单位只能通过参与破产债权分配回收工程款，但实践中存在很多发包人资产根本不足以偿还施工单位的工程款，导致施工单位无法回收垫资款，工程项目无法正常执行，从而导致一系列不利后果。

2. 影响承包人现金流的风险

现金流对一个企业而言至关重要，项目、企业缺乏现金流会影响正常经营，导致项目、企业资金周转困难，从而引发各种纠纷，更有甚者会导致企业破产倒闭。施工单位无法从发包人处收回工程款，却仍需支付分包单位工程款，在这种情况下，不仅项目没有现金流入，还需对下支付，会极大地影响整个公司的现金流。

二、法律合规风险防范措施

1. 承接项目前，对发包人资信进行必要详细的尽职调查

一是调查发包人的注册资金。当前，项目开发一般成立项目公司，项目公司即为发包人。项目公司一般为有限责任公司，股东仅在其出资范围内对项目公司债务承担责任，注册资金已经实际缴纳完毕，公司债务与股东无关。因此，股东对项目公司的出资金额很大程度上能够代表项目公司的资信能力。审查发包人的注册资金主要从两个方面：（1）注册资金多少。一般而言，注册资金越多，资信能力越强。（2）注册资金实缴额。根据《中华人民共和国公司法》的规定，公司成立实行注册资金认缴制度，即营业执照上的注册资金只是公司股东声明缴纳的金额，具体实缴时间按照公司章程规定的时间和金额缴纳。查看发包人的注册资金不能简单地看营业执照上的数字，还要查看其实际缴纳情况。

二是调查投资人在行业内的地位。项目开发一般采用项目公司制度，仅看项目公司很难发现端倪，所以还要审查项目公司背后的实际投资人。项目投资，一般包括政府投资、企业投资和个人投资；企业投资又包含国有企业投资、民营企业投资和外商企业投资。一般情况下政府投资和国有企业投资项目公司的信用最好，其次是外商企业投资，再次是民营企业投资。但是也不尽然，政府投资项目也要看政府的财政收入能否承担债务支出，民营企业投资要看投资人是传统的开发企业还是新入行的开发企业。新入行的开发企业存在

资金储备、开发经验或者社会关系都明显储备不足，要么项目开发过程设计修修补补，要么稍有不慎就会资金困难，缺乏抗风险能力，容易发生项目停工甚至烂尾的情况。还有一些民营企业明显社会信用不够、实力不足，项目回款不是用于偿还项目公司的债务，而是优先被股东挪用。

三是调查建设用地使用权权属。建设工程施工前发包人应当取得建设用地使用权，而建设用地使用权又是发包人最主要的资产。但是在某些情况下会出现施工单位进行施工时，在建工程的建设用地并不在发包人名下，或是尚未取得土地使用权。这种情况下一旦发生欠款纠纷，极易出现发包人无资产可供执行的情况。

四是调查项目土地出让金支付情况。我国土地归国家或集体所有，城市建设用地应当采用出让或划拨的方式，除公益类项目采用划拨用地外，其他项目建设用地应当采用出让方式，即用地单位缴纳土地出让金后方能获得土地使用权，进而办理规划许可证和施工许可证。但是很多地方政府出于招商引资的需要，往往在发包人没有支付土地出让金的情况下提前将建设用地交付，项目提前施工。还有一种情况是发包人自身没有支付能力，政府借钱给发包人交付土地出让金。项目土地出让金是否需全额支付在很大程度上说明发包人的资金实力。如果发包人付清了项目土地出让金，且其项目土地并没有用于大额抵押贷款，说明其开发项目的资金实力较强，资信状况较好。但如果其欠付大量的项目土地出让金，项目极有可能因为证照不全而无法办理预售许可证，导致发包人资金无法回笼，从而无法支付工程款。

五是调查发包人涉诉情况。发包人涉诉情况可以从侧面反映发包人的过往履约情况及其资金实力，其是否被列入失信被执行人名单更是判断其资信状况的必查项目。因此，承接项目前，可以在中国裁判文书网、中国执行信息公开网信用中国、天眼查、企查查等网站调查发包人近三年的涉诉情况及被行政处罚的情况。

六是调查发包人项目资金来源与财务状况。发包人项目资金来源的可靠程度以及良好的财务状况落实不仅可以保障工程款按时支付，还可以保障项目建设的顺利进行。

七是调查项目前景状况。施工单位有时在承接某些项目时，明知发包人资信不好，但是出于各种原因不得不承接。一个项目如果项目前景很好，比如发达地区的房地产项目，即使发包人资信不好，只要能保证发包人回收的资金优先支付工程款，那么对于施工单位来说，工程款的回收也有一定的保障。相反，如果项目前景不好，再加上发包人本身没有支付能力，发包人中途放弃项目或者其他原因导致资金链断裂，施工单位就无法收回工程款，并且很可能项目无法拍卖，从而难以实现债权。

2. 适时要求发包人增加信用

无论是施工合同签订之前，还是项目施工过程之中，如果施工单位认为存在发包人资信风险，应当要求发包人增加信用，如果增加的信用能够保障未来的工程款回收，则可以考虑继续施工。发包人可以增加信用的方式主要有：

一是提供有效担保。包括股东担保、关联企业担保、实际控制人及其配偶担保等。按照《中华人民共和国民法典》（以下简称《民法典》）的规定，保证担保分为连带责任保证和一般保证，两者的区别在于连带责任保证情况下，施工单位可以同时起诉保证人和发包人，但是一般保证情况下施工单位必须先起诉发包人，发包人资产无法偿还债务时才能起诉保证人，所以施工单位应尽量要求担保人明确提供连带责任保证。另外，保证人的保证担保范围可以进行约定，建议施工单位不仅把发包人欠付的工程款列入担保范围，而且还把利息、违约金、停窝工损失，以及为了实现施工方债权的律师费、诉讼费、差旅费等一并要求担保人担保。

二是项目回款控制。项目回款主要是销售回款或政府回购回款。对发包人项目回款的控制，主要是防止发包人或发包人股东把项目回款转移，从而降低发包人的偿债能力，损害施工单位利益。政府（包括政府平台单位或实施主体）回购款的控制，主要是签订三方协议，约定政府付款至指定承发包双方所共管的银行账户；销售回款控制，主要是资金监管实现。

三是项目资金控制。项目资金控制是指施工单位对于发包人的银行账户进行监管，没有施工单位同意不能开设新的银行账户、不能对外支付，以此确保施工单位对于发包人的资金进行控制，最大限度地保障自己的利益。

四是股东股权质押。法律规定了股权可以出质，当事人应签订书面合同，质权自相关机构登记时设立。施工单位在发包人资信不良时，可以要求股东股权质押，以此为自身工程款设立担保，为工程款的回收增加保障。实践中股权质押的担保效果一般，只能起到防止发包人股东转移股权的作用。

五是股权、房屋让与担保。让与担保是指债务人或者第三人与债权人订立合同，约定债务人将财产形式上转让至债权人名下，如果债务人到期清偿债务，债权人将该财产返还给债务人或第三人；如果债务人到期没有清偿债务，债权人可以对财产进行拍卖、变卖、折价偿还债权[1]股权让与担保是指施工单位要求发包人将一部分股权转让给自己，以此担保发包人按时支付工程款。施工单位可以与发包人签订股权转让合同，然后做股权变更登记，在发包人无法支付工程款时，施工单位即可以出让该部分股权，从而实现自身债权。房屋让与担保是发包人与施工单位签订转让合同，将担保物过户到施工单位名下，以此担保在发包人不支付工程款时施工单位的债权。

3. 减少项目投入

在发包人资信不良且未作出有效增加信用举措时，施工单位应采取各种办法减少人力、物力、资金的投入，减少承包范围，防止在施工过程中因发包人资金链断裂导致投入无法收回。

4. 及时止损

施工过程中，施工单位发现发包人资产不足以支付工程款且发包人没有提供有效担保时，从止损的角度应考虑停工。但是考虑停工时要特别注意：一是要判断停工是否有利，有的建设工程施工费用基本由施工单位垫付，土地款价值不大，一旦停工项目肯定"烂尾"，这时要谨慎停工。二是施工单位要做到合法停工，不能因盲目停工导致自己违约，从而被发包人追究违约责任，导致自身陷入不利境地。施工单位应综合判断，如继续施工只会导致损失继续扩大，且发包人资信状况短时间内不会好转，应果断寻找各种理由停工，迫使发包人增加信用。如停工后发包人没有作出有效的增加信用的举措时，则应要求解除合同，然后退场与发包人进行结算。

5. 及时行使权利

施工单位在穷尽各种手段仍不能有效解决风险的情况下要启动诉讼。诉讼不是目的，

---

[1] 参见《全国法院民商事审判工作会议纪要》（法〔2019〕254号）第七十一条。

而是手段，是通过诉讼迫使发包人支付工程款，或在与发包人谈判中占有主动地位。在起诉时，应同时要求确认优先受偿权，以保障施工单位的自身权益。在起诉前或起诉时，应根据发包人资产状况及诉讼金额查封、冻结发包人相关资产，要求发包人支付工程款，以保障胜诉后的顺利执行。

三、典型案例：资信审查不严格，小疏忽酿大损失

【基本案情】

大湾公司系某市政府平台公司，为建设市政道路对外发布招标公告，对市政道路 BT 项目招标。中天某公司与大科公司联合投标并中标。根据招标公告，既可以由中标人组建项目公司，也可以由中标人中的一家单位作为项目公司；项目公司负责筹措资金进行建设，竣工验收后大湾公司分三次将工程价款、利息等款项支付给项目公司，施工单位的工程款由项目公司筹措支付。中标后，大科公司和中天某公司没有组建新的项目公司，而是由大科公司作为项目公司，施工过程中大科公司没有按照约定及时将工程款支付给中天某公司，工期也一拖再拖。工程竣工后，大湾公司按照约定先后支付了两次款项，但是大科公司并没有将款项支付给中天某公司，因大科公司民间借贷未还，大部分款项被法院强制执行划走，第三笔款项虽然还在大湾公司处，没有付给大科公司，但是该应收款被大科公司质押给贷款人用以贷款，贷款金额已经被大科公司各股东以各种名目瓜分。后来，大科公司人去楼空，五个股东下落不明，对欠付中天某公司的巨额工程款无力偿还。

【裁判结果】

法院认为案涉《BT 合同》《施工承包合同》《施工承包合同补充协议》体现了各方当事人的真实意思表示，内容不违反法律、行政法规强制性规定，合法有效。根据合同约定，中天某公司应向大科公司要求其支付工程价款。中天某公司要求大湾公司直接向其支付工程款的理由不能成立，不予支持。因案涉工程属市政基础设施工程，工程性质不宜折价或拍卖，故对中天某公司要求对工程价款享有优先受偿权的主张亦不予支持。大科公司经依法传唤，无正常理由拒不到庭参加诉讼，依法缺席判决。一审法院判决驳回中天某公司的全部诉讼请求。一审案件受理费由中天某公司负担。

【案例评析】

本案是一起因发包人资信不良引发的建设工程施工合同纠纷。中天某公司要求大湾公司直接向其支付工程款，以及要求对工程价款享有优先受偿权的主张，法院均不予以支持的原因如下：

1. 案涉《BT 合同》有效。《中华人民共和国招标投标法》（以下简称《招标投标法》）第十条第二款规定"公开招标，是指招标人以招标公告的方式邀请不特定的法人或者其他组织投标"。据此，公开招标本质特征是招标人对外发布公告邀请不特定的法人或其他组织投标。本案中，大湾公司虽然发布的是《招商公告》，但该公告发布对象是不特定社会公众，且公告列明的投资人可以是具备一定条件的不特定法人。因此，虽然《招商公告》载明的最低投标人数、投标期限等与《招标投标法》规定不一致，构成招标程序瑕疵，但该《招商公告》仍然符合上述公开招标的本质特征，案涉《BT 合同》仍属通过招标程序签订的合同。故中天某公司提出案涉《BT 合同》因未履行招标程序而无效的上诉理由不

能成立。

《招标投标法》第二十八条规定:"投标人应当在招标文件要求提交投标文件的截止时间前,将投标文件送达投标地点。招标人收到投标文件后,应当签收保存,不得开启。投标人少于三个的,招标人应当依照本法重新招标"。《招商公告》载明的提交投资文件期间内,仅有中天某公司与大科公司组成的联合体投标。大湾公司通知联合体中标,并与其订立案涉《BT合同》。中天某公司主张招标投标活动违反《招标投标法》第二十八条规定,因而案涉《BT合同》应属无效。《中华人民共和国合同法》(以下简称《合同法》)第五十二条第(五)项规定,违反法律、行政法规的强制性规定的合同无效。[1]《最高人民法院关于适用〈中华人民共和国合同法〉若干问题的解释(二)》第十四条进一步规定,《合同法》第五十二条第(五)项规定的"强制性规定",是指效力性强制性规定。《招标投标法》规定的中标无效情形并不包括投标人少于三个的招标。故一审判决认定该程序性瑕疵不属于《招标投标法》规定的会导致合同无效的情形并无不当。《中华人民共和国招标投标法实施条例》(以下简称《招标投标法实施条例》)第八十一条规定"依法必须进行招标的项目的招标投标活动违反招标投标法和本条例的规定,对中标结果造成实质性影响,且不能采取补救措施予以纠正的,招标、投标、中标无效,应当依法重新招标或者评标"。本案中,没有证据证明招标投标各方采取了不当排除他人投标的情形,亦没有潜在的投标人对招标投标活动提出异议,难以认定仅有中天某公司、大科公司组成的联合体投标即构成"对中标结果造成实质性影响"。故中天某公司依据上述条文规定主张《BT合同》无效,缺乏事实依据。因此,中天某公司提出案涉《BT合同》因违反法律强制性规定而无效的上诉理由不能成立。

2. 案涉《施工承包合同》《施工承包合同补充协议》有效。中天某公司上诉称案涉《施工承包合同》系以虚假的意思表示实施的民事法律行为,应属无效。案涉《BT合同》约定,中天某公司承担项目总承包施工责任,大科公司承担项目融资责任。大科公司作为承担项目融资责任一方,其负有在施工过程中向中天某公司支付工程款的义务。故《BT合同》不仅明确了中天某公司与大科公司系联合体成员关系,还对联合体成员之间的权利义务作出规定。大科公司与中天某公司签订《施工承包合同》是联合体双方在《BT合同》约定的基础上,对于其内部关系作出进一步明确约定。大科公司与中天某公司又签订了《施工承包合同补充协议》约定增加工程量。中天某公司与大科公司之间的联合体成员关系并不排斥双方根据需要在联合体内部约定成立施工合同关系。大科公司依据《施工承包合同》《施工承包合同补充协议》约定已向中天某公司支付3.6亿元工程款,也即《施工承包合同》《施工承包合同补充协议》已得到实际履行。中天某公司上诉认为案涉《施工承包合同》系以虚假的意思表示实施的民事法律行为缺乏事实和法律依据,其提出《施工承包合同》《施工承包合同补充协议》应属无效的理由不能成立,故其主张法院不予支持。

3. 中天某公司不能直接向大湾公司主张回购价款。根据《BT合同》《施工承包合同》的约定,联合体成员中天某公司负责总承包施工责任,大科公司负责项目投融资责任,大湾公司在竣工验收合格后开始将项目回购价款支付给大科公司;同时在施工过程中,由大科公司向中天某公司支付工程款。故虽然中天某公司系联合体一方,但各方在《BT合同》

---

[1] 参见《中华人民共和国民法典》第一百五十三条第一款。

明确了回购价款是由大湾公司支付给大科公司，中天某公司系通过向大科公司主张工程款方式获取收益。大科公司向中天某公司支付工程款，共计3.6亿元。案涉工程也已通过竣工验收。大湾公司也依约陆续向大科公司支付回购价款，共计3.4亿元。

此外，大科公司与泽天公司签订《应收账款质押合同》，约定将《BT合同》项下的回购价款质押给泽天公司以获得委托贷款，并办理了应收账款质押登记。另案法院民事判决，泽天公司有权直接向大湾公司收取应由大湾公司支付给大科公司的石狮市环湾大道、水头外线项目（BT）回购价款（以欠付的回购价款数额为限），并依据质押登记有权对该回购价款在该判决第一项所确定的债权范围内行使优先受偿权。虽然中天某公司针对该判决提起第三人撤销之诉，但尚未有生效判决撤销该判决，该判决仍属于生效状态。上述生效判决明确案涉回购价款应由大湾公司支付给大科公司，且泽天公司对该笔回购价款享有优先受偿权。在此情况下，中天某公司提起本案诉讼，提出其可直接向大湾公司主张回购价款的诉讼请求明显与该生效判决判项主文相冲突，不能成立。

因此，基于案涉《BT合同》《施工承包合同》的约定以及另案法院民事判决，中天某公司一审提出的第三项由大湾公司直接向其支付工程款的诉讼请求不能成立。中天某公司提出的要求大湾公司支付逾期付款利息、大科公司承担补充赔偿责任、其对案涉工程款享有优先受偿权等诉讼请求均是建立在第三项诉讼请求成立的基础上，鉴于中天某公司的第三项诉讼请求不能成立，则其上述其他诉讼请求均不能成立。

本案是政府平台公司招标以BT的模式处理的，平台公司将工程款支付给联合体一方，联合体一方再将工程款支付给施工单位。本案对施工单位中天某公司的结局不尽如人意，完全是因为中天某公司没有把发包人风险当作要务，未采取风险控制措施，一味地迎合政府、迎合发包人，一再丧失风险控制机会，本应该共同组建项目公司的没有共同组建，本应该进行资金监管的没有进行资金监管，也没有对付款人提出任何担保要求、采取任何担保措施，只能任由大科公司的五个个人股东利用民间借贷高额利息的方式将大科公司的资金全部转移走。发包人资信风险是施工单位的最大风险，施工单位任何的投标策划、商务策划、结算策划，都是建立在发包人有资金偿付能力的基础上，一旦发包人没有资金支付能力，施工单位项目必然巨亏。故施工单位在投标或签订合同之前，应对发包人信用进行核实，对商业信用不足的发包人、缺乏资金储备的发包人、缺少主要资产的发包人，必须严防死守，除非发包人提供足额的担保或施工单位采取切实可行的防风险措施，否则不能承建该类项目，不能有侥幸心理。即使进入施工阶段，施工单位也要高度关注发包人资产和偿债能力，一旦发现发包人偿债能力不足，或者发包人有转移资金、危害债权人利益的动作，就应立即采取措施减少投入，除非能够采用有效手段控制风险，否则应当解除合同。

第四节 适用地方性法规及政策的风险

建设工程领域涉及的行政管理部门多，适用的法律体系庞杂，除了国家层面的法律、行政法规、部门规章之外，各省市地方各级人大及常委会和地方政府往往也会出台一些地方性法规、地方政府规章、规范性文件或者政策。根据《最高人民法院关于裁判文书引用法律、法规等规范性法律文件的规定》（法释〔2009〕14号）第四条的规定："民事裁判文书应当引用法律、法律解释或司法解释。对于应当适用的行政法规、地方性法规或者自治条例和单行条例，可以直接引用"。因此，工程所在地的地方性法规、自治条例、单行条例可以作为法院裁判依据。建筑施工企业在工程建设过程中需要对地方性法规、地方政府规章、规范性文件或者政策进行全面调查了解，防范不同层级法律适用的风险。

一、法律合规风险点描述

1. 建筑施工企业无法正常施工的风险。各个省市地方对建筑施工具体管理性规定存在较大差异。如果在投标过程中忽视对拟投标工程项目所在省市地方性法规及政策研判，可能导致在工程中标后建筑施工企业无法正常进行施工，或者频发各种预料外的情况，最终造成建筑施工企业承担重大经济损失且无法追偿。特别要注意夜间施工管理规定、渣土运输限制性规定、噪声污染控制规定等对施工有限制的规定。

2. 地方性法规及政策适用与上位法冲突的风险。部分地方性法规、地方政府规章可能会与上位法存在冲突的情况。如部分地方性法规中规定以审计结果作为政府投资和以政府投资为主的建设项目竣工结算依据做了规定，有直接规定审计结果应当作为竣工结算的依据；有规定建设单位应当在招标文件中载明或者在合同中约定以审计结果作为竣工结算的依据；有规定建设单位可以在招标文件中载明或者在合同中约定以审计结果作为竣工结算的依据等。

二、法律合规风险防范措施

建筑施工企业在投标工程项目时，为有效防范中标后因地方性法规及政策对项目施工造成重大影响，在前期投标过程中应注意采取下列防范措施：

1. 安排专人收集整理拟投标项目工程所在省市关于工程施工管理方面的地方性法规及政策，还要注意收集与建筑施工相关的政策及行业主管部门的一些规范性文件等，评估对今后工程项目施工的影响因素。

2. 在制作标书时应综合考虑上述地方性法规及政策的影响因素可能增加的施工费用以及对工期的影响。

3. 在工程中标后签订相关工程施工合同时，合同条款应考虑上述因素对工程项目实际施工可能造成的影响，以有效防范施工风险造成经济损失的情况。

4. 一旦遇到地方性法规、地方政府规章、规范性文件等与上位法存在冲突的情况，要及时向建设单位及相关部门提出异议，据理力争。

三、典型案例：政府文件误工期，吃一堑长一智

【基本案情】

2013年10月15日，甲方某地产开发公司与乙方某建筑公司签订山水学府一期建设施工承包协议，由乙方承包建设该项目工程。协议约定：一、山水学府项目总建筑面积27858m^2，一期建筑面积12782m^2，一期项目包括1号、2号、3号楼及配套用房。二、承包方式为包工、包料、包质量、包工期；承包范围：施工图中土建工程、普通装饰（含楼梯面、电梯前室及公共走廊）；甲方分包工程包括塑钢门窗、钢质入户窗、防火门、安装

工程（含消防），分包工程在同等条件下可以要求乙方施工。三、施工工期：1. 乙方必须保证在 2013 年 10 月 18 日前做好人工、机械、材料的准备，并进场开工建设（如遇不可抗力因素导致无法施工、政府责令停工等非施工单位因素导致延长上述工期，甲、乙双方另行商定）。2. 工程合同总工期 360 日历天，开工时间为 2013 年 10 月 18 日，实际竣工日期以通过当地质量监督站竣工综合验收并取得竣工验收备案的日期为准；乙方必须配合甲方完成竣工备案工作，如果因乙方原因影响办理竣工备案手续，或者乙方不能按期竣工，每逾期一日，乙方向甲方支付合同总价万分之三的违约金。3. 如果因为甲方以及不可抗力原因导致影响工期，乙方应及时办理工期签证，否则，不论任何原因均不予延长工期。四、计价方式：甲方分包的电梯、供水、强弱电、燃气工程等，乙方必须配合，不计取总包服务费。

2014 年 6 月 15 日，甲方与乙方签订山水学府项目二期建设施工承包协议，由乙方承包建设该项目工程。协议约定：二期建筑面积 15280.13m^2，二期项目包括 4 号、5 号楼，总工期 480 日历天。合同签订后乙方对一期、二期项目工程进行施工。山水学府一期项目工程于 2013 年 11 月 5 日开工，2014 年 10 月 28 日竣工，2015 年 4 月 21 日验收合格，2015 年 9 月 18 日备案。二期项目工程于 2016 年 1 月 26 日竣工验收合格，2016 年 8 月 5 日备案。

2016 年 11 月 21 日，甲方向法院提起诉讼，要求乙方支付未按期竣工的逾期违约金 1430379 元；乙方承担本案的诉讼费用。在诉讼期间，乙方向法院申请对案涉工程造价进行鉴定，法院依法委托某工程咨询有限责任公司鉴定。2017 年 8 月 1 日，鉴定机构出具鉴定报告，其中：1 号楼总造价 489476.83 元，2 号楼总造价 4042250.05 元，3 号总造价 5635953.40 元，4 号总造价 4204051.13 元，5 号总造价 13862725.07 元，服务楼总造价 239627.38 元。

【裁判结果】

法院一审民事判决部分支持了甲方的诉讼请求，认定乙方存在工期逾期，应当承担逾期违约金 504063.06 元；因甲方、乙方不服该判决向中级人民法院提起上诉。中级人民法院终审判决综合考量一、二期施工协议的履行情况、双方当事人的过错程度及预期利益，根据公平原则，在一审判决的基础上，酌情确定乙方增加给付甲方工期逾期违约金 100000 元，改判乙方应承担逾期违约金 604063.06 元。对于双方争议的中高考期间禁止施工是否应在工期中予以扣除的问题，中级人民法院认为，根据某县政府下发的《关于加强中、高考期间建筑工地噪声管理的通知》规定，中、高考前后（2014 年 6 月 1 日～17 日），全县城区建筑工地严禁产生噪声污染。高考期间（6 日～8 日）、中考期间（14 日～16 日）城区建设工地全天候禁止施工作业，夜间所有工地禁止施工。从该通知可见，中、高考期间乙方全天候不得进行施工，故一期工程实际施工天数应扣除 6d，二期工程施工天数应扣除 12d。另由于二期工程于 2014 年 5 月 28 日开工，2014 年 6 月 1 日～17 日期间，乙方应在进行基础施工，严禁产生噪声污染的规定，对其施工安排会造成一定的影响，故一审法院认定二期工程 2014 年施工天数应扣除 17d（含中、高考期间的 6d），并无明显不当。虽然乙方未按约定办理工期签证（或虽提交了一份联系单但甲方未明确是否应予顺延），但本案客观上确实存在部分非因乙方自身原因延误工期的情形。实际上，乙方作为垫资施工的施工单位，工期利益对其亦至关重要，其主观上应不具有拖延工期的故意。

【案例评析】

本案是一起因适用地方政府规范性文件规定影响建设项目工期的典型案例。中、高考期间为防止工地噪声影响考生学习、考试，各地方对建筑工地施工都有不同限制性规定，本案建设项目所在地政府即规定了比较长时间的工地禁止施工规定。为有效防范因地方性法规、地方政府规章及政策的规定对建设项目工期的影响，建筑施工企业在投标建设项目并签订施工合同时，应当了解当地政府对夜间施工、噪声污染禁止性等关于施工方面的限制性规定，对建设项目工期予以合理预判，应当在施工合同中予以详细约定。同时，在发生因地方性法规、地方政府规章及政策影响工期的情形时，施工企业应当按照合同约定向业主方或监理单位及时办理工期顺延签证，更好地维护自身施工工期利益。

第五节　建设手续不完备的风险

《招标投标法》第九条对招标条件作出明确规定，招标项目按照国家有关规定需要履行项目审批手续的，应当先履行审批手续，取得批准。具体到建设工程领域，工程项目应当履行国家法律法规规定的审批手续而未履行的即为建设手续不完备。

一、法律合规风险点描述

工程项目建设手续不完备，存在重大的法律风险，一旦被政府行政主管部门查处，将可能导致招标无效、工程停工的法律后果，对于参与投标的建筑施工企业来说，如果政府主管部门认定招标无效，就会造成前期费用损失，如已中标并实际施工的项目，根据《最高人民法院关于审理建设工程施工合同纠纷案件适用法律问题的解释（一）》（法释〔2020〕25号）第一条第（三）项的规定，中标无效情形下签订的施工合同认定无效，中标的建筑施工企业面临无法根据签订的施工合同主张其所有权益的法律风险。

建设手续不完备具体体现为：

（1）项目未立项或未经批准。

（2）初步设计及概算应当履行审批手续而未经批准的。

（3）土地报建手续不全、规划设计未经报批等。

二、法律合规风险防范措施

建筑施工企业在投标工程项目时，为有效防范工程项目建设手续不完备的风险，在前期投标过程中应注意采取下列防范措施：

1. 在投标过程中应详细审查建设单位公布的招标文件，了解工程项目建设手续进展情况。

2. 向建设单位查阅建设手续报批资料，以及向项目所在地住房城乡建设、规划等行政主管部门查询工程项目报批建设手续情况，确认拟投标的项目各项申报审批手续是否齐全。

3. 对于建设手续不完备的项目，建设单位应当出具因建设手续不完备导致项目停工或行政处罚的，施工方免责的书面承诺，同时在中标合同中应加入因建设手续不完备造成项目停工的，施工方有权要求工期顺延和停窝工索赔的条款。否则，应慎重评估是否参与投标。

三、典型案例：建设手续不完备，到嘴鸭子也会飞

【基本案情】

1992年12月22日，沈阳铁路局经济发展总公司（以下简称沈铁公司）与香港中发发展公司（以下简称中发公司）签订《沈铁宾馆工程项目合同书》，约定：中发公司为沈铁公司建设建筑面积约38180m²的五星级宾馆；工程按建筑面积每平方米人民币7333元，由中发公司按大包干形式即包工、包料、包工期、包质量进行施工，全部工程承包总价为2.8亿元；全部工程款由中国建设银行广东省分行东城支行（以下简称东城支行）负责监理代管，所有款项的支付必须由双方和东城支行三方共同签订信誉合同后，由沈铁公司直接汇入东城支行的专设账户。1992年12月23日，沈铁公司、中发公司、东城支行三方签订《协议书》（以下简称三方协议），约定：为协助沈铁公司、中发公司管好用好沈铁宾馆开发建设资金，对沈铁公司汇给中发公司开发承包建设沈铁宾馆资金，东城支行提供账户代收代管；东城支行在代管资金期间内，严格按照工程进度确保中发公司用款，并协助沈铁公司加强工程监督，提高资金使用率；中发公司按代收代管资金总额的万分之五，一次性付给东城支行代管手续费用；因国家政策性变化，造成沈铁宾馆停建或缓建，沈铁公司、中发公司双方根据实际情况协商确定妥善解决方法并签订协议，东城支行按照协议规定，将沈铁公司汇至东城支行账户的工程款经结算后的余款和利息，一个月内返回给沈铁公司，沈铁公司按协议规定支付中发公司前期工作损失补偿费。此协议签订后，沈铁公司于1993年1月9日至4月14日，分5次汇入东城支行账号23320万元人民币，东城支行随后于1993年1月16日至4月23日分10次将上述款项全部转入中发公司在该行开设的账号。截至同年9月，中发公司用上述款项分别偿还银行的贷款、支付工程费、购买材料设备、购置房地产、偿还其他欠款等，全部支付完毕。

1993年9月15日，沈铁公司与中发公司签订《关于银河宾馆（即沈铁宾馆）工程建设暂停的协议书》约定，由于沈铁宾馆建设项目未办完规定的报批手续，且建设资金存在问题，双方同意工程暂停建设，暂停部位定在±0.000。同年11月11日，审计署驻铁道部审计局作出《关于对沈阳铁路局的审计结论和决定》，责令沈铁宾馆工程应立即停工补报审批，并对其未经开工前审计擅自开工的问题处以24万元的罚款。随后，沈铁公司与中发公司就停建的责任、工程前期费用、工程款返还、续建等问题进行了多次磋商，并签署多份会谈纪要和协议书。其中1996年3月1日，双方订立《协议书》约定：双方对没有争议的工程款1.1亿元，中发公司愿意返还给沈铁公司，并提出分期还款计划，其中第一次在1996年末前返还1000万元，如逾期不还，承担违约责任；对有争议的工程款1.2亿元，同涉及前期工程费用和银行利息等问题，由双方继续协商补充协议。同年4月24日，沈铁公司的上级机关沈阳铁路局与中发公司签署了一份《会谈纪要》，内容为中发公司希望沈铁宾馆工程能更名续建，并由其提供具体可行的续建方案，沈阳铁路局则表示工程更名续建涉及立项、报批及资金保证等一系列问题，须经上级部门批准后方可实施。同日，沈铁公司与中发公司就沈铁宾馆工程前期费用支出情况和银行利息问题订立《补充协议书》，约定：沈铁宾馆的前期费用支出为5800万元，剩余款为1.72亿元，其中1.1亿元已签订还款协议，余款6200万元，中发公司愿意返还给沈铁公司，并明确了分期还款

日期，其中 1996 年底前返还 600 万元；中发公司对占用沈铁公司沈铁宾馆工程款愿意支付利息，计 5300 万元，并明确分期给付时间，其中 1996 年底前给付 500 万元。由于中发公司未按约定履行应于 1996 年底返还工程款 1600 万元及利息 500 万元的还款义务。沈铁公司于 1997 年 4 月 18 日诉至辽宁省高级人民法院，请求返还工程款及利息 2100 万元，并承担违约责任。

另查明，沈铁公司未对沈铁宾馆项目组织可行性研究，也未按规定报经国家有关主管部门批准和进行开工前的审计，仅凭沈阳市城乡建设委员会 1993 年 3 月 23 日《关于沈铁宾馆工程设计方案的批复》中"为满足工程进度的需要，办理各项审批手续可与工程施工同步进行"的内容，在未取得开工许可证的情况下，进行了施工。

【裁判结果】

辽宁省高级人民法院经审理认为：沈铁公司与中发公司签订的 1992 年 12 月 22 日的《沈铁宾馆工程项目合同书》、1993 年 9 月 15 日的《关于银河宾馆工程建设暂停的协议书》、1996 年 3 月 1 日的《协议书》、1996 年 4 月 24 日的《补充协议书》以及沈铁公司、中发公司、东城支行三方签订的《协议书》系各方当事人自愿，又符合法律规定，是合法有效的。关于中发公司辩称 1996 年 4 月 24 日与沈铁公司签订的《补充协议书》不是双方真实意思表示，《会议纪要》才是真实意思表示问题，经查该《补充协议书》《会议纪要》均是双方真实意思表示，但因中发公司未提供续建方案、续建担保等，加之双方约定续建工程的立项须经上级部门批准后方可实施，因上级部门对续建问题未批准，而约定的附条件民事法律行为未成就，故续建协议不能履行，因此沈铁公司依协议要求中发公司返还工程款符合法律规定，应予支持。关于前期工程费用 5800 万元是否属实问题，沈铁公司与中发公司在 1996 年 4 月 24 日的《补充协议》中已确定沈铁宾馆工程前期费用支出为 5800 万元，现中发公司主张不属实，因其未能提供有关证据，又不缴纳鉴定费，前期工程费用应以双方约定的 5800 万元为准。关于工程停建的责任问题，沈铁公司与中发公司在 1992 年 12 月 22 日订立的《沈铁宾馆工程项目合同》中已有明确约定，停建不是双方责任，故对中发公司主张停建责任在沈铁公司不予支持。关于东城支行是否已履行代收代管义务问题，由于东城支行收到沈铁公司的 23320 万元后，在工程进度达到 ±0.000 之前已将 23320 万元全部转给中发公司，显然未按协议约定的按工程进度拨款，东城支行声称已尽代收代管义务的主张没有事实依据，不予支持。

最高人民法院经审理认为：沈铁公司未将沈铁宾馆项目按规定报经国家有关部门批准，中发公司作为香港建筑商未取得在沈阳承包建筑项目的资质许可，双方签订的《沈铁宾馆工程项目合同书》应认定无效。沈铁公司、中发公司、东城支行三方订立的《协议书》是就沈铁宾馆建筑款项往来及使用进行的约定，亦因沈铁宾馆项目的违法而应认定无效。造成上述合同无效的主要责任在沈铁公司和中发公司。沈铁公司与中发公司 1996 年订立的两份还款协议是双方就工程款结算和剩余款项返还进行的约定，应认定有效；中发公司主张上述还款协议是虚假的，没有依据；中发公司应按约定返还本应于 1996 年底退还的工程款 1600 万元和利息 500 万元。沈铁宾馆项目没有报经有关部门审批，中发公司要求按双方签署的会议纪要继续履行建筑承包合同，不予支持。东城支行未对沈铁公司与中发公司间订立的建筑承包合同的效力进行审查，而与之订立三方协议允诺对工程款代收代管，且在相当短的时间内将沈铁公司支付的工程款全部转入中发公司的账户，没有尽到责任，对三方协议无效和中发公司不能还款应承担相应的责任。

【案例评析】

本案系一起因建设工程项目未按国家法律法规规定履行审批手续导致建设工程施工合同无效的典型案例。根据案涉当时有效的《楼堂馆所建设管理暂行条例》（国务院令第15号）规定：建设总投资2亿元以上的项目，由国家计委提出审查意见报经国务院审批；楼堂馆所项目实行"先审计，后建设"的原则。本案案涉的项目沈铁宾馆投资达2.8亿元，根据该条例规定，应当经国务院批准，随后作为业主方的沈铁公司仅根据沈阳市城乡建设委员会《关于沈铁宾馆工程设计方案的批复》即开工建设，并没有按规定向国务院履行报批手续，也未组织可行性研究和开工前的审计，最终被国家相关部门决定停工并处罚款。沈铁公司与中发公司签订的建设施工合同应也被法院认定属无效，作为建筑企业的中发公司也因明知道业主方沈铁公司未办理任何审批手续而与之签订施工合同，被法院判定存在过错，承担本案的过错责任，需要向沈铁公司承担返还工程款的民事责任。因此，建筑施工企业在投标工程项目时，需要采取有效措施防范项目本身是否合法的法律风险。

第六节　对招标文件理解错误的风险

对招标文件理解错误主要是指建筑施工企业在投标过程中错误理解业主方公布的工程项目招标文件，或者招标文件内容本身存在不同的理解，未要求业主方对有歧义的内容进一步明确。招标文件中存在采用的技术标准为非常用的、招标文件的部分内容含糊不清、招标文件前后不一致等情形时，投标的建筑施工企业不能想当然地去理解，容易产生理解上的偏差。

一、法律合规风险点描述

1. 在招标投标阶段，可能会产生无法中标或签订中标合同的法律后果。根据《中华人民共和国民法典》（以下简称《民法典》）第四百七十三条的规定：要约邀请是希望他人向自己发出要约的表示。拍卖公告、招标公告、招股说明书、债券募集办法、基金招募说明书、商业广告和宣传、寄送的价目表等为要约邀请。招标文件属于要约邀请，则投标文件属于要约，如果对招标文件理解错误，未积极响应招标文件，招标人不会做出承诺，从而导致投标人无法中标；如对采购的建材、设备产地、型号、品牌和质量以及结算、付款条件等理解不同，即算是中标，双方在签订具体合同时也会因产生争议导致中标合同无法签订或者最终履行，导致建筑施工企业投标前期投入或预期利益无法实现。

2. 在合同履行阶段，可能因为对招标文件理解出现偏差，导致自身利益无法得到法律有效保障的法律后果。根据最高人民法院《关于审理建设工程施工合同纠纷案件适用法律问题的解释（一）》（法释〔2020〕25号）第二十二条规定：当事人签订的建设工程施工合同与招标文件、投标文件、中标通知书载明的工程范围、建设工期、工程质量、工程价款不一致，一方当事人请求将招标文件、投标文件、中标通知书作为结算工程价款的依据的，人民法院应予支持。施工企业在投标阶段对招标文件理解出现偏差，在中标签订施工合同后在具体施工过程中对工程范围、建设工期、工程质量、施工内容、工程量计算方式和计价依据等与建设方产生争议，那么招标文件作为认定施工合同内容的重要参考依据，可能会因为施工企业投标时对招标文件理解偏差，导致法院作出不利于施工企业认定的法律风险。

二、法律合规风险防范措施

建筑施工企业在投标过程中，为防范对招标文件理解错误而导致自身损失，应当采取如下防范措施：

1. 建筑施工企业在工程项目投标前，应当组织人员对招标文件进行研究，明确招标文件的具体要求。
2. 根据拟投标的工程项目实际情况，组织技术人员仔细审查相关技术标准。
3. 招标文件存在内容含糊不清或者前后不一致的，应及时书面要求招标人澄清，不能仅凭以往经验或习惯来理解处理。
4. 招标人澄清后仍存在部分内容没有明确的，应当在投标文件中注明基于招标文件的特定理解。

三、典型案例：招标文件理解错，自酿苦果自己吃

【基本案情】

2016年5月19日铁路公司通过招标代理单位向远景公司发出共和至玉树公路改扩建GYFJ-SG19标段中标通知书，投标报价为21751611元；签约合同价为24226772.1元（中标合同价金额依据招标文件的约定由投标价＋10％暂列金额＋奖励金组成，即21751611元＋2175161.1元＋300000元）。

2016年6月30日远景公司与铁路公司根据中标通知书签订《施工合同协议书》。合同约定：承包方远景公司建设共和至玉树公路改扩建GYFJ-SG19合同段工程；工程内容为收费综合楼、水配房、锅炉房、检查站、收费大棚、门房及室外工程等施工图包含的所有内容；合同工期为2016年6月1日开工至2017年5月31日竣工，合同天数为364天；合同形式采取固定总价；签约合同价为24226772.1元；2016年7月18日远景公司向监理单位提交开工报告，经同意进场开工。在履行合同施工过程中，远景公司根据招标文件内容对工程项目供水机井的暂估深度为20m、暂估单价10000元/m、总价200000元的约定，按照设计要求在原设计位置施工，打井20m不能出水；远景公司经征得监理单位同意，在此继续打井至450m仍不能出水；远景公司再次征得设计单位和监理单位同意，并聘请水文地质专业人员重新确定打井位置，打井深度至1432.4m出水完工。同时，2018年1月28日远景公司未征得铁路公司意见，同监理单位、设计单位制作了同意变更机井挖掘深度达到1432.4m时，出水量满足设计要求，增加金额：（1432m－20m）×10000元/m＝14124000元的《设计变更报批表》等。为此，远景公司提出：1.打井增加的工程量已经经过监理单位认可，单价有合同依据，该单项工程增加工程款金额19024000元应当予以支持；2.根据青海省住房和城乡建设厅青建工文件，营改增调整后的工程款增加1596500元，应当予以支持；3.在此期间，青海省工程预算造价中人工单价做了调整，按照文件

和新的人工费单价表，人工费增加963526元应当支付；4.合同约定优良奖励金300000元应当支付等的诉讼请求起诉铁路公司。同时，铁路公司提起了对远景公司迟延工期应支付违约金1180000元的反诉请求。

另查明，2018年8月1日由监理单位、设计单位、远景公司和铁路公司四方参加共和至玉树公路改扩建GYFJ-SG19合同标段建筑工程项目竣工验收，并在《公路工程（合同段）交工验收证书》上签字和盖章。对工程质量、合同执行情况作出评价；对遗留问题、缺陷的处理意见及有关问题作出决定，文字表述称：1.工程质量评价：交工验收委员会根据《建筑工程施工质量验收统一标准》和《公路工程（交）竣工验收办法》相关规定，认为本项目房建工程所含分部工程质量合格；质量控制资料较完整；有关安全、节能、环境保护和主要使用功能检验资料较完整；主要使用功能的抽查结果基本符合相关专业现行验收规范规定；观感质量通过观察和简单测试符合要求。交工验收委员会一致同意通过交工验收。2.合同段执行情况评价：各合同段在施工过程中，能认真履行施工合同，进场的人员、机械设备、试验检测仪器满足合同文件要求，组织较强的施工力量，按照监理单位审核通过的施工组织设计精心施工，建立健全质量自检体系，按规范和设计文件施工，保证了工程进度，确保了工程质量。3.遗留问题、缺陷的处理意见及有关决定：（1）按照青海省交通建设工程质量监督站关于共和至玉树公路改扩建工程房建工程交工前检测意见、交工验收委员会发现的问题及各使用单位提出的问题进行缺陷处理，由建设单位组织监理单位、施工单位认真完成质量回访，要求于2018年9月30日前完成所有缺陷修复。否则，从质量保证金中扣除后委托第三方实施。（2）自2018年8月2日起，施工单位、监理单位进入缺陷责任期，权限责任期两年（2018年8月2日至2020年8月1日）。缺陷责任期内出现质量问题应及时修复，实行质量终身制。（3）共和至玉树公路改扩建工程房建工程自2018年8月2日起交由青海省高等级公路建设管理局、青海省公路局、青海省公路路政执法总队管养。

【裁判结果】

一审法院判决：1.被告（反诉原告）铁路公司于本判决生效之日起60日内支付原告（反诉被告）远景公司增加工程款1022644元，同时增加工程款1022644元自2018年8月1日起至给付之日止的利息（利息按银行同期贷款利息计算）；2.驳回原告（反诉被告）远景公司的其他诉讼请求；3.驳回被告（反诉原告）铁路公司请求原告（反诉被告）远景公司承担迟延工期违约金1180000元的反诉请求。如果未按本判决指定的期间履行给付金钱义务，应当依照《中华人民共和国民事诉讼法》第二百五十三条的规定，加倍支付迟延履行期间的债务利息。

二审终审判决：1.维持一审法院民事判决第3项：驳回被告（反诉原告）铁路公司请求原告（反诉被告）远景公司承担迟延工期违约金1180000元的反诉请求；2.撤销一审法院民事判决第1项、第2项，即：被告（反诉原告）铁路公司于本判决生效之日起60日内支付原告（反诉被告）远景公司增加工程款1022644元，同时增加工程款1022644元自2018年8月1日起至给付之日止的利息（利息按银行同期贷款利息计算）；驳回原告（反诉被告）远景公司的其他诉讼请求；3.铁路公司于本判决生效之日起30日内向远景公司支付机井工程变更增加工程款2409783.816元；4.驳回远景公司的其他诉讼请求。如果未按本判决指定的期间履行给付金钱义务，应当依照《中华人民共和国民事诉讼法》第二百五十三条规定，加倍支付迟延履行期间的债务利息。

【案例评析】

本案是一起对招标文件计价标准存在不同理解的典型案例。本案原告主张对机井按招标文件暂估价进行计价，这是对招标文件内容的理解错误，导致其诉讼请求没有全部得到法院的支持。

远景公司认为，施工过程中，该处供水方式为打井供水，原设计及招标文件对机井的暂估深度为20m，暂估单价为每米10000元，总价20万元。但是原告按照原设计位置打井完成深度20m后根本不能出水，原告与被告及监理单位协商并征得同意后，在此处继续打井深度至450m，依旧不能出水。该位置机井的施工虽然未能出水，但原告付出的人力物力却与正常施工完全相同，就机井本身来说，出不出水都是一样的。况且此类施工本身具有风险，是否最终能够达到被告的期望，原告只负有按照设计施工的义务，风险责任显然不应当由原告承担，所以这一风险应当由被告承担。原告在按照设计要求打井失败后，积极采取措施，首先制作了外水引入工程方案，但由于铁盖收费站最近引水来源为共和县市政供水，依照该方案造价达2600余万元，此方案被否决。而供水对收费站的重要性不言而喻，也就是说，如果不能解决水源，收费站就不能运作，只能就地打出水。在此情况下，原告急被告之所急，聘请水文地质专业人员重新确定打井位置，并征得了设计单位、监理单位及被告代表的同意。最终打井深度至1432.4m后终于出水，水质水量满足供水要求。按照招标文件的机井单价10000元/m计算，加上原设计机井施工至450m，该单项工程增加工程款金额19024000元应当支持。铁路公司认为，原、被告双方签订的施工合同约定监理单位的权限为审核工程量等，合同未授予监理单位确定工程价款的权利，且施工合同项目专用合同条款第3.1.1条明确约定"总监理工程签发任何付款凭证须征得发包人同意"。因此，本案中原告虽然持有经监理单位签字的机井变更增加工程造价单，但由于监理单位没有确定工程价款的权限（设计单位还专门在审批表中注明最终单价由发包人来审核），该变更单最终没有经过发包人审核同意，该变更单未发生效力，原告依据该未生效的变更单主张案涉机井增加工程款19024000元的请求缺乏事实根据和合同依据，依法不能成立。根据招标文件《主要材料暂估价表》，案涉"机井"是作为主要材料进行列项的，即被告采购的是一口机井，只要原告交付经验收质量合格、能够出水的机井，被告就接收并根据实际情况就暂估价进行调整定价，至于原告是自己打井还是委托第三方打井、在哪打井、怎样打井、打多少米能出水等发包方均不干涉，事实上，施工图纸也没有专门关于机井的设计或标注，即本案根本不存在机井设计变更和工程量变更问题，仅是工程完工后双方对材料暂估价进行调整定价的问题。招标文件和投标文件中都明确机井（20m）、金额20万元为暂估价，合同通用条款第1.1.5.5条及《建设工程工程量清单计价规范》GB 50500—2013第2.0.19项对"暂估价"的释义为：招标人在工程量清单中提供的用于必然发生但暂时不能确定价格的材料、工程设备的单价以及专业工程的金额；《建设工程工程量清单计价规范》GB 50500—2013第9.9.2条明确规定："发包人在招标工程量清单中给定暂估价的材料、工程设备不属于依法进行招标投标的，应由承包人按照合同约定采购，经发包人确认单价后取代暂估价，调整合同价款"；招标文件《主要材料暂估价表》备注部分也标明：暂估价仅指材料采购费用，与此相关的其他费用包含在相关细目的综合单价中，发包人不另行支付，暂估价仅为参考价，最终价格依据《项目专用合同条款》第5.1条约定。基于上述规定，在原、被告双方均认可机井深度及造价为暂估价的情况下，仅存在对机井造价据实进行调整定价的问题，原告主张按照10000元/m的单价结算机井价款是对暂估价的根本性认识和理解错误，被告同意按照2019年6月12日会议纪要中确定的共玉房建项目各标段机井单价定价结果铁盖收费站（即19标诉争工程，井深1432m）1682.34元/m某某确认单价并取代暂估价，原告对此不认可也不根据法院多次予以释明的内容就案涉机井深度及造价申请鉴定，原告应承担举证不能的相应法律后果。就原告所陈述的450m废井问题，双方没有据实测量，原告方也未就废井深度申请鉴定，被告对原告所述废井深度不予认可。同时，根据招标文件可以确定被告采购的是机井这一材料，根据《项目合同专用条款》第5.1条的相关约定，承包方向发包方交付的全部材料应是合格的、具有使用价值的材料，废井没有任何使用价值，原告未向被告交付使用材料，原告主张被告支付废井的工程款没有任何事实根据和法律依据。被告认可将案涉机井材料暂估价套用定额重新分析定价，调整定价为1682.34元/m，该定价具有充分的法律依据和事实根据：（1）2019年6月12日，被告组织共玉房建项目各标段项目经理、监理单位、造价工程师等人员召开专题会议并形成会议记录，研究共玉房建项目暂估价定价事宜，会议套用定额重新分析确定了各标段机井单价，定价结果为：铁盖收费站（即19标诉争工程，井深1432m）1682.34元/m、花石峡南区（井深1420m）1689.66元/m、花石峡南区（井深1207m）1653.44元/m……上述定价结果既有充分的定价依据，也得到监理单位及其他各标段项目负责人的确认，案涉机井工程应适用该定价结果。（2）青海美苑园林建筑有限公司承建的共玉房建8标段工程与诉争工程情况基本一致：施工合同都约定机井暂估价为20万元（20m），实际井均超过1000m，而根据青海美苑园林建筑有限公司与被告的结算结果来看，青海美苑园林建筑有限公司完全认同上述定价结果。可见，上述定价结果具有充分的现实指导意义，原告应同等参照适用。（3）被告提交的原告与内蒙古丰快钻井公司签订的《机井施工合同》及结算单等证据，完全能够证实诉争机井实际产生费用为1816200元（单价为：1000m以上部分1600元/m、1000m以下部分为500元/m），而被告组织相关确认的定价为1682.34元/m，高于原告实际产生的费用。事实证明，被告的定价既充分依据了相关规范和定额标准，也保证了原告的合理收益，该定价合法、合规，更合理。该院认为，建设工程施工合同约定工程价款实行固定总价结算，但因设计变更导致工程量发生变化，当事人要求对工程量增加部分按实际结算的，人民法院应当予以支持。但是，在机井原设计位置施工发生变化导致该工程量随机变化，双方当事人虽然均认可机井深度及造价为暂估，设计单位也在报批设计变更资料的审核中做出专门注明最终工程量由建设单位审核的意见，而工程监理超越合同权限在审核意见中同意了施工单位的意见，这对该案涉工程增量协商一致的施工单位和建设单位造成矛盾，进而导致本案纠纷的发生。在庭审期间，该院释明案涉工程造价需核实工程量并通过司法鉴定后才能确定，必须由当事人申请才能进行工程造价的司法鉴定，但是双方当事人均以种种理由不申请司法鉴定，仍然坚持各自的诉讼主张，案涉争议焦点机井设计变更后的工程量造价金额无法准确判定，该院以当事人举证不利的后果责任，对远景公司请求铁路公司支付机井设计变更增加的工程款19024000元不予支持。

二审法院在机井计价的问题上，认为双方对机井深度1432.4m无异议，但远景公司认为应依据经监理单位签字的机井《设计变更报批表》《设计变更费用审核表》确定的1万元/m计价为1432.4万元，铁路公司认为应依据2019年会议纪要确定的1682.34元/m计价为2409783.816元。依据双方签订的施工合同，监理单位的权限为审核工程量等，合同未授予监理单位确定工程价款的权利，故远景公司虽持有经监理单位签字认可的机井变更增加工程造价，但未经发包人审核通过，监理单位审核的机井造价未发生效力，且在审批中设计单位还专门注明最终单价由发包人审核，远景公司依据监理单位审核的证据来主张案涉机井造价为1432.4万元的请求不能成立，远景公司也未按照一审法院的释明申请造价鉴定。根据《最高人民法院关于适用〈中华人民共和国民事诉讼法〉的解释》第九十条"当事人对自己提出的诉讼请求所依据的事实或者反驳对方诉讼请求所依据的事实，应当提供证据加以证明，但法律另有规定的除外。在作出判决前，当事人未能提供证据或者证据不足以证明其事实主张的，由负有举证证明责任的当事人承担不利的后果"，《最高人民法院关于民事诉讼证据的若干规定》（法释〔2019〕19号）第三十一条第二款"对需要鉴定的待证事实负有举证责任的当事人，在人民法院指定期间内无正当理由不提出鉴定申请或者不预交鉴定费用，或者拒不提供相关材料，致使待证事实无法查明的，应当承担举证不能的法律后果"的规定，远景公司应承担举证不能的法律后果。对远景公司认为其已提交监理单位审核证据后不再负有举证责任的理由，因监理单位审核证据不能作为案涉有效证据且一审法院已充分释明，远景公司对此事实仍负有举证责任，该理由不能成立。但本案中，铁路公司一审、二审中均认可已交付机井按1432.4m、1682.34元/m计价，经计算为2409783.816元，该数额系铁路公司的自认，为减少诉累，法院对该数额予以确认，铁路公司应当向远景公司支付机井工程变更增加工程款2409783.816元。

在本案中，招标文件和投标文件中都明确机井（20m）、金额20万元为暂估价，合同通用条款第1.1.5.5条及《建设工程工程量清单计价规范》GB 50500—2013第2.0.19项对"暂估价"的释义为：招标人在工程量清单中提供的用于必然发生但暂时不能确定价格的材料、工程设备的单价以及专业工程的金额；《建设工程工程量清单计价规范》第9.9.2条明确规定："发包人在招标工程量清单中给定暂估价的材料、工程设备不属于依法进行招标投标的，应由承包人按照合同约定采购，经发包人确认单价后取代暂估价，调整合同价款。"招标文件《主要材料暂估价表》备注部分也标明：暂估价仅指材料采购费用，与此相关的其他费用包含在相关细目的综合单价中，发包人不另行支付，暂估价仅为参考价，最终价格依据《项目专用合同条款》第5.1条约定。基于上述规定，在原、被告双方均认可机井深度及造价为暂估价的情况下，仅存在对机井造价据实进行调整定价的问题，原告主张按照10000元/m的单价结算机井价款是对暂估价的根本性认识和理解错误。因此，建筑施工企业在投标阶段一定要"吃透"招标文件，避免因对招标文件理解错误而导致自身经济损失的发生。

第七节 低价投标、高价索赔的风险

在当前招标投标市场竞争激烈的环境下，建筑施工企业为了中标项目，往往会采取降低投标报价的方式来增加中标概率，中标后在项目实施过程中再通过设计变更、工程签证等方法进行索赔弥补,即通常所说的"低价中标、高价索赔"。建筑施工企业投标报价,是招标单位评标、定标的重要因素,但不是唯一因素,最低报价不一定中标,即使中标了,也存在一系列风险。

一、法律合规风险点描述

1. 不签订合同的法律风险

《招标投标法》第四十五条第二款规定:"中标通知书对招标人和中标人具有法律效力。中标通知书发出后,招标人改变中标结果的,或者中标人放弃中标项目的,应当依法承担法律责任。"《招标投标法实施条例》第七十四条规定:"中标人无正当理由不与招标人订立合同,在签订合同时向招标人提出附加条件,或者不按照招标文件要求提交履约保证金的,取消其中标资格,投标保证金不予退还。对依法必须进行招标的项目的中标人,由有关行政监督部门责令改正,可以处中标项目金额10‰以下的罚款。"

如果建筑施工企业中标后认为价格过低、索赔难度过大而不签订施工合同,则投标保证金将无法收回,在特定情况下可能需要承担行政责任。如造成招标人其他损失的,招标人还可以主张损失赔偿。

2. 不履行合同的法律风险

《招标投标法》第六十条规定:"中标人不履行与招标人订立的合同的,履约保证金不予退还,给招标人造成的损失超过履约保证金数额的,还应当对超过部分予以赔偿;没有提交履约保证金的,应当对招标人的损失承担赔偿责任。中标人不按照与招标人订立的合同履行义务,情节严重的,取消其二年至五年内参加依法必须进行招标的项目的投标资格并予以公告,直至由工商行政管理机关吊销营业执照。因不可抗力不能履行合同的,不适用前两款规定。"

如果建筑施工企业签订合同后认为价格过低而不履行合同的,则履约保证金将无法收回,如招标人损失超过履约保证金数额的,建筑施工企业需进行赔偿,情节严重的还需要承担行政责任。

3. 导致合同无效的法律风险

何为低价中标并没有明确的界定,但《招标投标法》第三十三条规定投标人不得以低于成本的报价竞标,《招标投标法实施条例》第五十一条规定投标报价低于成本的,评标委员会应当否决其投标。此种规定属于管理性强制性规范还是效力性强制规范,实践中存在争议,如果建筑施工企业的投标报价低于成本的,是否必然导致合同无效尚无定论,但司法实践中,人民法院往往更倾向于认为以低于成本价中标所签订的施工合同无效。

4. 发包人反索赔的法律风险

《民法典》第五百零九条第一款规定:"当事人应当按照约定全面履行自己的义务。"第五百七十七条规定:"当事人一方不履行合同义务或者履行合同义务不符合约定的,应当承担继续履行、采取补救措施或者赔偿损失等违约责任。"

低价中标必然导致施工企业资金不足,为降低成本,建筑施工企业可能会减少投入,甚至偷工减料,以次充好,造成工期延误、质量、安全等问题,即没有全面履行合同义务,属违约行为,应对发包人承担违约责任,发包人可向建筑施工企业进行反索赔。

二、法律合规风险防范措施

1. 合理投标报价。全面勘察施工现场,仔细研究招标文件中的工程范围、工程量清单、合同条款等,根据定额结合企业自身实际,在充分的成本分析基础上编制投标文件及报价。

2. 设定止损条款。在签订合同时充分与发包人协商,设定止损条款,控制可能给施工企业带来损失的程度,如约定人材机上涨调整补偿公式,当人材机价格涨幅超过一定的百分比时进行价格调整。

3. 做好合同管理。全面分析项目签证、索赔条款,评估可能存在的签证、索赔情况,提高索赔意识,一旦出现合同约定的索赔事项及时提起。

4. 强化履约管理。加强项目实施过程中的履约管理,严格按合同要求把控工期、质量、安全等,合理筹划使用资金,避免因已方违约被发包人反索赔。

5. 加强索赔证据管理。完善相关文件资料的管理,保证各类资料的完整性,注意及时准确地收集索赔证据资料,如招标投标文件、施工合同及附件、工程图纸、技术规范、设计交底记录、变更图纸、变更指令、经发包人或监理单位签认的签证、现场气候记录、材料采购凭证、工程日志、政府指令等,积累一切可能涉及索赔论证的资料,同时要认真编写索赔文件,并严格按索赔的规定和程序办理。

6. 建立具有丰富签证、索赔经验的管理团队,培养专业索赔人才。

三、典型案例:材料补差破局难,提前筹划才能赢

【基本案情】

北京某建筑公司中标某部队招待所住宅楼工程,双方于 2013 年 1 月 18 日签订《建设工程施工合同》,约定:1. 开工日期为 2013 年 3 月 1 日,竣工日期为 2014 年 8 月 31 日;2. 合同价为固定总价,除工程设计变更、现场签证外,其他风险费用已经包括在投标报价中,不再另行计算,招标范围内的漏项、错项和不均衡报价,竣工结算时不再调整;3. 因承包人原因不能按照约定的竣工日期或工程师同意顺延的工期竣工的,承包人承担违约责任……

合同签订后,北京某建筑公司于 2013 年 3 月 1 日进场施工,施工过程中,因北京某建筑公司自身准备不足、组织管理混乱、缺乏资金等因素造成工程进度滞后、工期延误。经协商,双方两次签订《补充协议》,明确已不能按合同约定工期完工,某部队同意延长工期,北京某建筑公司保证在 2015 年 5 月 31 日完工,每拖延一天支付违约金 2 万元,上不封顶,直至解除合同,且不免除原合同约定的北京某建筑公司工期违约责任。后北京某建筑公司又提出,其为低价中标且投标报价存在大量漏项,导致亏损严重,要求某部队重新核定工程造价并增加工程价款,某部队不予认可,北京某建筑公司陆续停工,2015 年 5 月 1 日,案涉工程完全停工。

后北京某建筑公司提起诉讼,主要诉求为要求确认《建设工程施工合同》及《补充协议》无效,并据实结算已完工工程价款。某部队提起反诉,主要诉求为要求北京某建筑公司赔偿因工期延误和工程停工造成的各项损失。

某部队在北京某建筑公司起诉后、一审诉讼期间取得建设工程规划许可证。此外，某部队在诉讼中同意就投标漏项部分给予北京某建筑公司一定比例的补偿。

双方争议的焦点主要在于工期延误、工程停工的责任承担。某部队认为北京某建筑公司违反诚实信用原则，恶意低价中标，并在合同履行中因自身管理不善、资金不足等原因造成工期延误并最终停工，是过错方，应承担其增加的建设成本及商业部分不能及时投入使用的租金损失赔偿责任。某部队提交了双方签订的两份补充协议和监理单位的工作总结、专题报告，在两份补充协议中，北京某建筑公司均做出承诺保证按期完工，补充协议条款不免除原合同约定的工期违约责任；监理工作总结载明项目存在的主要问题为总包单位施工组织不力、资金匮乏影响施工、不按时拨付工程使用资金，不积极组织施工，导致工期严重延误；专题报告分析了工期延误的原因主要是施工单位经济实力不强、管理水平不高。北京某建筑公司认为，造成工期延误及工程停工的原因是某部队未按照约定支付相应的工程进度款并不配合施工，且某部队未取得建设工程规划许可证即对工程进行发包，导致合同无效，北京某建筑公司没有过错，不应承担赔偿责任。

【裁判结果】

法院认为，双方订立的《建设工程施工合同》虽系双方当事人真实意思表示，但某部队在北京某建筑公司起诉后方才取得建设工程规划许可证，根据《最高人民法院关于审理建设工程施工合同纠纷案件适用法律问题的解释（二）》第二条第一款之规定[1]，案涉施工合同及补充协议无效。

虽然案涉合同无效，但双方仍应参照合同约定对北京某建筑公司已完工程进行结算。案涉施工合同为固定总价合同，根据约定，北京某建筑公司投标漏项部分的风险后果应自行承担，但鉴于某部队同意对北京某建筑公司已完工的投标漏项部分按比例支付工程款，法院予以认可，并根据鉴定机构按合同约定的计价标准鉴定的价格（含投标漏项造价），判决某部队支付剩余未付的工程款680余万元。

关于工期延误及工程停工损害赔偿问题。法院认为，案涉合同无效并不影响当事人主张损失赔偿。某部队事后已取得相关手续，对于工期延误的损失赔偿责任，还应根据合同约定和延误原因来确定责任主体。双方签订的补充协议虽对竣工日期进行了延后，但北京某建筑公司在两份补充协议中均承诺补充协议条款不免除原合同约定的工期违约责任。北京某建筑公司既未按《建设工程施工合同》约定竣工日期完成工程，亦未按补充协议调整后的工期完工，存在工期延误的客观事实。根据两份补充协议中北京某建筑公司的承诺、监理单位的工作总结和专题报告等证据，并结合本案施工实际情况，可以认定北京某建筑公司在施工过程中存在自身准备不足、组织管理混乱、投入不力及资金紧张等情况，北京某建筑公司应承担工期延误和工程停工的主要责任，应赔偿某部队未完工程增加的建设成本和商业部分未能及时投入使用的租金损失，综合双方过错，判决北京某建筑公司赔偿某部队损失的90%共计850余万元。

【案例评析】

本案是一起因低价投标引发的建设工程施工合同纠纷。北京某建筑公司不仅未能实现

---

[1] 该司法解释已废止，该条规定已被《最高人民法院关于审理建设工程施工合同纠纷案件适用法律问题的解释（一）》（法释〔2020〕25号）第三条所替代。

"低价中标、高价索赔"的目的，反而因自身原因导致工期延误、工程停工，给某部队造成损失，法院判决其赔偿850余万元，究其原因主要是：

北京某建筑公司对案涉工程工期延误和工程停工存在过错。虽然案涉合同因某部队未及时取得建设工程规划许可证而无效，但合同无效并不影响损失赔偿。根据《民法典》第一百五十七条规定，合同无效的后果包括返还财产、折价补偿以及赔偿损失。其中无效合同所发生的损失赔偿，适用过错责任原则，即有过错的一方应当赔偿对方由此所受到的损失，各方都有过错的，应当各自承担相应的责任。

本案工程工期延误、停工的主要原因在于北京某建筑公司缺乏资金、施工组织不力、管理水平不高等，北京某建筑公司是主要过错方，虽然北京某建筑公司主张造成工期延误及工程停工的原因是某部队未按照约定支付相应的工程进度款并不配合施工，但未提供相应证据。某部队未按规定取得建设工程规划许可证导致合同无效，但其事后已取得建设工程规划许可证，且某部队未及时取得建设工程规划许可证并未在实质上影响案涉工程建设，也未损害北京某建筑公司的合法权益，并非主要过错方。最终法院结合双方的过错程度及某部队的实际损失情况，判决北京某建筑公司承担某部队损失的90%。

当然，如果本案合同有效，北京某建筑公司应根据合同约定对某部队承担违约责任。

所以，不管合同是否有效，建筑施工企业都要诚信履约，做好项目动态管控，控制好工程进度，强化施工质量和安全管理等，做好证据收集整理工作，避免因自身行为承担违约责任或赔偿损失。

第八节　放弃优先受偿权的风险

建设工程价款优先受偿权，是指发包人未依约支付工程价款时，承包人享有就该建设工程折价或者拍卖的价款优先受偿的权利，其对于建设工程价款债权优先于其他一般的债权。《民法典》第八百零七条规定："发包人未按照约定支付价款的，承包人可以催告发包人在合理期限内支付价款。发包人逾期不支付的，除根据建设工程的性质不宜折价、拍卖外，承包人可以与发包人协议将该工程折价，也可以请求人民法院将该工程依法拍卖。建设工程的价款就该工程折价或者拍卖的价款优先受偿。"《最高人民法院关于审理建设工程施工合同纠纷案件适用法律问题的解释（一）》（法释〔2020〕25号）第四十二条规定："发包人与承包人约定放弃或者限制建设工程价款优先受偿权，损害建筑工人利益，发包人根据该约定主张承包人不享有建设工程价款优先受偿权的，人民法院不予支持。"

对于承包人的工程价款优先受偿权的性质，理论与实务界大致形成一种主流观点，即该权利是一种法定优先权。作为一种法定优先权，权利人是否可以自由处分以及在何种范围内处分，如何平衡建筑工人、承包人、发包人、抵押权人以及发包人的其他债权人之间的利益等问题，在司法实务的适用中存在一定分歧。

一、法律合规风险点描述

无法收回工程款的风险。在建设工程领域中，发包人作为项目建设单位，通常需要向金融机构融资。由于建筑施工企业对建设工程的优先受偿权优于抵押权，故金融机构为了确保其出借资金的安全，在要求将建设工程为其出借资金设定抵押的同时，往往会要求发包人将承包人放弃工程价款优先受偿权作为贷款的条件,以确保其抵押权在权利顺位上取得优先性。

实践中,承包人放弃或者限制工程价款优先受偿权的情形主要有三种:

一是发包人与承包人在建设工程合同中约定放弃;

二是发包人、承包人、金融机构三方订立"阴阳合同",即在建设工程施工合同之外,三方另行订立补充协议约定承包人自愿放弃工程价款优先受偿权;

三是承包人单方向为其承建的工程提供融资的金融机构出具"承诺书",承诺放弃优先受偿权。

由于承包人放弃或者限制其工程价款优先受偿权,会造成其责任财产减少,有可能因无法及时足额偿付建筑工人的工资而损害建筑工人的工资权益,使《民法典》第八百零七条保护建筑工人生存权益的目的落空。

承包人放弃优先受偿权这一行为生效后,建设工程款回归普通债权的性质,承包人成为发包人的普通债权人,存在无法回收工程款的风险。如果承包人放弃部分债权的优先受偿权,其对未放弃的部分仍享有优先受偿权。

承包人限制工程价款优先受偿权,通常是指对承包人行使优先受偿权的对象及范围进行限制,实践中主要表现为针对发包人的特定债权人放弃其优先受偿权,比如针对银行抵押权人,此时其可能与银行抵押权人处于同一权利顺位或者劣后于银行抵押权人,但其对发包人的其他债权人仍然具有优先受偿权,发包人的其他债权人不能以此抗辩承包人。

二、法律合规风险防范措施

基于发包人和承包人之间的不对等地位,承包人在很多情况下不得不承诺放弃建设工程优先受偿权。可以通过多种措施减小放弃行为所带来的风险:

1. 承包人在放弃优先受偿权时,建议仅向特定金融机构作出,并要在相应承诺中写明仅放弃顺位利益而非绝对放弃优先受偿权。

2. 承包人可附条件放弃优先受偿权,即约定发包人有义务将融资款项全部用于项目建设,而金融机构有义务监督融资款项用途,否则放弃无效。

3. 承包人在放弃优先受偿权相关谈判过程中,可以提出要发包人提供其他保障措施,以减少放弃建设工程优先受偿权的风险。

4. 倘若在放弃优先受偿权后,发包人依然出现延期支付工程款等现象,则承包人更加要提高警惕,必要时果断采取诉讼及财产保全措施以及时止损。

三、典型案例:法定优先权,放弃需谨慎

【基本案情】

2010年,济宇建司承建鸿福公司发包位于泸州市轻工业园区内生产车间及附属工程项目,约定为全垫资修建,付款时间为2011年1月31日前支付100万元,完工后3个月内支付至总承包价的70%;剩余款项在完工后两年内付清。该工程于2011年1月26日竣工,2011年3月26日竣工验收并交付使用,但鸿福公司欠济宇建司工程款400万元未支付。2012年,鸿福公司因资金不足,向农商行贷款1500万元,并以上述工程的1号楼(1

号车间)、2号楼(2号车间)、3号楼(宿舍楼)作为抵押。农商行知悉济宇建司工程款未付清,要求济宇建司放弃施工人优先权才同意放贷。济宇建司在同年夏天按农商行的要求,作出工程款已付清、放弃其优先受偿权的承诺。农商行随后在同年将贷款发放给鸿福公司。

2015年,济宇建司将鸿福公司作为被告诉至一审法院,要求鸿福公司支付工程尾款。法院判决鸿福公司支付济宇建司工程款400万元、40万元违约金及利息。案件进入执行程序。

农商行在2012年贷给鸿福公司的1500万元,因鸿福公司未按约偿还本息。农商行于2016年将鸿福公司诉至一审法院。法院判决鸿福公司偿还农商行贷款本金1500万元及利息、罚息;农商行有权对鸿福公司所有的、用作抵押担保的位于泸州市江阳区1号楼(1号车间)、2号楼(2号车间)、3号楼(宿舍楼)的房产在抵押担保范围内以该财产折价或者拍卖、变卖该财产所得价款优先受偿。判决生效后,农商行申请执行,法院拍卖被执行人鸿福公司位于泸州市江阳区1号楼(1号车间)、2号楼(2号车间)、3号楼(宿舍楼)的房产,以及泸州市江阳区××路××号的土地使用权。此后,因拍卖流标,法院裁定变卖上述房产。2019年2月,上述房产及土地使用权以20000915元成交。现农商行债权本金及利息约2200万元,不足以清偿。

此后,济宇建司以被执行人鸿福公司拖欠其工程款,涉及民工工资,依法享有优先受偿权,应优先分配拍卖、变卖鸿福公司上述财产的价款为由,向法院提出执行异议,要求其债权享有建设工程优先受偿权。法院裁定驳回其执行异议。

法院查明,因鸿福公司拖欠济宇建司工程款,导致济宇建司拖欠其122名工人工资388万元。

【裁判案情】

本案经一审、二审法院认为,鸿福公司为了在农商行取得相应贷款,三方商定由承包人济宇建司作出放弃建设工程优先受偿权的承诺,但在鸿福公司收到贷款后未支付济宇建司工程款,致使济宇建司尚欠的工人工资388万元至今未付。承包人作出的上述承诺损害了其他工人的合法权益,依照"行为人与相对人恶意串通,损害他人合法权益的民事法律行为无效"以及"发包人与承包人约定放弃或者限制建设工程价款优先受偿权,损害建筑工人利益,发包人根据该约定主张承包人不享有建设工程价款优先受偿权的,人民法院不予支持"的规定,济宇建司作出放弃建设工程价款优先受偿权的承诺行为,损害了建筑工人的利益,违反了法律规定,其承诺放弃建设工程价款优先受偿权中涉及欠工人工资388万元的部分依法应属无效。一审判决认定另外的12万元未损害工人的利益,属其自愿放弃,符合法律规定,并无不当。济宇建司所持该12万元也应享有优先受偿权的上诉请求不成立,法院不予支持。

【案例评析】

该案中,法院认为承包人向发包人的特定债权人做出的放弃建设工程价款优先受偿权的承诺,在承包人欠付建筑工人工资的范围内的放弃工程价款优先受偿权的行为无效,除此范围之外,承包人放弃的工程价款优先受偿权的行为有效。

由于建设工程价款往往涉及材料款和农民工工资等,材料款债权在一定程度上具有所有权取回权的性质,而农民工工资债权则具有基本生存保障的性质,法律创设建设工程价款优先受偿权即是为了保护这些特定法益,如承包人放弃优先受偿权将损害这些特定法益,则承包人的放弃行为应属无效。但如果承包人放弃优先受偿权的同时,已经有一定的担保措施确保承包人工程款的有效实现,则承包方放弃优先受偿权的行为可以认定为有效。

建设工程价款优先权作为保障承包人实现工程价款的制度,在保障建筑工人利益、维护社会稳定等方面具有重要的价值。对承包人而言,放弃优先受偿权实乃重大利益的让渡。因此,承包人一方面不得不面对发包人与自身市场地位不平等的现实窘境,另一方面也要充分评估合同风险,根据自身议价能力做出务实的应对策略,以切实维护自身的合法权益。

第二章
合同签订阶段法律合规风险防范

第一节 合同主体资格不适格的风险

合同主体资格不适格主要是指订立合同的当事人不具备订立合同的主体资格。在建设施工领域，合同主体资格不适格集中反映在合同当事人不具备相应施工资质，如业主方不具备项目开发资质条件或超越其经营范围，分包单位不具备相应的工程资质条件等。

一、法律合规风险点描述

1. 实施机构主体不适格的风险

如某政府投资类项目，项目实施机构并未得到当地政府的授权便与建筑施工企业签订投资开发协议，有违相关法律、法规的规定，将导致项目产生合法合规性风险。

2. 发包人主体不适格的风险

如某建设项目，招标人为某集团公司，但建设工程施工合同中约定的发包人却为某集团公司旗下子公司，该子公司既未得到招标人的授权，亦不具备相应项目开发资质，将导致施工合同无效的风险。

3. 承包人主体不适格的风险

《建筑法》第二十二条规定：建筑工程实行招标发包的，发包单位应当将建筑工程发包给依法中标的承包单位。建筑工程实行直接发包的，发包单位应当将建筑工程发包给具有相应资质条件的承包单位。

如建设单位将工程发包给个人或是将工程发包给不具有相应资质或安全生产许可的施工单位，建设单位将面临被责令改正及处以罚款的风险；而承包单位则将面临被责令停止违法行为，处以罚款、停业整顿、降低资质等级及吊销资质证书等风险。

4. 分包人主体不适格的风险

《建筑法》第二十九条第三款规定："禁止总承包单位将工程分包给不具备相应资质条件的单位。禁止分包单位将其承包的工程再分包。"

《最高人民法院关于审理建设工程施工合同纠纷案件适用法律问题的解释（一）》第一条第一款、第二款规定，承包人未取得建筑业企业资质或者超越资质等级的以及没有资质的实际施工人借用有资质的建筑施工企业名义签署的施工合同，应当认定无效。

个人或者不具备相应资质的法人或者超越资质等级或者借用资质的，如分包商、分供商的资质等级或注册资金不符合招标要求；分包商以劳务分包资质分包专业工程；实际施工人挂靠有资质的单位签订合同；分包商（实际施工人）、分供商使用伪造的资信；专业分包单位将其承包的专业工程中非劳务作业部分再分包;劳务分包单位将其承包的劳务再分包等,上述情形将导致分包合同无效的风险。

二、法律合规风险防范措施

建筑施工企业在签订合同前应严格审查合同相对方主体是否具有相应签约资格。

1. 如与政府实施机构签约,则应审查该实施机构是否已得到当地政府的授权,是否已取得授权文件,如暂未授权,则应在合同签订前落实授权手续,确保项目签约合法合规。

2. 如与发包人签约,则需审查其营业执照、资质证书、立项批文、建设用地规划许可证、土地使用权证等证照载明的主体是否与签约主体一致,如不一致,则需要取得相应的授权委托书。

3. 如与分包单位签约,则需避免分包单位以项目部、工程队、施工班组、个人等名义签约,亦要确保分包单位具有相应的施工资质,严格分包商、分供商资质审核,可通过国家企业信用信息公示系统、中国裁判文书网、中国执行信息公开网、信用中国、第三方企业信用查询平台等方式核实分包商、分供商的资信状况。

4. 可建立合格分包商、分供商库,从合格库中选取适宜主体,严禁与资质不符合要求的分包商、分供商签订合同。

三、典型案例:合同强调相对性,想要突破有困难

【基本案情】

2017年,中国某集团有限公司承包建设永勐高速公路工程后,将永勐高速某工程分包给耐尔公司施工,耐尔公司将二分部六工区项目桩基工程口头分包给张建某施工。张建某与龚声某签订《桩基工程施工协议》,将旧街坝、大红山、崩龙寨大桥桩基工程中的部分工程分包给龚声某,龚声某自带机械设备进行施工。张文某系张建某的儿子,张建某承包的案涉项目主要由张文某负责管理。2021年3月4日,龚声某与张文某签订了《工程结算单》。《工程结算单》记载,龚声某应得工程款共计1756614.73元,扣除油款148194元、人工工资及工程款1173390元后,剩余工程款按435030元计。2021年3月15日,龚声某与张文某签订了《工程协议结算单》。《工程协议结算单》记载,龚声某应得工程款共计95900元,扣除油款5900元,剩余工程款90000元。结算后,中国某集团有限公司于2021年4月27日代付龚声某工资10笔50000元,2021年6月29日代付龚声某工资12笔60000元;耐尔公司2021年5月1日支付龚声某50000元,2021年8月30日支付龚声某120000元。龚声某因本项目工程款未能及时支付,故向法院起诉张建某、张文某及耐尔公司,要求其支付工程款245030元及从2021年3月4日按全国银行间同业拆借中心公布的贷款市场报价利率3.85%计算至工程款245030元付清之日止的利息。

法庭审理过程中,张建某辩称结算单按照实际施工情况结算工程款,违反了施工协议约定,不应按照违反约定的结算支付工程款,即便按照结算情况支付工程款,耐尔公司与张建某对违法分包有共同过错,应对上述工程款承担连带责任。耐尔公司辩称耐尔公司已向张建某支付工程款600余万元,但张建某付给下面班组的工程款仅400余万元,耐尔公

司不应承担责任。张文某辩称其未与龚声某建立合同关系，龚声某要求其承担连带付款责任，缺乏事实和法律依据。

【裁判结果】

一审法院经审理认为，一、关于欠付龚声某的工程款数额。首先，根据《中华人民共和国民法典》第一百一十九条规定："依法成立的合同，对当事人具有法律约束力。"第一百一十四条规定："具备下列条件的民事法律行为有效：（一）行为人具有相应的民事行为能力；（二）意思表示真实；（三）不违反法律、行政法规的强制性规定，不违背公序良俗。"本案中，张文某作为完全民事行为能力人，自愿与龚声某结算签订的《工程结算单》《工程协议结算单》具有法律约束力。其次，根据《中华人民共和国民法典》第一百四十七条规定："基于重大误解实施的民事法律行为，行为人有权请求人民法院或者仲裁机构予以撤销"及第一百五十二条第一款第1项规定："有下列情形之一的，撤销权消灭：（一）当事人自知道或者应当知道撤销事由之日起一年内、重大误解的当事人自知道或者应当知道撤销事由之日起九十日内没有行使撤销权。"张建某与张文某系父子关系，张文某与龚声某完成结算至起诉时已经一年半，张建某理应知道结算的事实，但张建某既未提出重新结算，也未依法主张撤销。同时，参照《最高人民法院关于审理建设工程施工合同纠纷案件适用法律问题的解释（一）》第二十九条规定："当事人在诉讼前已经对建设工程价款结算达成协议，诉讼中一方当事人申请对工程造价进行鉴定的，人民法院不予准许。"张文斌以其不知道《桩基工程施工协议》的约定为由要求重新结算的答辩主张，不予采纳。综上所述，应按照龚声某与张文某结算并签订的《工程结算单》《工程协议结算单》确认工程款，截至2021年3月15日，共欠龚声某工程款525030元（435030元＋90000元）。扣减结算后中国某集团有限公司代发的工资110000元、耐尔公司代付的工程款170000元，现仍欠原告工程款245030元。

二、关于付款责任的承担。首先，根据《最高人民法院关于审理建设工程施工合同纠纷案件适用法律问题的解释（一）》第一条规定："建设工程施工合同具有下列情形之一的，应当依据民法典第一百五十三条第一款的规定，认定无效：（一）承包人未取得建筑业企业资质或者超越资质等级的；（二）没有资质的实际施工人借用有资质的建筑施工企业名义的；（三）建设工程必须进行招标而未招标或者中标无效的。承包人因转包、违法分包建设工程与他人签订的建设工程施工合同，应当依据民法典第一百五十三条第一款及第七百九十一条第二款、第三款的规定，认定无效。"龚声某、张建某作为自然人，并非具备法定资质的施工单位，耐尔公司将案涉工程分包给张建某，张建某再分包给龚声某，均违反了法律规定，故龚声某与张建某签订的《桩基工程施工协议》无效。其次，根据《中华人民共和国民法典》第一百五十七条规定："民事法律行为无效、被撤销或者确定不发生效力后，行为人因该行为取得的财产，应当予以返还；不能返还或者没有必要返还的，应当折价补偿。有过错的一方应当赔偿对方由此所受到的损失；各方都有过错的，应当各自承担相应的责任。法律另有规定的，依照其规定。"龚声某与张建某达成口头协议后，开始案涉项目施工，龚声某完成的工程经过初验并被后续工程覆盖，但整体工程还未进行验收，现龚声某的人工、机械及资金投入已经物化为建设工程，属不能返还的情形，应当折价补偿。龚声某要求张建某支付工程款245030元符合法律规定，应予支持。张文某系张建某儿子，受张建某安排管理案涉项目，未与龚声某建立合同关系，龚声某要求张文某承担连带付款责任缺乏事实和法律依据。耐尔公司将案涉工程违法分包给张建某，但双方对施工单价还未达成一致，施工总量也未结算，耐尔公司实际应付张建某工程款尚未明确，龚声某要求耐尔公司承担连带付款责任缺乏事实和法律依据。再次，关于龚声某主张的欠款利息，根据《最高人民法院关于审理建设工程施工合同纠纷案件适用法律问题的解释（一）》第二十六条规定："当事人对欠付工程价款利息计付标准有约定的，按照约定处理。没有约定的，按照同期同类贷款利率或者同期贷款市场报价利率计息。"第二十七条规定："利息从应付工程价款之日开始计付。当事人对付款时间没有约定或者约定不明的，下列时间视为应付款时间：（一）建设工程已实际交付的，为交付之日；（二）建设工程没有交付的，为提交竣工结算文件之日；（三）建设工程未交付，工程价款也未结算的，为当事人起诉之日。"龚声某和张建某签订的《桩基工程施工协议》无效，应视为对付款时间约定不明，龚声某与张文某于 2021 年 3 月 15 日完成最后结算，故 2021 年 3 月 15 日应视为付款时间。龚声某主张的利息计算方式符合法律规定，起算时间应予调整，自 2021 年 3 月 15 日至起诉时按 18 个月计，利息为 14150 元。2022 年 9 月 15 日起至实际给付之日止的利息，按年利率 3.85％计算。据此，一审法院判决：一、被告张建某于本判决生效之日起 30 日内支付原告龚声某工程款 245030 元，并支付 2021 年 3 月 15 日至 2022 年 9 月 14 日期间的利息 14150 元，共计 259180 元；二、2022 年 9 月 15 日起至实际给付之日止的利息，以实欠工程款为基数，按年利率 3.85％计算；三、驳回原告龚声某其他诉讼请求。

二审法院认为工程结算是建设工程施工合同关系的双方当事人，依据双方所签合同及施工人的实际施工情况，经过综合考量及专业计算得出的工程款数额，经双方盖章签字即发生法律效力，对双方具有约束力。本案张文某作为其父张建某所承包案涉项目的管理人，就分包给龚声某施工的工程两次与龚声某进行结算并签署《工程结算单》及《工程协议结算单》，确认了应得工程款、已付工程款、油款、人工工资及剩余工程款，该两份结算单为双方对各自权利义务进行清算的协议，是双方真实意思表示，内容不违反法律法规的禁止性规定，应当作为工程结算的依据，一审以此计算龚声某应得工程款并以第二次结算的时间节点起算欠付工程款利息并无不当。本案张建某将案涉工程分包给龚声某施工，龚声某无施工资质，双方之间形成的合同关系因违反法律法规的禁止性规定而无效。虽然案涉工程合同无效，但案涉工程已完工交付，龚声某有权要求按照双方结算支付工程价款。根据合同相对性原则，合同的权利义务原则上只能约束合同当事人，而对合同之外的第三人无约束力，故本案承担支付工程欠款等款项的责任主体应当是合同相对人张建某。张建某主张耐尔公司承担支付责任，但双方没有对此作出约定，该项请求已突破了合同相对性原则，缺乏法律依据，不予支持，应由张建某向龚声某承担工程欠款支付责任。综上所述，二审法院判决驳回上诉，维持原判。

【案例评析】

本案为建设工程施工合同纠纷，属于建筑施工领域最常见的纠纷类型之一。本案中，上诉人张建某声称不应按照违反约定的结算支付工程款及耐尔公司应对上述工程款承担连带责任，为何张建某的上诉请求没有得到二审法院的支持呢？原因如下：

一是张文某作为其父张建某所承包案涉项目的管理人，就分包给龚声某施工的工程两次与龚声辉进行结算并签署《工程结算单》及《工程协议结算单》，确认了应得工程款、已付工程款、油款、人工工资及剩余工程款，该两份结算单为双方对各自权利义务进行清算的协议，是双方真实意思表示，内容不违反法律法规的禁止性规定，应当作为工程结算的依据。

二是根据合同相对性原则，合同的权利义务原则上只能约束合同当事人，而对合同之外的第三人无约束力，故本案承担支付工程欠款等款项的责任主体应当是合同相对人张建某。张建某主张耐尔公司承担支付责任，但双方没有对此作出约定，该项请求已突破了合同相对性原则，且张建某并非本案实际施工人，其不能突破合同相对性原则要求耐尔公司承担支付责任。

由两级法院裁判意见可知，本案的争议焦点涉及被告是否存在违法分包以及被告主体适格性问题，这一问题决定了本案中欠付工程款的支付责任主体。本案存在典型的违法分包行为，耐尔公司作为分包方，将其所承包的部分工程再次分包给不具备施工资质的张建某，张建某又将部分工程分包给不具备施工资质的龚声某，均违反了禁止性规定，属违法分包。

整体而言，本案所反映的现场人员管理、分包管理、施工管理等问题对建筑施工企业均有一定的警示性。本案中存在的违法分包的情形在施工行业并不罕见，分包商违法再分包行为层出不穷，一旦产生纠纷不仅会给建筑施工企业带来实际经济损失，还将严重损坏建筑施工企业的商业信誉和社会声誉。建筑施工企业应严守工程分包合法合规底线，依照法律法规规定及与业主方的合同约定审慎开展分包工作，避免因违法分包受到相关部门处罚；建筑施工企业还应加强对分包单位的监督管理，严格审查分包单位资质情况、履约情况、商业信誉，坚决制止分包单位违法再分包、挂靠、借用资质等违法情形，逐步清退不讲诚信或者履约能力不强的分包单位。

第二节　履约担保的风险

履约担保在本书特指工程履约担保，即保证担保人向招标人出具履约保函，保证建设工程承包合同中规定的条款将在规定的日期内，以不超过双方议定的价格，按照约定的质量标准完成该项目。一旦承包商在施工过程中违约或因故无法完成合同，则保证担保人将在保额内赔付招标人的损失。履约担保存在银行履约保函及现金担保等形式。

一、法律合规风险点描述

1. 独立保函的风险

独立保函又称见索即付保函，即当总承包单位向业主开具独立保函时，只要业主在保函有效期内向银行提出索赔，银行就必须无条件先行把保函金额赔付给业主，然后银行再向总承包单位追偿这笔费用。开具独立保函后，可能会存在业主恶意兑付风险、丧失谈判地位风险、失信与公司现金流风险等。

2. 提交现金履约保证金的风险

根据《招标投标法实施条例》第五十八条规定："招标文件要求中标人提交履约保证

金的，中标人应当按照招标文件的要求提交。履约保证金不得超过中标合同金额的10％。"

履约保证金制度可以有效防止建筑施工企业采取以次充好、偷工减料等手段转移建设资金，降低工程质量水平，促使建筑施工企业认真履行合同。但较高的履约保证金比例可能造成建筑施工企业面临较大的现金压力，同时可能存在业主恶意索赔、无理扣款的风险。

3. 可转让保函的风险

可转让保函即发包人可以将保函权利转让给第三人。业主为融资往往需要将保函权利转让给第三人，而由于保函是建立在对业主的信任基础之上，对第三人诚信状况无从了解，第三人提兑保函的可能性大大增加，建筑施工企业将面临保函金额损失的风险。

4. 未及时收回保函原件的风险

开具履约保函的银行一般会在履约保函中约定，保函有效期届满或提前终止，保函失效，其在保函项下的责任消灭，受益人应立即将保函原件退还银行。保函未及时收回，可能存在保函损失的风险。

二、法律合规风险防范措施

1. 在保函开具前，应对业主的资信进行审查，重点审查业主是否有过恶意提取保函的行为，尽量通过协商谈判，避免开具独立保函、可转让保函和现金担保。

2. 对开具独立保函的，必须对合同中保函担保内容的相关约定进行审查，如建筑施工企业的违约责任和赔偿责任、保函没收责任条款、续开保函责任条款等。

3. 建筑施工企业应尽量争取开具有条件的保函，即在保函中约定业主提取保函时应提交的单据数量越多、获取难度越大越好，如要求业主在提起保函索赔申请时应提供建筑施工企业违约的证明材料，或约定业主提取保函后应先将提取的款项交付第三方，待业主与建筑施工企业争议解决后再确定是否交付业主等。

4. 要及时提起保函欺诈诉讼，以业主为被告，保函开立行为第三人，向法院申请确认业主保函索赔行为构成保函欺诈，判令银行终止向业主支付保函项下款项。

5. 若业主向银行申请兑付保函，应积极与银行沟通，了解业主提取保函的理由和提交的单据，并向银行表明该保函兑付存在争议，已向法院申请止付并起诉，请求银行配合法院的诉讼工作，暂不兑付保函，尽可能拖延兑付的时间。

6. 严格保函（保证金）管理，当保函有效期届满或提前终止时，建筑施工企业应督促银行及时收回保函原件。

三、典型案例：履约担保有风险，作出决策需谨慎

【基本案情】

A工程总公司（以下简称A公司）作为总承包人，与承包人B建设工程集团公司（以下简称B公司）签订了《承包合同书》，工程地点在利比亚。合同约定，承包人向总承包人提供预付款担保和履约担保。合同也约定，不可抗力事件发生涉及承包人施工场地的，承包人应立即通知总承包人，在力所能及的条件下，迅速采取措施，尽力减少损失。总承包人和承包人协商一致，可以解除承包合同。承包合同解除后，不影响双方在合同中

约定的结算条款的效力。如果因为不可抗力或发包人原因造成工程延期或其他责任，总承包人和承包人双方免责，并共同采取措施减少损失。

B 公司为履行承包合同向 C 银行申请开立保函。C 银行以 A 公司为受益人开立了保函。保函载明：保函有效期为一年，如保函申请人 B 公司未能履行承包合同书及其附件中规定的义务，包括双方就合同条款达成的变更、修改和补充义务，C 银行在收到 A 公司提交的书面宣布申请人违反合同规定的正式通知及由 A 公司法定代表人（负责人）或授权代理人签字并加盖公章，列明索赔金额的索赔通知后 5 个工作日内，支付相应的保证金；本保函的款项构成本银行无条件的、不可撤销的直接保障责任；保函项下的所有权利和义务受中华人民共和国法律管辖和制约。

由于利比亚形势动荡，2011 年 2 月 17 日发生武装冲突，民众的示威抗议从班加西开始向全国蔓延。3 月 2 日，我国将在利比亚的工程建设人员等全部撤回国内。3 月 17 日，联合国做出决议，同意在利比亚设立"禁飞区"，法、英、美等多国部队随之发动对利比亚的空袭，利比亚进入战争状态。

后 A 公司以 B 公司违约为由，向 C 银行发出索赔通知进行索款。C 银行向 A 公司发送通知，称 B 公司已经通知该行对案涉保函暂停保证金支付，该行认为由于目前项目已暂停施工，停止施工是因为项目所在国利比亚发生骚乱及战争等不可抗力所造成，B 公司并无违反合同约定的行为。鉴于不可抗力的原因及 B 公司的要求，履约保函中止支付、预付款保函项下的款项由 B 公司与 A 公司清算后多退少补，并不再办理保函延期和重新开立工作。A 公司遂向法院起诉 C 银行，请求判令 C 银行支付保函下的款项及利息。

【裁判结果】

本案由浙江省高级人民法院一审，中华人民共和国最高人民法院（以下简称"最高院"）二审。2019 年 6 月，最高院作出二审判决。

关于保函的性质，最高院认为：区分一份保函的性质是独立保函还是担保法规定的保证，关键在于考察保函文本是否为开立人设定了独立付款义务，而不在于是否使用了保证责任的措辞。案涉保函第一条均约定了本保函项下开立人承担的保证责任的最高金额。第三条均约定了"我行在收到你方提交的书面宣布申请人违反合同规定的正式通知及由你方法定代表人（负责人）或授权代理人签字并加盖公章，列明索赔金额的索赔通知后 5 个工作日内，支付相应的保证金。"案涉保函记载了据以付款的单据和最高金额，开立人无须在单据之外确定基础交易的履行情况，能够确定开立人付款义务的独立性和跟单性，一审判决认定案涉保函为独立保函正确。

关于 A 公司的付款请求，最高院认为：C 银行、B 公司提出了保函欺诈抗辩，故最高院有必要就案涉独立保函的基础交易进行审查。考虑到独立保函见索即付的制度价值，本案对基础交易的审查应当坚持有限原则和必要原则，审查的范围限于受益人是否明知基础合同的相对人并不存在基础合同项下的违约事实或者不存在其他导致独立保函付款的事实，具体为独立保函司法解释第十二条规定的五种情形。《承包合同书》第三十四条明确约定，如果因为不可抗力或发包人原因造成工程延期或其他责任，总承包人和承包人双方免责，并共同采取措施减少损失。A 公司对不可抗力导致各方当事人的风险分担是明知的。因利比亚国内发生战争，B 公司和 A 公司撤离案涉工程项目。B 公司系因不可抗力不能履行合同，并未违约。在此情况下，A公司对其不享有案涉保函索赔权是明知且清晰的。A公司明知案涉工程因不可抗力无法继续的情况下，仍然坚持以B公司违约为由，要求C银行支付履约保函项下款项，缺乏诚实信用，属于滥用索赔权。一审未支持A公司的付款请求并无不当。

【案例评析】

因不可抗力不能履行合同的，应该是指不可抗力事件导致客观上不能履行合同，二者必须要有因果关系，而不是指以不可抗力为理由主观上不想履行合同。如果能证明，合同不履行并非由于不可抗力事件导致，而是由于其他情况导致或引起，这因果关系能否成立就可能存在争议。援引不可抗力的目的，是为了使不能履行合同的情形不构成违约的情形，从而可以免除不履行合同本应承担的责任。但并非证明了不可抗力事件与不能履行合同有因果关系，就可以必然全部免责，还要证明不可抗力对合同的影响程度。如果能证明不可抗力事件只是对合同某一部分有影响而主张整个合同受影响且主张全部免责，也可能产生争议。总的来说，要成功援引不可抗力来主张免责，先要考虑该事件是否符合不可抗力的法定要求，再考虑该事件是否与不能履行合同的情形存在因果关系，还要考虑该事件的影响是否足以免除全部责任还是只能免除部分责任。

具体到本案，涉及的事件是利比亚发生国内战争。对这个事件，法院认定了属于不可抗力事件，即认为该事件满足了不可抗力的法定条件。随后，法院进一步认定了B公司系因不可抗力不能履行合同，即认为利比亚国内战争与B公司不能履行《承包合同书》存在因果关系，最终认定B公司并未违约。对于C银行来说，并非因为与不可抗力事件有因果关系而免除保函下的付款责任，而是因为法院结合《承包合同书》的条款，认定B公司因不可抗力事件不能履行合同是未违约的，以及A公司对此明知但还向C银行索赔，认定A公司存在独立保函司法解释的滥用付款请求权的欺诈情形，未支持A公司的付款请求。

若业主针对保函提出索偿，只有在承包商违约的情形确实发生时，索偿才可视为合理。在不可抗力发生时，承包商拥有暂停工作或在一定条件下终止合同的权利，这种情形不能视为承包商违约，故此时业主以承包商违约为由对保函进行索偿是不合理的。但在见索即付保函的情形下，银行无义务核实承包商违约的事实，此时承包商将承担业主恶意索偿风险。另外，不可抗力发生后，若主合同没有终止，在保函即将到期时，应业主的要求，承包商有义务对保函延期，若承包商拒绝履行此义务，业主有权提取保函的全部金额；在保函并未临近到期时，承包商并无义务对保函延期。

建筑施工企业应对保函风险有防范意识及应对准备，在发生不可抗力时，承包商应遵照法律及合同及时履行应尽的义务，并明确自身权利，及时接洽各方，尽量避免或减轻保函风险。

一是谨慎使用见索即付保函。对承包商而言，见索即付保函是风险较大的保函，若业主明确要求采用见索即付保函，承包商应仔细推敲保函内容，保函中应具体指出业主对保函索偿时应提交的单据或证明文件的种类和内容，并明确说明对单据内容的要求。另外，最好能在保函中规定，在业主的索偿与银行付款之间有一定的时间间隔，以使承包商有机会通过与业主的协商将争议解决在银行付款之前。

二是熟悉合同及法律，履行应承担的义务。承包商应熟知工程合同与其适用的法律法规，这样在不可抗力发生时才能明确应有的权利，履行相应的义务，收集有力的证据，减少最终的损失。例如，在发生不可抗力的情况下，承包商在暂停工作时应根据合同履行其通知的义务，从而避免在以后的争端中，业主以此作为抗辩或申诉的理由。另外，承包商应根据合同或法律确定业主提出的要求是否合理，不满足业主的要求是否需要承担责任，从而为最后的决策提供依据。

三是与担保银行及业主保持沟通。在不可抗力使项目停工后，承包商应与业主保持沟通，从而了解业主是否有就保函进行索偿的倾向或警告。同时，承包商也应及时告知担保银行项目停工的情况，说明若在项目停工期间业主以承包商不履行施工责任为由就保函进行索偿是不合理的，并可请求在业主就保函进行索偿时及时得到银行的通知。

四是止付机制的使用。在意识到存在业主可能就保函进行索偿的风险时，承包商可以考虑向法院申请止付令。承包商可以单独对银行或业主申请止付令，也可以同时对银行和业主申请止付令。

第三节　违背招标投标文件实质性内容签订合同的风险

根据《招标投标法》第四十六条规定，招标人和中标人应当自中标通知书发出之日起30日内，按照招标文件和中标人的投标文件订立书面合同。招标人和中标人不得再行订立背离合同实质性内容的其他协议。根据《招标投标法实施条例》第五十七条规定，招标人和中标人应当依照招标投标法和本条例的规定签订书面合同，合同的标的、价款、质量、履行期限等主要条款应当与招标文件和中标人的投标文件的内容一致。

根据前述相关法律法规规定，"背离合同实质性内容"是指合同的标的、价款、质量、履行期限等主要条款应当与招标文件和中标人的投标文件的内容不一致。招标投标规范的目的，一是保证发包人能够通过招标投标活动选到合适的中标单位；二是保证竞标人之间公平、公开、公正的竞争。如果允许在招标投标文件之外，另行签订和招标投标文件确定的条件不一致的合同，必然存在发包人恶意降低价格损害承包人的利益，也必然会影响其他中标人公平、公正地参与竞争。但在司法实践中，当事人中标后在合同谈判阶段，往往为了获得更有利于单方或双方的条件，而订立背离招标投标文件实质性内容的合同或协议，导致一系列风险。

一、法律合规风险点描述

1. 背离招标投标文件实质性内容签订的协议无效的风险

《最高人民法院关于审理建设工程施工合同纠纷案件适用法律问题的解释（一）》（法释〔2020〕25号）第二条规定："招标人和中标人另行签订的建设工程施工合同约定的工程范围、建设工期、工程质量、工程价款等实质性内容，与中标合同不一致，一方当事人请求按照中标合同确定权利义务的，人民法院应予支持。招标人和中标人在中标合同之外就明显高于市场价格购买承建房产、无偿建设住房配套设施、让利、向建设单位捐赠财物等另行签订合同，变相降低工程价款，一方当事人以该合同背离中标合同实质性内容为由请求确认无效的，人民法院应予支持。"

招标投标双方就中标项目，签订的背离招标投标文件实质性内容的合同或协议在发生争议时，法院按照中标合同确定权利义务，签订的背离中标合同实质性内容无法得到法院认可或履行，存在被认定无效的风险。

2. 相关行政主管部门对背离中标文件签订协议的行为责令改正并处罚的风险

《招标投标法》第五十九条规定："招标人与中标人不按照招标文件和中标人的投标文件订立合同的，或者招标人、中标人订立背离合同实质性内容的协议的，责令改正；可以处中标项目金额千分之五以上千分之十以下的罚款。"

背离招标文件、投标文件内容签订合同的，有关行政监督部门有权责令改正，并可按照相关法律法规规定对相关单位处以罚款。

3. 相关主管人员受到刑事处罚的风险

如果实质性变更内容严重损害国家利益，或者造成国有资产重大损失，相关人员因滥用职权等行为可能被追究刑事责任。

二、法律合规风险防范措施

1. 对招标人而言，招标文件中关于工期、工程质量、价款等实质性条款，应当谨慎决策，避免招标结束后再对实质性内容进行变更。

2. 对投标人而言，投标前应当就招标条件的实质性内容进行充分了解，结合自身施工管理能力综合评估后再行投标。

3. 按照法律法规要求，严格按照招标投标文件确定的实质性条件签订合同，对于招标人或投标人一方要求签订背离招标投标文件实质性内容的条款，应该维护本单位合法权益，依法拒绝。

4. 在合同履行过程中，确因重大设计变更导致合同履行条件发生变化，招标人与中标人就合同工期、工程价款等实质性内容进行了变更，此情形应认定为正常的合同变更，不构成对合同实质性内容的变更。

三、典型案例：中标合同有效力，实质变更属无效

【基本案情】

某置业公司是国储中心大厦工程的建设单位。经招标投标程序，南通公司以135505850元的标价中标该工程。2015年4月15日，双方签订《建设工程施工合同》，约定：工期为2015年4月1日至2016年9月30日，总计549天；合同价款采用固定总价方式，为135505850元。关于工程款支付方式，双方约定：合同签署后，开工前15日内预付中标价格的10%作为工程预付款；施工中，每月按已完工程量的70%进行付款，工程量全部完成且竣工验收合格后，支付至合同价的80%；工程竣工结算、竣工资料归档、审计工作完成后，按天津市有关文件规定，拨付工程结算总造价95%的工程款，扣留5%作为维修款；保修期满30日内支付5%的维修款。

2016年1月18日，某置业公司与南通公司签订《总包补充协议》。关于工程款支付，双方约定：承包人进行全垫资施工，工程按本合同约定的期限竣工并验收合格的前提下，施工至项目竣工验收合格且完成竣工备案后10个月内，发包人向承包人付清全部工

程款。

2017年5月25日，勘察单位、设计单位、施工单位、监理单位、建设单位五方共同签署国储中心大厦工程质量验收证明书，确认该工程竣工验收合格，2017年9月29日，某置业公司签收了南通公司报送的工程结算书，于2018年2月办理了竣工验收备案手续。

2018年2月7日，某置业公司与南通公司签订《借款协议》，约定某置业公司向南通公司发放借款1000万元，借款期限自2018年2月7日起至2018年5月7日止。

2018年8月17日，某置业公司（甲方）与南通公司（乙方）签订《支付协议》，确定某置业公司欠付南通公司工程款13200万元，确定将2018年2月7日借款协议中的借款转换为工程款，并约定了剩余工程款的支付节点。《支付协议》签订后，2018年8月22日和9月30日，某置业公司分别向南通公司支付工程款1000万元、200万元，此后，某置业公司未再支付工程款。后南通公司向法院提起诉讼，要求某置业公司支付拖欠工程款及利息。

【裁判结果】

关于《总包补充协议》的效力以及南通公司请求支付2018年8月17日之前工程预付款及工程进度款逾期付款违约金是否有依据的问题。一审中，各方均未对案涉《总包补充协议》的效力提出异议，因此，一审未将此作为争议焦点问题。二审中，南通公司主张《总包补充协议》无效，某置业公司应当按照中标的《建设工程施工合同》约定向其支付工程预付款和进度款的逾期付款违约金。对此，法院认为，《总包补充协议》与中标的《建设工程施工合同》相比，工程款支付方式由预付款加进度付款改为承包人全垫资施工。而款项支付方式系工程价款的重要内容，因此，应认定《总包补充协议》构成对中标合同的实质性变更，根据《中华人民共和国招标投标法》第四十六条的规定，该协议无效，对双方当事人不具有法律约束力。南通公司依据《总包补充协议》约定，请求某置业公司支付欠付工程款利息，依据不足。

关于某置业公司是否应当支付欠付款项利息以及如何支付的问题。2018年8月17日签订的《支付协议》系双方当事人真实意思表示，合法有效，各方均应受此约束，法院最终根据该支付协议确定的支付期限及逾期付款责任，判决某置业公司承担工程款和逾期利息的支付责任。

【案例评析】

招标投标过程是双方达成合意的过程，也是所有投标人公平竞争的过程，如果招标人与中标人就招标文件、投标文件中已明确约定的实质性内容进行实质性变更，则显然对其他投标人是不公平的，且实质性变更内容很可能改变招标结果。本案中，南通公司中标该工程，与发包人某置业公司签订《建设工程施工合同》，对工程内容、工期、工程质量、工程款支付等内容作了约定，但其在合同履行中双方又签订了《总包补充协议》，工程款支付方式由预付款加进度付款改为承包人全垫资施工，某置业公司利用其发包人的优势地位，与南通公司签订的补充协议改变了工程款支付方式，构成对招标投标文件及中标合同的实质性变更，因此法院认定该协议无效。

第四节 签订"阴阳合同"的风险

通过招标方式发包与承包的项目，发包人与中标人根据招标投标文件签订中标合同，该中标合同并不实际履行，双方又另行签订了实际履行的合同，与中标合同内容实质性不一致，此种情形称之为"阴阳合同"。"阴阳合同"是为规避政府监管的产物，不仅侵害国家利益，损害建筑市场公平竞争，还为建筑工程质量和安全埋下隐患。"阳合同"是指经过招标投标，签订的与招标投标文件内容一致，而当事人并不实际履行的合同；"阴合同"是指与招标投标文件及中标合同内容实质性不一致，由当事人实际履行的合同。签订"阴阳合同"可能带来很多风险。

一、法律合规风险点描述

1. "阴阳合同"均无效的风险

根据《最高人民法院关于审理建设工程施工合同纠纷案件适用法律问题的解释（一）》（法释〔2020〕25号）第二条规定，招标人和中标人另行签订的建设工程施工合同约定的工程范围、建设工期、工程质量、工程价款等实质性内容，与中标合同不一致，一方当事人请求按照中标合同确定权利义务的，人民法院应予支持，另一方当事人以该合同背离中标合同实质性内容为由请求确认无效的，人民法院应予支持。招标人与中标人双方签订"阴阳合同"的，往往在招标投标前就已经就相关事宜进行了协商，甚至签订标前协议，此种情形严重违反《招标投标法》的规定，导致招标程序违法，中标人中标无效，则双方签订的中标合同无效，"阴合同"自然也是无效的。合同无效，双方在履约过程中发生争议时，无据可依又无法协商一致，极易引发诉讼风险。

2. 实际履行合同无效的风险

项目通过合法招标，但双方签订了背离招标投标文件实质内容的"阴合同"。在这种情况下，可能导致实际履行合同无效，按照中标合同履行，存在对一方当事人不利的风险。在合同签订过程中，当事人往往更重视实际履行合同的签订，而对中标合同有所忽略，中标合同内容可能存在权利义务不平衡，对一方当事人存在不利影响。

二、法律合规风险防范措施

1. 严格依法依规、公开公正进行招标投标活动，保证招标的规范性、中标人的合法性、中标合同的有效性。

2. 招标方与中标方应遵守国家法律法规对建设工程领域的规范，双方均应避免签订"阴阳合同"，避免出现违法违规情形。出现特殊情形，导致合同履行条件发生重大变化，确需对合同进行变更的，应严格依法依规对合同内容进行调整。

3. 应当依法拒绝签订"阴阳合同"的行为，"阴阳合同"履约风险巨大，发生争议的可能性也更高，对项目建设、履约均存在不利影响。如迫于特殊情形签订"阴阳合同"的，签订双方均应对中标合同进行审查，严格按照招标投标文件设置双方权利义务，确保本方权益不受影响，确保双方权利义务平衡。

4. 重视中标合同的签订。对中标合同的条款进行严格审查，保证双方权利义务均衡，避免因实际履行合同被确认无效,按照中标合同履行时,对己方不利的影响。

三、典型案例:阴阳合同风险高,勿以小利换大亏

【基本案情】

2019年6月17日,金科公司作为发包人与总承包人上海嘉×(集团)有限公司(以下简称嘉×公司)签订《建设工程施工合同》,约定由嘉×公司进行金科公司开发的XDG-2019-1号地块A地块房地产开发项目,承包范围包括土建、安装及室外配套。

2021年金科公司再次就其开发的案涉市政工程项目重新组织招标,天孚公司参与投标并中标,金科公司于2021年4月9日向天孚公司送达《中标通知书》。2021年4月23日,金科公司作为发包人与承包人天孚公司签订《建设工程施工合同》,约定由天孚公司进行案涉市政工程的施工,总价包干,含税总价款5121007.13元,并向金科公司缴纳履约保证金150000元。

2021年4月24日,无锡市新吴区建设工程安全质量监督站向金科公司和嘉×公司送达动态监督扣分表和全面停工整改通知书,以项目存在重大安全生产隐患的原因要求立即停工,整改完毕后方可恢复施工,其中包括工地内专业分包和总承包单位未签订专业分包合同。

2021年8月6日,金科公司在与天孚公司签订"无锡金×中心A地块市政道路及雨污工程"施工承包合同之后,要求与天孚公司再会同原项目总包单位嘉×公司签订三方施工合同,天孚公司认为该要求属于诱导己方签订"阴阳合同",属于违法行为,坚决不予响应。最终,双方于2021年8月21日解除了原施工合同。

双方就违约责任承担、履约保证金退还等事宜,无法达成一致,天孚公司诉诸无锡市中级人民法院。

【裁判结果】

法院认为,关于合同违约方的认定,本案双方签订合同后,金科公司再次要求天孚公司与原项目总承包单位嘉×公司签订合同,且本案双方原签订的《建设工程施工合同》解除,金科公司的要求超出了招标投标文件和备案合同的要求,改变了合同权利义务的主体,因此认定金科公司构成违约,应返还保证金。

关于损失赔偿,法院认为当事人一方不履行合同或者履行合同义务不符合约定,给对方造成的损失,损失赔偿额应当相当于因违约所造成的损失,包括合同履行后可以获得的利益。天孚公司为履行合同积极进行准备,且已按照金科公司的要求进行了部分前期施工准备工作,金科公司解除合同导致天孚公司无法履行施工合同取得利润是能够预见到的,故天孚公司主张可得利益损失应予支持。考虑施工合同金额、天孚公司招标投标工作及前期准备工作情况、当事人过错程度及建筑市场一般利润水平等综合因素,酌定本案中天孚公司的各项经济损失为100000元。

法院判决金科公司于判决发生法律效力之日起10日内返还天孚公司履约保证金150000元;金科公司于判决发生法律效力之日起10日内赔偿天孚公司经济损失100000元;驳回天孚公司的其他诉讼请求。二审法院对该判决结果予以维持。

【案例评析】

《招标投标法》第四十六条中"招标人和中标人不得再行订立背离合同实质性内容的其他协议"的规定，其立法初衷是为了规范招标投标活动，保护国家利益、社会公共利益和招标投标活动当事人的合法权益，防止当事人通过签订"阴阳合同"或者"黑白合同"作为不正当竞争的手段，达到损害招标投标市场秩序、损害其他投标人合法权益以牟取私利的非法目的。

在本案中，金科公司通过组织招标投标与天孚公司就案涉工程签订施工合同后，又要求天孚公司重新与原项目总承包单位签订专业分包合同用于备案，天孚公司认为金科公司该要求属于诱导签订"阴阳合同"的违法行为而不予配合，并无过错，不应认定为违约行为。法院最终依法支持了天孚公司的诉请，天孚公司因此维护了公司利益，并未因合同履约遭受到损失。

遇到类似情形，被发包人要求签订"阴阳合同"的，天孚公司的做法可作为参照，严格依法依规拒绝其违法要求，并拿起法律武器，保护自己的合法权益。

第五节　合同内容被篡改的风险

合同内容被篡改一般是指拟定的合同条款与合同当事人约定的条件不符，或是合同相对人私自改动合同一方已签章的合同。合同当事一方对合同内容进行篡改，合同内容不是所有当事人的真实意思表示，所以被篡改后的合同很可能被法院认定为无效。篡改合同骗取不正当利益的，还有可能构成合同诈骗。

一、法律合规风险点描述

1. 合同相对方篡改合同内容的风险

在合同当事人确定合同文本后，单方主体盖章后，将合同文本递交对方，另一方利用对方的疏忽或者趁对方不注意的时候，故意添加或修改合同文本，导致对先盖章一方不利的后果。

2. 内部评审合同与实际签订合同内容不一致的风险

由于建筑施工企业内部管理问题，其管理人员未按内部合同评审意见对合同进行修改，以至于出现签约前评审的合同与实际签订的合同内容不一致，导致建筑施工企业风险不可控。

二、法律合规风险防范措施

1. 在合同中约定如合同条款有涂改，必须由合同当事人的法定代表人或其委托代理人在涂改处签字并加盖单位印章方才有效。

2. 尽量争取同时盖章或手书合同一方先盖章，且盖章时应加盖骑缝章或在合同文本每一页上都签字（盖章）。

3. 建筑施工企业内部评审应严格落实合同谈判及评审记录备案制度，同时印章管理人员在加盖公章前应根据谈判及评审意见，仔细核对合同内容，避免由于建筑施工企业内部工作人员故意或疏忽大意导致合同内容被篡改。

4. 注意保存有对方当事人签章的谈判记录、会议纪要等文件，后期若是发生纠纷，可以此为依据主张权益。

三、典型案例：合同内容易篡改，审核签订需谨慎

【基本案情】

2014年7月30日，原告创一公司与被告中油公司双方签订油罐附件安装合同书，约定由原告负责分包被告所承包的2个1万 m^3 油罐附件安装，经业主验收合格后再签订后续7个油罐合同。双方对工程质量、双方的权利义务、工期、工程款及付款方式进行了约定。其中工期约定："本分包工程定于2014年8月15日开工。竣工日期：2014年8月30日完工。合同工期总日历天数为15天。"工程价款约定："￥20000元/单罐，增加工程量按实另计。"施工过程中，原、被告口头协商增加了1个油罐安装。原告总计在被告处分包了3个1万 m^3 油罐附件安装工程，即2号罐、6号罐和4号罐。工程完工后，双方未进行验收和结算。施工过程中，原告从被告处支取工程款48500元。被告根据业主和监理工程师的通知单要求对原告分包工程进行了返修，花费返修费用22100元。后原、被告双方因工程量、工程价款及工程质量发生纠纷，经三拱桥乡人民调解委员会调解未果，原告于2015年2月12日向法院提起诉讼，要求被告支付工程款10万元，并判令被告支付因违约给原告带来窝工的经济损失5万元，且申请对罐体与边缘板（地角缝）、边缘板与中幅板的焊接不包含组对，因组对导致原告增加的工程成本、4号罐除真空试验及个别地方未打磨外的工程计量价格、对其余工程量以及10位工人窝工半个月的经济损失进行评估。但在诉讼过程中一直未提交相关材料及评估费用，评估未能进行。

【裁判结果】

法院认为，本案争议焦点为：1. 合同第一条的标点符号是否被篡改，篡改后能否导致工程量的增加；2. 原告提出增加工程量价款10万元及窝工损失5万元是否应得到支持、有何依据；3. 工程结算是否进行。

针对焦点1，1万 m^3 油罐附件安装是一项专业性、技术性较强的工作，本院无法确定标点符号的篡改能否导致工程量的增加，而原告申请评估后未提交相关材料应视为放弃权利。针对焦点2，原告放弃申请评估权，也未向本院提交证据证明增加了10万元的工程量和窝工损失5万元。对其要求被告支付10万元的工程款及赔偿5万元的窝工损失本院不能认定。针对焦点3，原、被告双方未对工程进行验收结算，对工程量、工程款及工程质量本院无法作出认定。综上所述，原告对自己的诉讼主张未能提供证据予以证实，对其诉讼请求应不予支持。据此，依照《中华人民共和国合同法》第二百七十五条、第二百七十九条[1]，《中华人民共和国民事诉讼法》第六十四条[2]，《最高人民法院关于民事诉讼证据的若干规定》第二条规定，判决驳回原告创一公司的诉讼请求。

---

[1] 《中华人民共和国合同法》已被废止，其第二百七十五条、第二百七十九条内容已被《中华人民共和国民法典》第七百九十五条、第七百九十九条所替代。

[2] 《中华人民共和国民事诉讼法》已进行第四次修正，原第六十四条内容已变更为现行第六十七条内容。

【案例评析】

本案是一起因合同内容被篡改及工程结算支付问题引发的建设工程施工合同纠纷。创一公司主张中油公司将合同内容进行了篡改，即合同第一条"边缘板与中幅板的焊接"后的分号改成了顿号。按约定，罐体与边缘板（地角缝）、边缘板与中幅板的焊接不包含组对，被告将分号改为顿号，由此增加了原告组对的工程成本约1万元，被告擅自改变合同内容的行为违反了民法中的诚实信用原则。但是为何创一公司的主张没有得到法院支持呢？原因如下：

一是创一公司在对合同用印前并未严格审核合同内容。该案虽仅存在一个标点符号的篡改，但根据创一公司的描述，该处篡改已然增加了其工作量，并直接增加了施工成本，可见合同内容细枝末节处被篡改的风险依然存在且较难防范。建筑施工企业内部评审应严格落实合同谈判及评审记录备案制度，同时印章管理人员在加盖公章前应根据谈判及评审意见，仔细核对合同内容，避免由于建筑施工企业内部工作人员故意或疏忽大意导致合同内容被篡改。

二是创一公司并未对合同内容被篡改导致增加的工作量进行评估。创一公司既然主张合同内容被篡改导致了其成本的增加，且其也向法院提交了评估申请，但后期却并未提交相关材料，以至于被法院认定为放弃权利，从而其该项主张未被法院支持。

如建筑施工企业在合同签订后发现对方存在篡改合同内容的情况，且被篡改之处的合同内容已履行完毕，则应及时与对方沟通，通过变更签证或是签署补充协议等方式进行确认；如对方不愿确认，则可通过诉讼等方式，并申请对合同篡改的内容及因合同内容篡改导致工程量的变化进行鉴定，及时提交相关资料及鉴定费用，确保鉴定工作的顺利开展，使得法院对于争议事项有参考依据，从而支持申请一方的合理诉求。

第六节　重要条款约定不明的风险

建筑施工企业在对上签订总承包合同或是对下签订分包合同时，对于合同重要条款的把握很关键，如工程范围、价格标准、结算支付方式及质量标准等条款若是约定不明，则在合同履行过程中容易发生较大的争议与风险，甚至导致建筑施工企业因此承担违约责任以及建设方拖延结算付款的情况。

一、法律合规风险点描述

1. 对承包范围、内容约定不明的风险

如对于完成合同工程所需的临时设施建设、管理及完工后的拆除工作是否约定为承包人工作范围；对于施工过程中作业面的临时用水、用电以及临时抽排水是否约定明确，具体费用承担是否约定明确；另合同中是否存在缺项漏项情况，是否有兜底条款约定，即为完成合同工程施工内容必须完成的其他工作亦属于合同承包范围。

2. 固定总价和固定单价约定不明的风险

在工程建设中，固定总价合同和固定单价合同是最常见的两种合同模式。虽然都是"固定价"合同，但"总价"和"单价"一字之差，却有着截然不同的运作方式。

固定总价合同是目前工程项目上使用较为广泛的合同模式。工程量与全部工作的总价款协商约定后,"固定"在合同中,除非一些特殊情况不得不做出调整外,合同实行过程中,价格一律不调整。这种合同,将劳动量和价格的风险转移给了承包单位。固定总价合同更适宜规模较小的工程或者总体任务相对明晰的工程。固定总价合同在执行过程中,需要产生变更时,可以单价作为定价参考,将每次变更的价格计入合同总价,结算价=所有变更、签证价格+合同总价。

固定单价合同,适合于无法准确计算工程量,采取招标的方式,按照要求和约定将合同单价固定,除了特殊情况外,不会因为其他常见因素而做出更改。最终工程量按实际情况结算。固定单价合同中,暂定总价仅是中间支付的依据之一。在合同执行过程中,产生变更时,单价作为定价参考,每次变更的价格计入合同总价,结算价=工程实际发生量×单价+其他未计入工程量的签证费用。如在签订施工合同时,合同当事人未在合同中明确适用固定总价还是固定单价,会导致合同价格风险。

3. 是否调整合同价款及如何调整合同价款约定不明的风险

合同中是否存在调价条款,是否约定合同价款为包干总价,是否约定承包人能就合同内工程施工内容及已经包含的风险再向发包人要求增加任何费用;是否约定合同所有价格在合同执行期间,除本合同另有明确约定外,无论工程量、工期、人工价格、材料价格、机械价格、临时设施、施工水电费等是否变化,合同价格均不作调整;是否约定工程主要材料调差,如是否约定主要材料变化幅度超过±5%时,超过部分费用据实调整,变化幅度在±5%以内部分不予调整,不计入项目建设成本。

4. 工程结算审核期限约定不明的风险

建设施工项目合同中大多会约定进度结算及完工结算事宜,但对于发包人的结算审核期限未必约定明确。对于进度结算是否约定承包人应按时向发包人上报承包人已完工程量进度报表,并需在下个结算计量周期开始的某个时间,将上一个结算计量周期的进度报表及相关资料按照合同约定提交给发包人。对于完工结算,是否约定承包人应按照合同约定在完工验收合格后一定日期内向发包人提交完整、有效的完工结算资料。所有设计变更、签证是否约定办理期限,逾期办理的变更、签证是否视为承包人自愿放弃权利而不予结算。

5. 工程款支付方式约定不明的风险

是否在支付方式上约定背靠背条款,即是否约定了业主未将合同中承包人已经完成并经验收合格工程的相应工程计量款支付到发包人账户,则视为合同工程相应的工程款未满足支付条件。另是否约定在合同履行期间发包人有权采用银行转账、票据、保理等方式支付合同工程款。对于背靠背条款,各地法院支持力度不一,但发包人若想法院支持其背靠背条款,则其应有向业主积极主张支付工程款的相关证据,若发包人怠于行使工程款请求支付权,则背靠背条款很可能不会被法院支持。

6. 质量标准或验收规范约定不明的风险

是否在合同中约定工程质量目标为分项工程验收合格率100%,并满足国家有关法律、法规以及总包合同中业主的质量要求;是否约定工程项目需获鲁班奖、芙蓉奖或黄山杯奖等工程质量奖;是否约定因承包人原因造成验收不合格,承包人应无条件进行返工或修理,使工程达到合同约定的质量标准,承包人应承担返工等所有费用,并赔偿发包人损失,且工期不予顺延;是否约定如承包人在发包人指定的时间内未进行整改,则发包人有权指定第三方整改，并有权将发生的全部合理费用（包括业主的罚款、重新安排队伍施工造成的价差、赶工费等）直接从承包人结算款项内扣除。

7. 专用条款未具体约定的风险

采用示范文本签约时，在专用条款中未对通用条款相关事项做出选择、细化、调整，导致约定不明，进而容易产生争议。通用条款一般是较原则性的规定，而专用条款则是合同双方关于权利与义务、计量结算与支付、争议解决等特殊要求进行再细化的约定，如合同中专用条款未作特别约定，则适用通用条款的一般约定。

二、法律合规风险防范措施

1. 对于承包范围和承包内容应由设计、技术人员与造价人员共同界定，在约定承包范围和承包内容时，需要结合图纸、规范、招标投标文件进行。

2. 选用合同固定价款方式时，在专用条款中应明确约定是固定总价还是固定单价。

3. 采用固定价格约定方式，则需要对合同履行期间人工、材料、机械价格波动或政策法规的变化是否调整合同价款做出约定。如约定调整，调整的范围和方法应做出具体约定。

4. 明确约定进度报量审核期限、支付期限及延期付款的违约责任。如约定承包人应按月向发包人上报承包人已完工程量进度报表，并在下个结算计量周期开始的当月25日之前，将上一个结算计量周期的进度报表及相关资料按照合同约定提交给发包人。

5. 明确工程结算报告提交后的答复期限及逾期答复的法律后果。如有可能，明确约定超过答复期限不予答复，则视为认可工程结算报告载明的价款。

6. 订立合同应当就涉及的标准、规范加以明确，尽量采用政府住房城乡建设部门或国家权威机构的标准。

7. 采用示范文本签约时，应在专用条款中对通用条款未明确的相关事项做出选择、细化明确，并载明专用条款优先于通用条款。

三、典型案例：重要条款约不明，主张权利要受限

【基本案情】

2008年7月28日，某建筑工程局与福建省平潭县某劳务有限公司（以下简称劳务公司）签订《工程分包协议（工序）》《洞渣运输分包协议》。2008年10月13日，某建筑工程局又与劳务公司签订《江沟排水洞及附属工程施工用砂石料生产协议书》，2009年1月8日，劳务公司将全部合同权利义务关系转移至重庆市某工程有限公司（以下简称工程公司）。之后工程公司进场施工。2009年8月20日劳务公司退场，由于双方对结算支付存在争议，2011年工程公司起诉某建筑工程局，向法院请求：判令被告对原告承建的工程进行结算，并支付工程款4047926.01元、窝工和设备闲置损失567000元、工程设备和水毁损失2058099.70元，共计6673025.71元，抵扣被告为原告代付的工人工资1729323元后，被告应支付原告共计4943702.71元，要求被告某建筑工程局承担违约金20万元，并承担工程款逾期支付利息（从2009年9月10日起按中国人民银行同期同类贷款基准利率的3倍计算至付清之日止），并由被告承担本案诉讼费用。

【裁判结果】

2014年4月4日，乐山市中级人民法院作出判决并宣判后，工程公司、某建筑工程局均不服提出上诉，四川省高级人民法院民事裁定，以原判认定基本事实不清为由，发回重审。2015年12月9日，乐山市中级人民法院作出判决：某建筑工程局在本判决生效后立即支付原告工程公司工程款1241594.9元及相应利息（以659315.54元为本金从2011年1月28日起至2012年1月27日止，以1241594.9元为本金从2012年1月28日起至付清之日止按中国人民银行公布的同期三至五年期人民币贷款基准利率计算）；驳回原告工程公司的其他诉讼请求。本案一审案件受理费46349元，由被告某建筑工程局负担12000元，由原告工程公司负担34349元；鉴定费120000元，由被告某建筑工程局负担60000元，由原告工程公司负担60000元。某建筑工程局和工程公司均不服，提出上诉，四川省高级人民法院后作出判决，认为按照工程合同协议书约定，"工程完工后，经某建筑工程局代表组成的验收小组对工程项目进行检查验收后，并签发书面证明材料，对工程项目进行竣工结算；竣工结算价款扣除每月已结算的工程款、某建筑工程局提供材料及其他应扣款后，支付工程竣工结算余款"，案涉工程已于2011年1月28日全部完工并竣工验收合格交付业主使用。因此原判认定2011年1月28日作为其余工程款支付利息的起算时间并无不当，某建筑工程局主张以其与业主结算的时间2013年6月作为支付工程款逾期利息的起算时间的法律依据不足，不予支持。因案涉工程质量保证金为582279.36元，且约定的质保期为1年，故原判认定质量保证金的逾期利息起算时间为2012年1月28日正确，予以维持。终审判决生效后，某建筑工程局拒绝支付款项，工程公司申请了强制执行。

【案例评析】

本案工程公司提出的窝工和设备闲置损失567000元、工程设备和水毁损失2058099.70元均没有得到法院的支持，本案其中的一个争议焦点便是某建筑工程局是否应该支付工程款和迟延支付工程款的资金利息损失？利息的起止点及利率标准应如何确定？

关于是否应该支付工程款。由于2009年8月20日，工程公司、某建筑工程局、第三人枕头坝水电公司及监理公司参加形成《关于江沟排水洞工程施工队伍拖欠民工工资及退场结算工作协调会议纪要》，该纪要表明某建筑工程局和项目业主、监理公司同意工程公司在未完成全部工程内容的情况下因故退出施工，即合同双方经协商同意解除原建设工程施工合同。《民法典》第五百六十六条规定："合同解除后，尚未履行的，终止履行；已经履行的，根据履行情况和合同性质，当事人可以请求恢复原状或者采取其他补救措施，并有权请求赔偿损失。"原告工程公司与被告某建筑工程局的合同解除后，对原告工程公司已完成的工程量，某建筑工程局应当支付相应的工程价款。

关于迟延支付工程款的资金利息损失。利息的起止点及利率标准应如何确定的问题。《最高人民法院关于审理建设工程施工合同纠纷案件适用法律问题的解释（一）》第二十六条规定："当事人对欠付工程价款利息计付标准有约定的，按照约定处理。没有约定的，按照同期同类贷款利率或者同期贷款市场报价利率计息。"第二十七条规定："利息从应付工程价款之日开始计付。当事人对付款时间没有约定或者约定不明的，下列时间视为应付款时间：（一）建设工程已实际交付的，为交付之日……"工程公司和某建筑工程局签订的合同除约定进度款外，对工程款的支付时间仅约定"工程完工后，经甲方代表组成的验收小组对工程项目进行检查验收后，并签发书面证明材料，对工程项目进行竣工结算"，对支付时间属约定不明，工程公司于 2009 年 9 月中途退场，因该工程已于 2011 年 1 月 28 日全部完工并竣工验收，已交付业主使用，因此根据合同的性质并结合合同的履行情况，法院确定某建筑工程局应支付工程款的时间为 2011 年 1 月 28 日，但应按合同约定扣除 5% 的质量保证金，质量保证金应于竣工验收满一年即 2012 年 1 月 28 日支付，某建筑工程局对工程款未支付完毕应当承担从 2011 年 1 月 28 日起按照中国人民银行发布的同期同类贷款利率标准计算的资金利息损失。因此本案法院对于工程款的判决支付和利息的起算时间点及利息标准具有事实和法律依据。

该案合同中对于逾期支付利息约定不明，未约定不计息或者按照存款利息计息导致法院依据《最高人民法院关于审理建设工程施工合同纠纷案件适用法律问题的解释（一）》（法释〔2020〕25 号）的相关规定，按照中国人民银行发布的同期同类贷款利率标准计算资金利息损失。故合同中重要条款应约定明确，如关于逾期付款的违约责任应在合同中明确约定，可约定在业主支付了工程款退还质量保证金才相应支付分包单位的工程款和退还质量保证金。总承包单位未及时向分包单位支付工程款，分包单位应先予以充分理解，给予一个合适的宽限期，超过宽限期总承包单位仍未支付，则可约定按照同期银行活期存款利息支付。

第七节　违约条款设置不合理的风险

鉴于现今建设工程市场的激烈竞争，握有合同签署优势地位的一方往往是合同版本提供者，其提供的合同绝大多数从其自身利益出发，合同内大多数条款并不利于合同另一方。因此在合同签订过程中，如不注重审查违约条款，会导致一系列风险。

一、法律合规风险点描述

1. 违约条款设置不对等的风险

在合同中对承包人约定较多违约情形，如未达到约定质量标准违约金、逾期竣工违约金、项目管理人员不到位违约金等；而对于发包人仅约定未及时付款的违约责任。违约条款设置不对等将使得合同弱势方面临更大的违约风险。

2. 违约金约定过高，且无最高限额的风险

《民法典》第五百八十五条第二款规定："约定的违约金过分高于造成的损失的，人民法院或者仲裁机构可以根据当事人的请求予以适当减少。"若承包人未按约定履行合同，将可能承担过高的违约金，会严重侵蚀承包人的工程利润，甚至最终导致项目出现严重亏损情形。若发生违约金过高情形，承包人可请求人民法院或者仲裁机构予以适当减少。

3. 违约责任约定太过笼统的风险

《民法典》第五百八十二条规定，对违约责任没有约定或者约定不明确，受损害方可以根据标的性质以及损失大小，合理选择请求对方承担修理、减少价款或者报酬等违约责任。如合同约定"双方应严格履行本合同，如一方违约，则另一方有权根据法律规定追究其违约责任。"这样的约定太过笼统，无任何实际意义。

违约条款设置不合理在合同中的具体表现主要包括以下方面：

（1）工期违约条款：如承包人延期施工或者因承包人原因造成工期延误，工期不予顺延，按照每日千分之五合同金额计算违约金，造成发包人损失的，给予双倍赔偿。如因发包人原因造成工程延误，工期给予顺延。

（2）工程质量违约条款：因承包人施工原因导致工程整体质量出现问题的，按照合同金额30%计算违约金。如整体工程无法使用的，承包人双倍赔偿发包人一切损失，对此发包人有权单方解除合同。

（3）工程材料质量违约条款：如承包人使用不合格材料，致使工程出现相应问题的，承包人应负责更换材料，并按照合同金额20%计算违约金，对此发包人有权单方解除合同。

（4）签证违约条款：承包人提供虚假签证的，承包人应向发包人支付虚假签证金额双倍的违约金。虚假签证金额达到合同总价款5%时，发包人有权单方解除合同。

（5）其他各类违约条款：因承包人行为，致使发包人出现抢工费用，承包人承担相应抢工费用，并承担相应赶工费用的1.5倍违约金；因承包人行为导致发包人损失的，承包人负责赔偿并承担相应费用的1.5倍违约金。

通过上述违约金具体条款可以得知，如作为合同中弱势的承包人，其违约责任之重是显而易见的。一旦双方出现争议，甚至诉诸法律，发包人的合同优势体现得尤为明显。如发包人单就承包人的其中一项违约行为要求承包人承担违约责任，其要求的违约金额可能并不突出。但现实中，发包人要求承包人承担的违约损失往往不止一项，甚至是多项，而多项违约损失要求的叠加，其合计金额往往远超合同金额，同时也远超其实际损失。因此在合同签订过程中，应注重对违约条款的审查，并与合同相对方据理力争，最大限度地争取有利于自身权益的条款。

二、法律合规风险防范措施

1. 尽量争取对等的违约责任。发包人除了存在逾期付款情形外，还存在逾期验收等违约情形，如发包人对建筑施工企业约定较多违约情形，则承包人应争取在合同中增加发包人违约情形，或是通过约定赔偿实际损失代替逾期竣工违约金等形式，减少自身可能承担的违约责任。

2. 违约金约定不宜过高，且应有最高限额的约定。如工程质量不符合合同约定的违约金设置，宜约定与全国银行间同业拆借中心公布的同期贷款市场报价利率等值的违约金，避免约定其数倍利率的违约金。

3. 违约责任约定应具体明确，具有可操作性。应当在合同中明确约定对方违约赔偿的数额或者如何计算经济损失的标准、方法，一旦对方违约可直接以此标准追索赔偿。比如货物买卖合同中的一方迟延交货或逾期付款的，可以约定违约方每迟延或逾期一日应当支付违约金多少元等。违约金条款可与相关的质量责任条款、迟延交付责任条款等一并约定。

三、典型案例：违约金要合理，过高过低要调整

【基本案情】

2012年9月20日，宁瑞公司与甘肃某分公司签订一份《建筑工程劳务合同》，约定甘

肃某分公司将其从银川市公安消防支队处承包的银川市消防七中队综合楼、训练塔工程的劳务分包给宁瑞公司。2012年10月10日,升齐公司与宁瑞公司签订一份《塔机租赁合同》,约定:宁瑞公司租用升齐公司塔式起重机(以下简称塔机)一台,用于上述工程施工使用,月租金17000元,租赁期以实际租用时间为准,冬季停工期间为当年11月15日至来年3月15日,停工期间不收取塔机租金;塔机的开工和停用以双方签字的书面通知为准,如果宁瑞公司不按照约定及时签订塔机停用通知单和结算清单,则以塔机拆除日为停止塔机租金的计算日期;租金按月支付,每满一个月后5天内结清,最后不满整月的,至停用通知书签发后7天内结清;由升齐公司负责塔机的安装、报检、拆除、保养、维修工作;到约定租赁期限后,宁瑞公司在报停后7天内必须付清剩余租金,若不能付清,升齐公司对塔机不作拆除,塔机将按天继续计付租金;塔机拆除后,宁瑞公司仍不付清租金的,应按所欠租金的10%支付违约金,直至租金付清之日;由升齐公司配备塔机司机,并承担司机的工资,塔机司机生活费由宁瑞公司承担每人每月450元,住宿由宁瑞公司提供。

合同签订后,升齐公司依约安装了塔机,宁瑞公司开始在上述工程中使用该塔机。2013年8月20日,升齐公司与宁瑞公司共同出具结算单,明确截至2013年8月2日的租金共计116282元,该租金至今未付,结算单中未约定付款时间。2013年8月2日后案涉塔机未使用也未拆除。

升齐公司认为,案涉《塔机租赁合同》中约定的租金包含物的使用和驾驶员的报酬及生活费,是以工作成果换取工程款,符合承揽合同法律关系特征,故其与宁瑞公司之间为建设工程施工合同法律关系。因宁瑞公司不具有承揽塔机工程施工作业资质,升齐公司与宁瑞公司之间签订的《塔机租赁合同》无效,甘肃某分公司系违法分包或转包,升齐公司作为实际施工人,有权要求其对未付工程款承担共同连带清偿责任,银川市公安消防支队作为发包单位应在欠付工程款范围内向其承担连带清偿责任。故升齐公司诉至法院,请求判令:1.宁瑞公司支付租金175782元,包含塔机未拆除期间的租金59500元(从2013年8月2日起计算至2013年11月15日止);2.宁瑞公司支付违约金72070.62元(租金175782元,按每日2‰从2013年8月2日起计算至2014年2月25日,要求支付至租金付清之日);3.甘肃某分公司就上述债务与宁瑞公司承担共同清偿责任;4.银川市公安消防支队在未付清租金范围内向原告承担清偿责任。

宁瑞公司认为,案涉塔机的实际承租人应为甘肃某分公司,其并无塔机的使用资质,塔机的安全报检等手续均是由甘肃某分公司完成。在工程施工过程中,由于甘肃某分公司提供材料不及时导致塔机使用时间延长,且甘肃某分公司尚欠其工程款未付,故要求甘肃某分公司与其共同承担塔机的使用费用。另升齐公司主张结算后塔机停运期间的租金59500元及违约金缺乏依据,且也不应由其承担。

甘肃某分公司和银川市公安消防支队均认为,升齐公司与宁瑞公司签订的《塔机租赁合同》并非承揽合同,合同的权利义务主体明确为升齐公司与宁瑞公司,升齐公司不能突破合同相对性原则,向其主张权利。另升齐公司主张的违约金明显过高,应予以调整。

【裁判结果】

法院审理后认为,租赁合同是出租人将租赁物交付承租人使用、收益,承租人支付租金的合同。升齐公司与宁瑞公司之间签订的《塔机租赁合同》中明确约定了双方当事人各自的权利义务，系双方真实意思表示，其内容形式均符合法律规定，为有效合同，且不能因为合同中载有关于塔机司机工资及生活费等事宜就改变其租赁合同的性质，故该合同对双方当事人均具有法律约束力，升齐公司与宁瑞公司均应按合同约定全面履行自己的义务。

升齐公司与宁瑞公司就租赁塔机的租金进行了结算，截至 2013 年 8 月 2 日，宁瑞公司尚欠租金 116282 元，对该欠付租金，宁瑞公司应予支付。关于升齐公司主张的违约金问题，升齐公司与宁瑞公司于 2013 年 8 月 20 日进行结算，双方结算后未就付款时间进行约定，应视为自结算之日起宁瑞公司即应履行付款义务，宁瑞公司至今未支付租金，已构成违约，应承担相应的违约责任。关于未付租金的违约金，因已确定升齐公司最迟应于 2013 年 9 月 20 日拆除案涉塔机，并确认宁瑞公司应支付 2013 年 8 月 3 日至 2013 年 9 月 20 日的租金 27200 元，故该违约金应从 2013 年 9 月 21 日起计算至本判决确定的付款之日止。被告主张升齐公司起诉要求的违约金过高，请求依法予以调整，根据法律相关规定，当事人约定的违约金不能超过造成损失的百分之三十。升齐公司因宁瑞公司违约遭受的实际损失应为未支付款项的利息损失，故宁瑞公司应支付升齐公司未付租金 143482 元（116282 元+27200 元）的违约金（按中国人民银行同期贷款基准利率计算 143482 元的利息并上浮百分之三十计算）。关于升齐公司要求甘肃某分公司、银川市公安消防支队承担清偿责任的诉请，因根据合同相对性原则，案涉租赁合同的当事人仅为升起公司及宁瑞公司，故对该项诉请不予支持。判决宁瑞公司于本判决生效之日起十日内支付升齐公司租金 143482 元，并按中国人民银行同期贷款基准利率，并上浮百分之三十支付违约金（自 2013 年 9 月 21 日起计算至本判决确定的付款之日止），驳回升齐公司的其他诉讼请求。

【案例评析】

本案的争议焦点之一，即升齐公司主张的违约金是否过高，应如何调整。下面笔者将根据法律规定和案件实际情况进行分析。

本案合同约定了宁瑞公司未及时支付租金的违约责任，即"塔机拆除后，宁瑞公司仍不付清租金的，应按所欠租金的 10% 支付违约金，直至租金付清之日"。作为违约一方的宁瑞公司理应根据合同约定承担违约责任，即应从法院确定的塔机拆除日后第一天（2013 年 9 月 21 日）开始以未支付租金（143482 元）为基数支付违约金。当事人主张约定的违约金过分高于造成损失的，人民法院或者仲裁机构可以根据当事人的请求予以适当减少。当事人约定的违约金超过造成损失的百分之三十的，一般可以认定为"过分高于造成的损失"。本案合同约定的违约金计算方式并不明确，升齐公司主张以每日 2‰ 的利率标准计算违约金明显过高，法院根据被告的请求，认定升齐公司遭受的实际损失应为宁瑞公司未支付款项的利息损失是符合客观实际的，按中国人民银行同期贷款基准利率上浮 30% 的标准予以调整合法合理。关于实际损失的认定，需根据个案具体案件情况进行判断，对各类未支付相应款项造成的实际损失，司法实践中一般认定该损失为利息损失（以贷款利率计算），除非当事人有其他证据证明。值得注意的是，2019 年 11 月 8 日最高人民法院颁布了《全国法院民商事审判工作会议纪要》，根据纪要指示，自 2019 年 8 月 20 日起，人民法院裁判贷款利息的基本标准改为全国银行间同业拆借中心公布的贷款市场报价利率。

建筑施工企业应在合同中明确约定违约赔偿的数额或者如何计算经济损失的具体标准、方法，一旦对方违约可直接以此标准追索赔偿。因一方违约后，另一方有防止损失扩大的义务，在追究违约责任的同时，双方应友好协商，采取有效措施，避免造成更大的损失。另外，在违约责任条款中，关于损失的范围，建议增加"包括实际损失及与诉讼有关的一切实际发生的费用（包括但不限于律师代理费、调查费、交通费、住宿费或差旅费、公证费等）"或者增加"败诉方要承担与诉讼有关的一切实际发生的费用（包括但不限于律师费、调查费、交通费、住宿费或差旅费、公证费等）"。

第八节 争议解决条款约定不当的风险

建设工程领域，争议解决条款的约定是否得当已成为争议解决能否顺利推进的关键因素之一。合同中争议解决条款约定不当，将可能导致争议解决条款无效，纠纷处理陷于被动地位，导致司法成本增加，纠纷期限延长及其他不利的后果。

一、法律合规风险点描述

在建设工程施工合同中，常见的争议解决条款约定不当的风险主要包括：

1. 既约定仲裁又约定诉讼的风险

《最高人民法院关于适用〈中华人民共和国仲裁法〉若干问题的解释》第七条规定："当事人约定争议可以向仲裁机构申请仲裁也可以向人民法院起诉的，仲裁协议无效。"如果一份施工合同，当事人在争议解决条款中既约定了向工程所在地人民法院起诉，又约定了向仲裁机构提起仲裁，则该仲裁条款将被法院认定为无效条款。

2. 争议解决条款未明确约定争议解决机构的风险

合同当事人在合同争议解决条款中既未明确约定仲裁，亦未明确约定法院诉讼，抑或是未就两种争议方式进行选择。在建设工程领域，若是未明确约定争议解决机制，则工程所在地人民法院应为争议解决机构。

3. 争议解决条款未明确约定仲裁机构的风险

《中华人民共和国仲裁法》第十八条规定："仲裁协议对仲裁事项或者仲裁委员会没有约定或者约定不明确的，当事人可以补充协议；达不成补充协议的，仲裁协议无效。"合同当事人在合同争议解决条款中约定仲裁，但仲裁机构名称不准确，不能指向具体的唯一的仲裁机构，或者当事人约定两个以上仲裁机构。合同当事人若不能达成补充协议明确仲裁机构的，则仲裁协议无效。

4. 多份合同争议解决条款相冲突的风险

合同当事人在同一工程项目的多份施工合同中约定的争议解决条款相冲突。如其中一份合同约定争议解决方式为诉讼，另一份合同约定为仲裁，当事人对多份合同产生争议，则存在争议不能一并解决的风险，从而增加建筑施工企业的司法成本，另外纠纷处理的期限也将延长。

目前当事人在建设施工合同中约定仲裁条款的情形越发普遍，但围绕着仲裁条款又极易产生纠纷，与当事人想要快速、公正解决争议的初衷相违背。在选择争议解决方式时，实际上也意味着当事人选择了愿意承担什么样的风险。诉讼与仲裁作为解决建设施工合同纠纷的法律形式，二者存在以下显著的区别：

1. 管辖权的取得不同。诉讼过程中，一方当事人向有管辖权的法院起诉，法院依法受理后，另一方必须应诉；而通过仲裁委员会申请仲裁，则必须要有仲裁协议，即合同中订立仲裁条款或纠纷发生前、纠纷发生后双方当事人达成的请求仲裁的协议。

2. 审理者的产生方式不同。诉讼案件的审判员根据案件的不同类型由法院指定，不能由当事人自行选择，但有法定理由当事人可以申请回避；而仲裁案件，除双方当事人可以协商选定仲裁委员会、约定仲裁庭的组成人数外，当事人有权选定仲裁员。

3. 开庭审理的原则不同。法院开庭审理一般公开进行，涉及个人隐私的案件，可以不公开审理；仲裁庭审理案件一般不公开进行，以有利于保护当事人之间的商业秘密和维护其商业信誉。

4. 审理程序及当事人的主观能动作用不同。诉讼过程中当事人应当严格按照诉讼法的规定进行；仲裁过程中当事人则有较大的处分权，几乎每一步骤当事人都能主动作为，如约定由3名仲裁员还是1名仲裁员组成仲裁庭，是否开庭审理等都可由当事人自由选择。

5. 监督程序不同。民事诉讼实行两审终审制，对已经发生法律效力的判决，发现确有错误，可适用审判监督程序。而仲裁实行一裁终局制，并适用司法监督程序。建设工程类案件如约定仲裁，虽可一定程度上摆脱专属管辖的影响，但仲裁一裁终局后，并无上诉救济渠道，除非当事人提出证据，证明符合撤销裁决条件的，可向仲裁委员会所在地中级人民法院申请撤销裁决。故建筑施工企业在与相对方合同谈判过程中，应充分考虑诉讼与仲裁的优劣，并最终确定争议解决条款的唯一性。

二、法律合规风险防范措施

1. 对于选择仲裁还是诉讼解决方式应明确约定一种方式，避免出现两种都选或两种都未选的情况，最终导致仲裁条款无效。

2. 如选择仲裁，应合理起草仲裁条款，条款中一定要约定明确的仲裁机构，仲裁机构名称应与官方名称相符，且不可作出"或裁或审"的约定，防止因约定不明导致仲裁条款无效。

3. 如选择诉讼，则争取约定公司住所地法院管辖，且尽量约定该地区的法院，而非具体哪一家法院，以免违反级别管辖导致约定条款无效，但应注意协议管辖不得违反专属管辖规定。

4. 主管异议应当及时提出，当事人在仲裁庭首次开庭前没有对仲裁协议的效力提出异议，而后向人民法院申请确认仲裁协议无效的，人民法院将不予受理。因此，合法、及时地提出主管异议非常重要，否则仲裁协议将成为一纸空文。

5. 存在多份合同时应明确效力等级。在建设工程领域，当事人之间存在多份合同可谓是一种常态。因此，明确约定"合同内容不一致时以某一合同约定为准"，对理顺多份合同之间的法律关系、确定案件主管或管辖依据具有重要的作用。

三、典型案例：争议约定有风险，管辖利益应重视

【基本案情】

上诉人阆寰公司与被上诉人汇丰公司关于建设工程施工合同纠纷一案，阆寰公司不服

赣州市中级人民法院民事裁定（以下简称原裁定），向江西省高级人民法院（以下简称江西省高院）提起上诉，称：本案合同正本通用部分明确约定争议解决的管辖机构是赣州仲裁委员会，副本约定"向不动产所在地人民法院起诉"属约定不明、无效，本案应适用通用条款，争议首选的管辖机构应为赣州仲裁委员会。即使按照原裁定认为"争议解决约定不明"，根据《中华人民共和国民事诉讼法》第二十一条第二款、第二十三条的规定，本案应由被告住所地或合同履行地广东省广州市天河区人民法院管辖。本案土地权益主体是赣州阗寰冷链物流有限公司，上诉人与被上诉人之间不存在施工合同关系。请求撤销原裁定，将本案移送至广东省广州市天河区人民法院等有管辖权的司法机关。

被上诉人汇丰公司答辩称：本案合同正本约定"提交赣州市仲裁委员会仲裁"的条款为通用条款，合同签订方无权对通用条款部分进行修改，其约定无效，该合同第三部分约定"向不动产所在地人民法院起诉"的条款为专用条款，根据合同中第二部分第2.1条的约定，专用条款优先于通用条款，本案发生争议应向人民法院起诉。本案同时约定了仲裁条款及向人民法院起诉，仲裁协议无效。本案属于建设工程施工合同纠纷，建设工程施工合同纠纷以施工行为地为合同履行地，本案合同履行地为江西省赣县，赣州市中级人民法院具有法定管辖权。

【裁判结果】

江西省高院经审查认为，本案系因上诉人阗寰公司与被上诉人汇丰公司在履行双方签订的《建设施工合同（GF—1999—0201）》过程中发生的纠纷，属于建设工程施工合同纠纷。双方在该合同正本第二部分通用条款中约定争议解决的管辖机构是赣州市仲裁委员会，在第三部分专用条款中约定"向不动产所在地人民法院起诉"，在该合同第二部分通用条款中约定本合同解释顺序为专用条款优先于通用条款，另依据《最高人民法院关于适用〈中华人民共和国仲裁法〉若干问题的解释》第七条的规定，当事人约定争议可以向仲裁机构申请仲裁也可以向人民法院起诉的，仲裁协议无效，故本案仲裁协议无效。因本案合同的双方当事人选择管辖的协议不明确，故应依照法定管辖的规定确定管辖。根据《最高人民法院关于审理建设工程施工合同纠纷案件适用法律问题的解释》[1] 第二十四条"建设工程施工合同纠纷以施工行为地为合同履行地"以及《中华人民共和国民事诉讼法》第二十三条[2] "因合同纠纷提起的诉讼，由被告住所地或者合同履行地人民法院管辖"之规定，本案工程所在地在赣县，故赣州市中级人民法院作为合同履行地法院对本案有管辖权。江西省高院经审理后认为上诉人的上诉请求不成立，故驳回上诉，维持原裁定。

【案例评析】

本案因争议解决条款约定不当而给一方当事人带来纠纷解决期限延长及其他不利的后果。阗寰公司主张争议首选的管辖机构应为赣州仲裁委员会，且认为即使按照原裁定认为"争议解决约定不明"本案亦应由被告住所地或合同履行地即广东省广州市天河区人民法院管辖。但为什么阗寰公司的主张没有得到江西省高院的支持呢？原因如下：

一是同一份合同中既约定仲裁又约定诉讼，导致仲裁约定无效。阗寰公司与汇丰公司

---

[1] 该司法解释已废止，现已更新为《最高人民法院关于审理建设工程施工合同纠纷案件适用法律问题的解释（一）》（法释〔2020〕25号）。

[2] 2021年12月24日修改后的《中华人民共和国民事诉讼法》已将该条款调整为第二十四条。

在《建设施工合同（GF—1999—0201）》的通用条款中约定，争议解决的管辖机构是赣州市仲裁委员会，但在第三部分专用条款中却约定"向不动产所在地人民法院起诉"，依据《最高人民法院关于适用〈中华人民共和国仲裁法〉若干问题的解释》第七条的规定，当事人约定争议可以向仲裁机构申请仲裁也可以向人民法院起诉的，仲裁协议无效，故本案仲裁协议无效。

二是本案为建设工程施工合同纠纷，应依照法定管辖的规定确定管辖，即由不动产所在地人民法院专属管辖。阆寰公司与汇丰公司虽约定"向不动产所在地人民法院起诉"，但鉴于本案为建设工程施工合同纠纷，根据《中华人民共和国民事诉讼法》相关规定："因不动产纠纷提起的诉讼，由不动产所在地人民法院管辖。"另《最高人民法院关于适用〈中华人民共和国民事诉讼法〉的解释》规定："农村土地承包经营合同纠纷、房屋租赁合同纠纷、建设工程施工合同纠纷、政策性房屋买卖合同纠纷，按照不动产纠纷确定管辖。"故本案应由工程所在地人民法院管辖。

阆寰公司与汇丰公司建设工程施工合同纠纷，因阆寰公司与汇丰公司在建设工程施工合同中对于争议解决条款约定不当，导致阆寰公司在后续诉讼过程中陷于被动。作为建筑施工企业，如果想在建设工程施工合同中有效规避法院专属管辖，则建议在合同中约定仲裁管辖，条款中须明确约定仲裁机构，且仲裁机构名称应与官方名称相符；另合同通用条款与专用条款关于仲裁机构的选择应统一。要杜绝因争议解决条款约定不当而产生的上述法律风险，应扎实做好合同审核工作，确保合同条款审核全覆盖。

第三章
合同履行阶段法律合规风险防范

第一节 建设单位资信状况及履约能力恶化的风险

建设工程项目施工过程中,可能会遇到建设单位资信状况及履约能力恶化的情况,以致建设单位无法按合同约定履行义务。以房屋建筑行业为例,近年来受国家"三条红线"、去杠杆化、融资环境收紧等房地产调控政策影响,一些长期高成本举债激进扩张的房地产企业资金链发生断裂,爆发严重的债务危机,甚至是破产危机,无法支付工程款项,工程也被迫停工,给建筑施工企业带来巨大的风险。

一、法律合规风险点描述

1. 项目停工甚至解除合同的风险

项目停工后,建筑施工企业可能产生人员设备窝工损失、额外支出的维护保管费用,以及工期整体延期后出现的工程续保、人工、设备、材料价格波动损失等。如解除合同,还可能在临建设施、已进场的材料、设备等方面造成损失。虽然上述损失有些已在合同中进行明确约定,但由于建设单位处于合同优势地位,约定补偿的比例较小,根本无法覆盖建筑施工企业的实际成本。

2. 引发诉讼或仲裁纠纷且难以实现债权的风险

如建设单位迟迟无法解决项目资金问题,建筑施工企业只能寻求通过诉讼/仲裁来维护自身权益。但进入诉讼或仲裁程序后,只能"依靠证据说话",特别是工程索赔,可能难以形成证据链,大大增加了索赔的难度。如果建设单位是房地产开发企业,建筑施工企业的工程款债权难以对抗房屋买受人的物权期待权,将对工程款的清偿造成很大影响。最为关键的是,有些建设单位已严重资不抵债,甚至到了破产的边缘,即便取得胜诉判决,将来也无法执行到位。

二、法律合规风险防范措施

1. 深入核查,密切跟踪建设单位资信情况

一是在承揽项目前,应加强行业形势、项目前景的研判,应通过法律、财务等方面的尽职调查,对建设单位资信相关的要素进行全面核查,比如成立时间、注册资本、股东、实际控制人、主要资产、主要负债、对外担保、涉诉情况等。

二是在项目履约过程中,应密切跟踪建设单位资信及履约能力的变化。比如注册资本、股东、实际控制人是否发生变动,是否出现重大债务违约、法律纠纷、行政处罚、债

务重组、破产重整、清算等情况。

三是针对资信本身不高或项目实施过程中资信及履约能力下降的建设单位，如根据实际情况仍然选择承揽或继续施工该项目，则要争取建设单位提供第三方担保、资产抵押等增信措施，强化风险应对。

2. 适时停止施工，避免损失扩大

一是如有确切证据表明建设单位的经营状况严重恶化、可能丧失履行债务能力的，建筑施工企业可依据《民法典》第五百二十七条、第五百二十八条赋予的不安抗辩权中止履行合同进行停工，并立即通知建设单位。待建设单位资信及履约能力好转或提供有效担保后，建筑施工企业再恢复履行合同。否则，建筑施工企业可提出解除合同，避免损失扩大。

二是项目停工时，应加强与建设单位、监理单位的对接，争取对已完工程价款、现场人员、材料、设备等事项进行核实、确认。对短期内难以复工的项目，应根据实际情况撤出相关现场人员、设备等，避免损失扩大。对建设单位难以确认的工程量、损失赔偿项目等，应及时做好证据材料的收集、固定及保管工作。

3. 适时启动诉讼或仲裁，及时做好财产保全

在建设单位出现债务危机、无法继续履约时，很有可能引发一系列维权连锁反应。以房地产开发企业为例，将面临放贷银行、供应商、购房者等多方主张权益，导致资产被变卖、折价抵债，或被起诉、采取保全措施等，严重威胁建筑施工企业的权益。因此，建筑施工企业应根据建设单位及施工项目实际情况，提前进行研判，及时启动诉讼/仲裁程序，主张建设工程价款优先受偿权。同时，重点推进财产保全工作，争取在谈判、诉讼/仲裁及最终的债权清偿中取得先机。

三、典型案例：业主资信要警惕，一旦恶化风险高

【基本案情】

2012年10月，八建公司与宏信公司签订《南湾二期第一标段总承包合同》，由八建公司承建宏信公司投资建设的房地产项目——南湾别墅二期工程一标段，合同对施工范围、工期、工程价款及支付、暂停施工、现场签证、设计变更及违约责任等进行了约定。合同签订后，八建公司组织人员和机械设备进场施工，施工过程中工程质量、进度等均按合同要求进行，但宏信公司未按约定时间节点支付工程款且未依约退还投标保证金。2013年2月基础完工。

2013年6月，双方就如何解决工程款拖延支付造成工程停息事宜进行协商，双方形成会议纪要一份，约定：在银行明确贷款9月份能够到位八建公司才进行后续施工，并且宏信公司同意项目贷款专用账户由甲乙双方共同控制。如银行不能明确贷款到位时间，则八建公司停止施工，双方在30天内核算已完工程和八建公司的损失，办理完工结算，宏信公司在60天支付相关款项。如八建公司继续施工，则宏信公司按照工程进度应支付给八建公司的工程款由八建公司先行垫付，9月底贷款到位后，一次性支付完所有应支付的工程进度款和垫付款项的利息及融资回报。如银行明确9月底前贷款能到位，双方应签订相应的补充协议和担保协议。相关协议签订后，八建公司即可开始全面恢复施工。

会议纪要签订后，宏信公司未向八建公司告知银行贷款办理情况，未将贷款账户交由双方共同控制，未与八建公司签订相应补充协议和担保协议，亦未下达停工通知。2013年8月开始，工程处于停工状态。2014年5月，八建公司编制了《关于对项目部损失补偿的报告》向宏信公司索赔，2015年9月，八建公司向法院提起诉讼，主张工程结算款、费用补偿款及延期付款利息等共计2500余万元。

诉讼过程中，宏信公司向法院提交一份《关于我司与八建公司工程结算的回复》，称：因其资金原因，本项目已停工，全部人员已撤离，导致双方对此项目的结算一直未完成。同意提请正规第三方事务所对该工程进行结算，但不同意计算违约金、滞纳金、赔偿款等。

因双方就对欠付的工程款、工程签证、费用补偿等存在争议，后经八建公司申请，法院委托长江公司进行造价鉴定，最终鉴定单位合计确认15428167.15元，鉴定异议需由法院裁定部分为17737元。

【裁判结果】

一审法院经审查认为：关于工程款金额，八建公司请求支付14735165.83元，鉴定机构确认土建工程、安装工程、签证工程合计造价11549467.15元，宏信公司已支付工程款2230000元，欠付工程款9319467.15元。关于签证工程异议金额17737元，由于双方在合同中明确约定所有签证工程必须加盖宏信公司工程管理中心公章及相应有权人签署后方能生效，异议部分的签证工程签证单形式上不符合合同约定生效条件，且未在施工日志中反映，不予确认。关于费用补偿款，八建公司申报10381356元，鉴定机构确认3878700元，其中八建公司临建设施费用申报369357元、模板木方费用申报1025822元、材料移交费用申报577563元，均因八建公司提交的资料不足以反映损失状况，导致鉴定机构无法核实损失数额而未予确认，八建公司应当承担举证不能的法律后果，对上述临建设施、模板木方以及材料移交费用补偿款共计1972742元不予支持等。综上所述，八建公司的诉讼请求法院部分予以支持，判决：宏信公司向八建公司支付工程款9319467.15元；宏信公司向八建公司支付工期延误费用补偿款3878700元；宏信公司向八建公司返还资信保证金1480000元；宏信公司向八建公司支付2013年9月30日之前的资信保证金逾期付款利息87616元，2013年10月1日至资信保证金1480000元清偿之日止的逾期付款利息以实际尚欠资信保证金为基数按日0.07‰继续计算；驳回八建公司其他诉讼请求。

一审判决后，双方均未上诉，案件进入强制执行程序。因宏信公司严重资不抵债，判决无法得到执行。且在执行过程中，宏信公司进入破产清算程序，八建公司只得申报破产债权，判决的工程款项得到清偿的概率很小。

【案例评析】

本案是一起典型的因建设单位资信恶化、资金链断裂引发的建设工程施工合同纠纷。其中，工程签证17737元，临建设施、模板木方以及材料移交费用补偿款1972742元等多项费用未能得到法院支持。虽然八建公司考虑到宏信公司的现实情况，想尽快进入执行程序回笼资金，从而未提起上诉，但事与愿违，即便法院强制执行，也未收回款项，最终只能随着破产清算程序的启动，参与破产财产的分配，经济损失已无法避免。造成上述情况的原因可能有以下方面：

一是在签订合同前,八建公司未对项目发展前景进行充分研判,未对宏信公司的资信情况及履约能力进行全面核查,在宏信公司资信情况较差、履约能力不足的情况下,仍与其签订了施工合同。

二是在履约过程中,八建公司未及时跟踪宏信公司资信情况及履约能力的变化,并在其资金缺乏、融资困难,迟迟无法按合同约定支付工程款的情况下,还对其抱有一定幻想,部分项目还在进行施工,未及时作出预判,采取断然措施止损并果断采取法律手段维权。

三是在履约过程中,八建公司还存在工程签证手续不完善、现场遗留材料未及时清点、妥善保管并进行证据固定等问题,导致部分索赔项目依据不足未得到支持。

因此,作为建筑施工企业,需时刻警惕建设单位资信不足、资信恶化等风险,对相关风险要有敏感性及预判力,要懂得及时止损、果断救济措施,要提升证据意识,强化履约过程依据材料的收集、整理、保管。

第二节 工期违约的风险

合同工期是建设单位与建筑施工企业根据自身的实际需要和实际施工能力,经过协商约定的完成某项建设工程所需要的时间周期,工期与造价、质量构成建设工程三大目标,对于承发包双方的利益影响巨大。五项 FIDIC 黄金原则(FIDIC Golden Principles)中有一项就是"合同中规定各参与方履行义务的时间必须合理",突出了工期在合同条件中的重要地位。但在实务中,由于建设工程投资大、周期长、环节多、专业性强等特点,施工过程难以预见的各种不确定因素错综复杂,工程项目不能在约定期限内完工的现象屡见不鲜。由于工期延误的事实,在竣工时才最终形成,影响工期的原因事件已成过去,且存在举证难、计算难、鉴定难的局面,往往又与工程造价、质量的争议等混杂叠加,由此引发了大量的法律纠纷案件。

一、法律合规风险点描述

对于建筑施工企业来说,因工期违约而产生的风险主要表现为以下方面:

1. 被拒付工程款风险。合同履行期间,特定的工期节点往往是建筑施工企业请求办理结算、要求支付工程款的前提条件,若发生工期延误,发包人往往会以此为由拒绝/拖延办理结算或付款。此外,部分发包人也存在刻意利用工期条款优势地位的情况,如在合同中约定发包人可以单方指定工期计划,在合同履行期间通过提出不合理的工期计划限制建筑施工企业工程款请求权,以工期延误为由拒付或要求延期支付工程款。

2. 违约风险。工期违约是建设工程合同违约的典型情形,而一般情况下合同约定的工期延误违约责任均较高。合同履行期间引发工期延误的因素较多,但部分建筑施工企业却经常不重视甚至忽视非因自身原因(如发包人原因、不可抗力)而发生工期延误情况下的相关证据收集,而发包人最终就工程工期的延误要求扣除保证金、支付违约金或赔偿损失,建筑施工企业在难以追究发包人责任的同时还产生了高昂的违约金等经济损失。

3. 施工成本失控风险。工期延误除导致相应违约责任外,还隐藏着造成施工成本失控的重大风险。一方面,在工期延误时,发包人往往会要求建筑施工企业赶工、无限制增加资源投入，而此类增加的资源投入成本最终很难向发包人进行索赔。另一方面，随着工期的延长，材料、设备、人员等主要施工资源价格上涨的可能性极高，施工成本、管理费用开支等急剧增加，导致项目亏损。

二、法律合规风险防范措施

工期延误，大多数是由于建筑施工企业管理不善的原因造成，建筑施工企业若要防范工期延误的违约风险，必须加强施工过程中的组织管理工作，严格对照合同约定倒排工期。此外，建筑施工企业从投标和合同订立阶段就要充分预估工期延误的风险，在合同履行期间，针对发包人因素以及其他不利事件导致工期延误的，要及时收集、固定证据，随时向发包人提出明确的顺延工期的请求，从而将因工期延误给建筑施工企业带来的违约责任风险降到最低，避免承担巨额的违约金。具体而言，可以从以下几个方面着手开展工作：

1. 项目投标时要合理编制施工组织设计及施工进度计划，包括人员、设备、设施的投入等，特别是其中的关键工期节点应符合项目实际。以备在遇到工期争议时，能够提出明确的技术依据。同时也要注意不做不切实际的工期承诺，避免不能如期完工。

2. 开工、竣工日期关系到承包人是否构成工期违约，也关系到竣工后工程的保修和工程风险的转移等问题，所以开工、竣工日期特别是竣工日期确定对承发包双方都有重要意义，合同签订时必须重视工期条款的谈判。具体而言，合同中应当对工程项目的工期进行明确，包括工期起算点、整体开工日期、竣工日期、各个子项目工期、期限变更/顺延条款等，减少双方争议。如果发包人要求在合同中约定高额逾期竣工违约金，则建议约定合理的违约金上限，并约定因发包人原因造成逾期竣工时对等的违约金。

3. 注意做好工期相关资料及证据的收集和留存。主要包括如下方面：

（1）证明实际开、竣工日期的资料。很多项目实际开工、竣工时间往往与合同的计划时间并不一致，要还原实际工期总天数，则需要留存好开工报告、开工通知、进场施工及现场验收影像资料、新闻报道、会议纪要等开工、竣工相关证据。

（2）证明存在设计变更影响工期的资料。主要包括设计变更图纸或说明、发包人或监理单位的书面通知、变更的实际施工内容的签证、因变更对工期影响的洽商意见等，合同履行期间必须要求发包人或者监理单位书面告知承包人，承包人方可对设计变更部分组织施工。

（3）证明因发包人违约而引发工期延误的资料。如发包人推延提供原材料、场地、技术资料等施工条件、付款的迟延等。

（4）其他不利物质条件、异常恶劣气候条件等事件引起工期延误的资料。如地方政府在特殊时段下达工程停工的指令、自然灾害、不可抗力等。

（5）留存好人工、机械、材料等主要施工资源市场价格变动的相关材料。

（6）留存好向发包人进行申报或主张合同权利的相关申报材料、会议记录、邮寄凭证等材料，证明建筑施工企业已按合同约定主张权利。

4. 实务中还存在因发包人指定分包单位及分包合同实质内容引发工期延误、另行发包和提留工程未按期完成影响整体工期、发包人拒绝签证、拖延签证影响工期等情况。在此情形下，建筑施工企业必须充分留存好证据材料以及向发包人申报或主张权利的相关记录材料,证明工期延误系因发包人原因引起工期延误或由发包人原因造成无法按正常流程完成签证,避免发包人借用合同条款的有利条件规避自身责任。

三、典型案例:工期延误后果重,违约责任要分清

【基本案情】

2011年4月,中检公司参加兴隆公司的海水冷却系统工程中涉海部分工程以及泵房土建工程投标并中标。后双方于2011年5月16日签订《海水冷却系统工程中涉海部分工程以及泵房土建工程施工总承包合同》。

合同第五条约定,本合同工程的工期为2011年10月30日前完成泵房主体结构工程(并具备机、电、仪及管道等安装条件),2011年12月30日前整体项目完工。合同通用条款第九条第3款约定,出现下列情况时,经监理工程师确认并报甲方批准(出具有甲方印章的公函),施工期可以延长:(1)设计变更或工程量增加造成工程延误;(2)不可抗力或地质条件变化造成工程延误;(3)甲方原因造成工程延误;(4)合同专用条款中约定的其他情况。凡发生上述情况之一时,乙方应在5天内就延误的内容、天数和因此发生的费用支出向监理工程师提出报告,监理工程师在收到报告后5天内报甲方书面确认并予以答复,以确定施工工期延长的天数和费用;未经甲方书面确认工期不予顺延,工程费用不予调整。非上述原因,工程不能按期竣工,乙方承担违约责任。第十二条第4款约定,甲方根据合同专用条款中约定的时间和办法,依据监理工程师确认的工程量向乙方支付工程进度款,若甲方在合同约定的支付日期后10天内未予支付,乙方可向甲方发出催付款的通知,甲方在收到乙方通知后仍不能按要求支付,乙方可在发出通知10天后暂停施工,甲方承担延期支付的利息和违约责任及乙方的停工损失。第十三条:(1)甲方提出的变更:甲方对工程提出设计变更时,应将变更方案送交设计单位审查,设计单位技术审查批准交甲方核准同意后,甲方发函给工程监理单位,再由监理工程师向乙方发出变更通知。乙方应根据变更图纸落实施工方案并组织施工……甲方对乙方已经实施的项目提出变更的,则甲方应承担工程拆除和重建的费用和对乙方造成的损失,并延长工期。(2)乙方提出的变更:乙方提出的设计变更应征得监理工程师的同意并经设计单位审查,设计单位审查同意后,报甲方批准后方可实施,增加的费用由甲方承担。(3)设计造成的变更:若施工中出现设计图纸有误或实际地质条件与设计不符时,乙方或监理工程师应在3天内报请甲方协调设计单位提出处理意见,因此造成的工期增减则相应增减,其费用相应增减。第二十条第5款约定,赔偿:发生下述情形之一时,甲方可按合同专用条款中约定的办法和标准要求乙方赔偿:(1)施工质量达不到合同专用条款约定等级;(2)因乙方原因延误了施工工期。第二十条第6.1款约定,因乙方原因不能按照合同/协议约定的工期(含经确认的顺延工期)完工,每拖延一天,罚款千分之一,最高为合同总价的10%;逾期90天仍未完工的,甲方有权解除合同,另行委托他方完成本合同项下工程,由此造成的损失由乙方承担。合同专用条款第九条第1款约定,开工日期为2011年5月20日。第十三条第2款约定,没有发包人书面同意,乙方不得自行对本合同工程的范围、内容、规模和项目做任何更改。乙方提出变更申请必须事先书面向甲方陈述事实与理由、依据及其对工期、造价等方面的影响,经发包人初步评估认为有其必要性时,发包人将通知设计人并转达有关材

料，由设计人按照技术上可行和经济上合理的原则提出变更比选方案，该方案经发包人和乙方内部必经程序及其他有关流程处理后，正式下发有关单位生效执行；申请被否决的，发包人书面通知乙方按原设计文件与方案执行。未经甲方审核确认的设计变更、工程变更或合同变更一旦被付诸实施，其所涉工程量发生增加或单价调增的，甲方一概不予计量、结算和支付，其所涉工程量发生减少或单价调减的，发包人则按照其实际建设的工程量和单价进行计量、结算和支付；并且，由此造成工程返工、工期延误的，按违约行为处理，其后果由乙方承担，造成发包人损失的，乙方必须按照发包人实际损失额进行赔偿。第二十条第3款约定，(3)因乙方原因延误施工期（包括质量不合格导致的延期），每延期一天，支付违约赔偿金为合同总价的千分之一，最高为合同总价的10%……2012年10月30日，兴隆公司以中检公司施工进度缓慢等为由，发函要求中检公司暂停施工。2012年11月21日，兴隆公司委托律师向中检公司发函，通知解除案涉合同。后中检公司于2013年11月30日前将滞留施工现场的工具器具（包含塔式起重机等大型设备）、人员全部撤出。

后中检公司向福建省高级人民法院（以下简称福建省高院）起诉请求：1.判令兴隆公司支付拖欠工程款5555.80万元（实际以工程造价鉴定结果为准），并按中国人民银行同期贷款利率标准支付2013年1月5日起至2013年6月30日的利息151.16万元（应计至实际支付全部工程款之日止）；2.判令兴隆公司支付因地质情况变化、未提供施工条件及单方下令停工造成的停工、窝工损失费554.64万元。兴隆公司向福建省高院提出反诉请求：判令中检公司向兴隆公司支付工程逾期竣工违约金895万元。

福建省高院审理过程中，福建省高院根据中检公司和兴隆公司的申请依法委托福建省闽咨造价咨询有限公司对案涉工程造价进行司法鉴定，确定中检公司的已完案涉工程金额为81649784元。

【裁判结果】

福建省高院经审查认为，中检公司与兴隆公司签订的《海水冷却系统工程中涉海部分工程以及泵房土建工程施工总承包合同》是双方当事人的真实意思表示，内容不违反法律法规的禁止性规定，应认定为合法有效。至2012年11月21日兴隆公司发函通知解除案涉合同时，中检公司未按照合同约定的工期完成案涉工程，亦未依照合同约定办理顺延工期的手续，其逾期竣工已构成违约。兴隆公司主张解除合同符合合同约定的解除条件，故案涉合同在2012年11月21日通知送达中检公司时解除。

关于本案逾期竣工的原因以及责任如何认定的问题。福建省高院认为，案涉合同专用条款约定开工日期为2011年5月20日。案涉合同约定，本合同工程的工期为2011年10月30日前完成泵房主体结构工程（并具备机、电、仪及管道等安装条件），2011年12月30日前整体项目完工，前述工期包含开工准备、施工许可等相应报批手续所需的时间。而至2012年11月21日兴隆公司发函要求解除案涉合同时，中检公司仍未完成案涉工程的施工，双方当事人对案涉工程逾期竣工的事实没有异议。案涉合同通用条款约定经监理工程师确认并报甲方批准（出具有甲方印章的公函），施工期可以延长；乙方应在合同约定的延期情况发生后5天内就延误的内容、天数和因此发生的费用支出向监理工程师提出报告，监理工程师在收到报告后5天内报甲方书面确认并予以答复，以确定施工期延长的天数和费用；未经甲方书面确认工期不予顺延，工程费用不予调整。中检公司虽提供证据主张设计变更、村民阻挠施工、气象原因、停水停电、兴隆公司迟延支付工程款等情形依据合同约定可以延长工期，但中检公司均未依照案涉合同约定在指定天数内办理就延误事项向监理工程师提出报告并由兴隆公司确认，兴隆公司在诉讼中对中检公司提出的延期事由亦不予以认可，故中检公司主张可延长工期的事由均不符合合同约定，不予支持。案涉合同专用条款约定，因乙方原因延误施工期（包括质量不合格导致的延期），每延期一天，支付违约赔偿金为合同总价的千分之一，最高为合同总价的10%。中检公司逾期竣工的天数已超过合同约定的应承担违约赔偿金的最高天数，但中检公司并未完成案涉工程，故福建省高院认定中检公司应承担违约赔偿金为其已完案涉工程造价的10%，即81649784元×10%=8164978.4元。

关于兴隆公司是否应当支付中检公司停工、窝工损失费554.64万元的问题。福建省高院认为，案涉合同专用条款约定，因甲方违约或未能及时履行义务给乙方造成损失以及其他索赔事件发生时，乙方在要求索赔的事件发生后21天内，向甲方提出索赔申请；在提出索赔申请后，向甲方提交索赔报告，详细说明索赔理由，提供同期记录副本或其他可靠证据，并列明索赔款额、延长施工期及其计算依据和方法。中检公司并未按照上述合同约定向兴隆公司提出停工、窝工损失。且福建省闽咨造价咨询有限公司出具的2017年9月1日造价鉴定报告体现中检公司提供的窝工索赔的证据不充分，本次鉴定不予计量。因此，中检公司的证据不能证明其停工、窝工损失，亦不符合合同约定，不予支持。

本案中，经鉴定确定中检公司的已完案涉工程的金额为81649784元，扣除中检公司收到的工程款及混凝土款、水费、电费、工人工资等已付款项后，兴隆公司尚欠中检公司的工程款为41330076.64元。因案涉合同对合同解除后的款项支付时间没有明确约定，依据《最高人民法院关于审理建设工程施工合同纠纷案件适用法律问题的解释》第十八条"利息从应付工程价款之日计付。当事人对付款时间没有约定或者约定不明的，下列时间视为应付款时间：（一）建设工程已实际交付的，为交付之日"的规定[1]，兴隆公司应付的工程款从中检公司撤出的时间即2013年11月30日起计算利息。中检公司主张按照按中国人民银行同期贷款利率标准支付利息，未违反法律规定，予以支持，故兴隆公司的利息应以43330076.64元为基数，从2013年11月30日起计算至2014年1月29日止，以41330076.64元为基数从2014年1月30日起计算至实际还款之日止，利率按照中国人民银行同期贷款利率标准计算。因中检公司逾期竣工，中检公司应承担已完案涉工程造价10%的违约赔偿金即8164978.4元。中检公司要求兴隆公司支付停工、窝工损失的诉讼请求无事实依据，不予支持。

后福建省高院判决如下：一、兴隆公司应于判决生效之日起10日内向中检公司支付工程款41330076.64元及利息（以43330076.64元为基数，从2013年11月30日起计算至2014年1月29日止，以41330076.64元为基数从2014年1月30日起计算至实际还款之日止，利率按照中国人民银行同期贷款利率标准计算）；二、中检公司应于判决生效之日起10日内向兴隆公司支付违约赔偿金8164978.4元；三、兴隆公司应于判决生效之日起10日内向中检公司支付鉴定费用12.48万元；四、驳回中检公司的其他诉讼请求。

---

[1] 该司法解释已废止，该条已被《最高人民法院关于审理建设工程施工合同纠纷案件适用法律问题的解释（一）》（法释〔2020〕25号）第二十七条吸收。

后双方均不服判决,向最高人民法院提起上诉。最高人民法院经审理后认为:中检公司应当支付逾期竣工违约金且一审认定的违约金金额并无错误。首先,中检公司未在《海水冷却系统工程中涉海部分工程以及泵房土建工程施工总承包合同》约定的竣工日期前竣工,双方当事人对案涉工程存在逾期竣工的事实没有异议。本案中虽可以认定确实存在设计变更导致工程量变化,但工程量变化并不必然导致逾期竣工责任的全部豁免。《海水冷却系统工程中涉海部分工程以及泵房土建工程施工总承包合同》明确约定施工期延长应经监理工程师确认并报兴隆公司批准,在没有证据显示中检公司按照合同约定向监理工程师报告工期延误情形并获得兴隆公司认可的情况下,中检公司应当承担逾期竣工的违约责任。其次,《海水冷却系统工程中涉海部分工程以及泵房土建工程施工总承包合同》通用条款第二十条第6.1款的约定,因乙方(中检公司)原因不能按照合同/协议约定的工期(含经确认的顺延工期)完工,每拖延一天,罚款千分之一,最高为合同总价的10%。一方面,福建省高院把合同总价理解为已完工合同总价,涉及对合同用语的解释;另一方面,福建省高院根据工程实际进展情况酌情认定中检公司应承担的违约赔偿金为其已完工案涉工程造价的10%,亦属合理,并未造成显失公平的情形。则兴隆公司关于中检公司应当按照合同总价的10%支付逾期竣工违约金及中检公司主张其不应承担逾期竣工违约责任,要求撤销一审判决第二项的上诉请求均不能成立,福建省高院认定事实清楚,适用法律正确,依法驳回上诉,维持原判。

【案例评析】

本案是一起典型的因工期违约问题而引发的建设工程施工合同纠纷。中检公司在庭审中提出了设计变更打乱工期计划、工程量增减及工程造价变化影响施工、兴隆公司逾期支付工程款等观点以说明兴隆公司对案涉工程工期延误的过错,并向兴隆公司主张停工、窝工损失费。但中检公司此部分的主张未得到法院支持,且法院最终支持了兴隆公司对中检公司承担逾期竣工违约金的主张,综合本案情况,主要原因如下:

1. 关于工期问题。双方合同已明确对施工期限的要求,但直至案涉合同解除时,中检公司仍未完成案涉工程的施工,双方当事人对案涉工程逾期竣工的事实没有异议。本案中虽存在设计变更、村民阻挠施工、气象原因、停水停电、兴隆公司迟延支付工程款等依据合同约定可以延长工期的情形,根据《民法典》第八百零三条"发包人未按照约定的时间和要求提供原材料、设备、场地、资金、技术资料的,承包人可以顺延工程日期"之规定及双方合同约定可以延长工期,但中检公司并未按照合同约定在指定天数内就延误事项向监理工程师提出报告并由兴隆公司确认,不符合合同约定的施工工期延期程序,因此不构成工期延长条件,中检公司需就工期延误承担相应违约责任。

案涉合同中,双方关于工期延长的约定如下:"经监理工程师确认并报甲方批准(出具有甲方印章的公函),施工期可以延长;乙方应在合同约定的延期情况发生后5天内就延误的内容、天数和因此发生的费用支出向监理工程师提出报告,监理工程师在收到报告后5天内报甲方书面确认并予以答复,以确定施工期延长的天数和费用;未经甲方书面确认工期不予顺延,工程费用不予调整。"该条款在建设工程合同中较为典型,即需要履行"监理报告—建设单位审批"两级流程。实务中,部分施工企业考虑到报告程序麻烦、担心影响与建设单位关系等原因往往不按相关程序及时报告,而试图在工期完结时统一延长，不仅造成相关工期延长要求不满足合同条件无法被支持，而且引发证据材料缺失无法还原现实、违约风险加大等不利后果。

2. 关于索赔问题。根据《民法典》第八百零三条"发包人未按照约定的时间和要求提供原材料、设备、场地、资金、技术资料的，承包人……有权请求赔偿停工、窝工等损失"之规定及双方合同约定，在兴隆公司存在违约情形时，中检公司可主张相应违约责任。本案中中检公司停工、窝工损失费被驳回的原因如下：根据双方合同约定，索赔事件发生时需在合同约定期限内提出索赔申请、索赔报告，详细说明理由、证据等，但中检公司未按合同约定开展索赔工作，不满足合同约定的索赔程序，其诉求难以得到支持。此外，鉴定过程中也反映出中检公司提供的窝工索赔的证据不充分，停工、窝工费用依据不足，无法构成鉴定条件，最终由此导致了中检公司败诉。

第三节 签证、变更及索赔的风险

根据《建设工程工程量清单计价规范》GB 50500—2013 的规定，现场签证是指承包人应发包人要求完成合同以外的零星项目、非承包人责任事件等工作的，发包人应及时以书面形式向承包人发出指令，并应提供所需的相关资料，承包人在收到指令后，应及时向发包人提出现场签证要求；工程变更则是指由发包人提出或由承包人提出，经发包人批准的合同工程中任何一项工作的增、减、取消或施工工艺、顺序、时间的改变，设计图纸的修改，施工条件的改变，招标工程量清单的错、漏项，从而引起合同条件的改变或工程量的增减变化；而索赔是指在工程合同履行过程中，合同当事人一方因非己方的原因而遭受损失，按合同约定或法律法规规定应由对方承担责任，从而向对方提出补偿的要求。

一、法律合规风险点描述

1. 未签证导致无法索赔

建筑施工企业在施工过程中出现设计变更、工程量增加、工期延长等变更时，由于不重视签证或者业主方拒绝签证导致在后期索赔与结算中无法主张增加的工程价款。

2. 签证不及时导致无法索赔

因设计变更或特定情况引起工程量变化，建筑施工企业未能及时签证的，可能导致在工程结算时，增加的工程量或材料费无法得到确认，还可能导致发包人向建筑施工企业主张工期延误违约金以及建筑施工企业产生窝工损失得不到赔偿的风险，从而造成损失；施工合同履行过程中，可能存在未含在合同价款内的零星工程、应发包人要求缩短工期而产生的赶工等。此类增加的工程量若不及时签证往往会因超过提交工程量变更报告的时效而无法再进行签证、索赔。

3. 签证单内容不具体导致无法索赔

建筑施工企业在填写签证单时对于内容及构成的描述不具体，未反映出明确的价格或者工程量，包括依据（设计变更、会议纪要等）、计算公式及说明、单价分析以及附带图纸照片等。

4. 建设单位签证内容不明确导致无法索赔

建设单位在签证上签署"已阅""按合同条款执行"等表述，容易引发后期争议。如果建设单位签署的意见为"已阅",则只能作为费用与工期索赔的证据,并非可直接作为结算依据的有效签证;而"按合同条款执行",由于签证本就是合同约定外的新增、变更、拆改、赶工等额外内容,合同中很可能没有约定或约定不明,导致后期纠纷发生时,建筑施工企业陷入被动局面。

二、法律合规风险防范措施

1. 发生设计变更等情形的,应尽量要求发包人采取签发设计变更单、工程联系单等,在取得上述文件后,应填写签证单并要求发包人确认费用、工期等,再进行相应的施工。

2. 如变更金额较大,需要以补充协议的形式约定的,则应当注意按规定程序办理备案,如果涉及对合同实质性内容进行变更的,应当从形式上加以规避。比如增加合同价款的,可以将增加部分设定为质量奖励、工期奖励等。

3. 注重日常收集索赔资料。额外费用和工期延长索赔是由建设项目中的各种事件引起的,必须以事件和文件为依据,记录可能发生和已经发生的影响工期费用的事件,并以记录为依据来跟踪索赔的影响费用。具体如下:(1)工地会议记录和有关工程的来往信件,都必须全部保存妥当,直到合同全部履行完毕、所有索赔项目获得解决为止。(2)各种施工进度表,包括建设单位代表和分包单位编制的进度表。(3)施工备忘录(施工日志),在施工中发生影响工期和索赔有关的事项,都要及时做好记录。按年月日顺序号存档,以便查找。(4)做好监理单位和建设单位代表的口头指示记录,及时以书面形式报告建设单位予以承认。将他们的书面指示按年月日顺序编号存档。(5)工程照片需有专人管理,照片都应标明拍摄的日期,最好购买带有日期的相机。将照片按工程进度整理编排。(6)收集记录每天的气象报告和实际气候情况。(7)整理保存工人和雇员的工资与薪金单据、材料物资购买单据,按年月日编号归档。(8)完整的工程会计资料,人工分配表、材料购买清单、支出记账凭证、收工程款票据、账目、财务信件。(9)所有的图纸、修改增加图纸、计划工程进度表、人工日报表、材料设备进场报表及记账凭证等需归类保存入档。

4. 及时做好签证。由于签证涉及的内容具有较强的时效性,为避免建筑施工企业遭受不必要的经济损失,在施工过程中出现设计变更、拆改、增量、赶工等事宜,建筑施工企业应当做到签证前置,"先签证、再施工"。建筑施工企业应在签证事件发生后第一时间向业主方、监理单位上报签证费用,一事一签证。对于发包人或监理单位提出的签证资料不规范、不齐全问题,承包人应迅速响应业主方或监理单位要求,尽快补齐相关资料后重新上报签证;对于业主方或监理单位存疑的内容,施工方可邀请业主方、监理单位现场查看。如双方对于签证价款有争议,可暂且搁置争议,就双方可确定的签证发生的原因、履行过程、履行结果、工程量先行签证。签证事实及工程量确定后,即便双方最终无法就签证价款达成一致,施工方也可通过司法途径获得相应签证价款。

5. 签证内容表述应具体、明确。签证中要描述签证事件发生的原因,明确签证事件发生的依据、具体的施工部位、施工内容,并根据施工内容对比施工合同、设计图纸和现场情况等提出相应的工程量增减和费用变更。建筑施工企业应确保原因描述、依据引用、施工部位及施工内容描述、工程量增减、费用计算的准确性及合理性。

6. 建设单位拒绝签证的,应采取多种有效方式送达。建设单位或监理单位无正当理由拒绝签收签证资料的,建筑施工企业可通过电子邮箱、邮寄、传真、公证送达等方式送达。建筑施工企业应在合同中明确约定各自的联系人、邮箱、传真以及联系人、邮箱、传真变更时的通知义务。

7. 施工合同中规定了提出索赔的程序及时间要求的,项目部一定要及时按合同约定提交有关报告。

三、典型案例：索赔依据要充分，提早筹划胜算足

【基本案情】

2011年11月4日,盛业公司(乙方)与润金公司(甲方)签订《润某某城一期四标段A8号、A9号、A10号、B9号、B10号、幼儿园及所在标段地下车库施工合同》,约定润金公司将其开发的润某某城一期四标段A8号、A9号、A10号、B9号、B10号、幼儿园及所在标段地下车库工程施工图纸范围内的全部内容交由盛业公司承包施工,施工内容不包括发包人直接发包的专业工程,但包括发包人直接发包的专业工程中的预埋(留)、暗配及构件(或设备、部件等)安装后的堵补和总包配合,不包括甲供材料(设备)的采购及运输,但包括其到场后的验收及保管,包括因工程变更引起的新某某(减)工程,但在合同协议总价中暂不包括。开工日期以监理工程师批准的开工报告为准；合同工期为高层470日历天、多层180日历天,工期均包含地下室和地下车库；竣工日期以工程通过徐州市土木工程质量监督站竣工验收日期为准。合同总价款为6130万元。

合同通用条款第33条第1款约定,工程竣工报告经发包人认可后28天内,承包人向发包人递交竣工结算报告及完整的结算资料,双方按照协议书约定的合同价款及专用条款约定的合同价款调整内容,进行工程竣工结算。第33条第2款约定,发包人收到承包人递交的竣工结算报告及结算资料后28天内进行核实,给予确认或者提出修改意见。发包人确认竣工结算报告后通知经办银行向承包人支付工程竣工结算价款。承包人收到竣工结算价款后14天内将竣工工程交付发包人。第33条第3款约定,发包人收到竣工结算报告及结算资料后28天内无正当理由不支付工程竣工结算价款,从第29天起按承包人同期向银行贷款利率支付拖欠工程价款的利息,并承担违约责任。

合同专用条款中关于合同价款与支付条款约定,本合同价款采用固定价格方式确定。承包人投标时已充分考虑了施工期间各类市场风险,合同价款一次性包死,除符合合同价款调整范围及依据外,今后不作调整。采用固定价格合同,合同价款中包括的风险范围:工程量、设备、材料(除某某供、甲控外)、机械费、人工费、各项取费。风险费用的计算方法:在合同履行期间内钢材、商品混凝土风险费用控制按照徐某某〔2008〕70号文件中计算办法执行,其余均不调整。钢材、商品混凝土价格调整公式……材料差价调整只计取税金。其他甲控材:工程结算时按发包方认可签证的实际采购价格调整。材料差价调整只计取税金。风险范围以外合同价款调整方法详见补充条款。

合同专用条款中关于竣工验收与结算条款约定,工程竣工验收合格后30天内提供两套完整竣工图、工程备案所需资料及竣工资料两套。承包人应在工程竣工后90天内提供完整的结算书,否则按日向发包人支付500元/天违约金,双方无争议的情况下,发包人在3个月内审结。竣工结算书中应有完整的结算资料,在造价咨询单位审价过程中,不再接受增加任何结算资料,送审的结算书中若有结算遗漏项目均作为让利给发包人,不作任

何增加调整。

合同专用条款中关于违约、索赔部分约定，发包人每迟延一天支付工程款，向承包人支付应付工程款0.03%的违约金；累计违约金不超过应付工程款的10%。

合同附件5房屋建筑工程质量保修书约定，竣工验收合格满2年后无质量问题，并通过双方及物业管理方确认后2周内支付保修金的60%。竣工验收满5年后无质量问题并通过双方及物业管理方确认后2周内支付剩余保修金。双方在房屋建筑工程质量保修书中未就质量保修金的数额进行明确约定，但双方在合同附件3及附件4关于工程进度款支付金额表中，明确了在竣工结算审计后28天内付至结算价的95%。

同日，盛业公司（乙方）与润金公司（甲方）之间签订《补充协议》，该协议约定：1. 润某某城一期三、四标段工程确保其中一个标段为省级文明工地，工程结算时不计考评费及奖励费，如达不到，乙方支付给甲方50000元的违约金。2. 润某某城一期三、四标段工程确保其中一个标段的一半单体项目为市级优秀结构工程，如达不到，乙方支付给甲方50000元的违约金；达到市级优秀结构工程，甲方不需要向乙方支付额外费用。3. 因乙方原因致使工期延误，乙方自愿在建设局备案的施工合同约定违约责任的基础上，再按1000元/天的违约金支付给甲方。4. 本补充协议与施工备案合同具有同等法律效力，如有冲突，以本补充协议为准。

上述合同签订后，A8号楼、A9号楼、B9号楼、B10号楼、地下室车库于2012年2月1日开工建设，A10号楼于2012年4月10日开工建设，C5号楼（幼儿园）于2012年4月26日开工建设。

2013年11月11日，盛业公司向润金公司出具承诺书，载明"我公司承诺，润金公司此次付给我方1%工程支援款，将全部用于我公司承建的润某某城一期四标段工程，完成合同内约定的全部内容，并承诺在2013年12月15日前达到竣工验收标准以及完成所有竣工资料。"

2014年6月26日，盛业公司、润金公司签订《协议》，内容为甲乙双方（甲方润金公司、乙方盛业公司）经政府相关部门协调及双方协商，就"润某某城"项目工程验收、备案、交付及付款事项达成补充协议如下：1. 乙方于2014年6月25日将完整的工程资料报送给市质监站，以便甲方组织工程验收；甲方付给乙方1%（人民币108.4727万元）工程款。2. 在工程验收合格备案后，甲方付给乙方1%工程款（不超过85%）。3. 工程交付使用时甲方付至乙方工程初步审定价款的85%。4. 2014年8月31日时甲方付至乙方工程初步审定价款的90%。5. 工程结算审定价款周期调整自工程交付之日起3个月，结算后20日内付工程款至95%。6. 合同其他条款不变。

盛业公司举证的工地例会会议纪要及监理联系单显示，案涉工程的外墙干挂石材施工自2013年8月22日开工后，施工人员极少，相关订货迟延，进度极度缓慢，已不可能按约定时间完成，已影响到总包单位竣工验收时间滞后，为此，监理单位向润金公司发出监理联系单，认为总包单位将会就外墙干挂石材幕墙工期延误而向建设单位发出索赔，特强烈建议建设单位调换施工单位，尽量减少损失。工地例会会议纪要还显示，截至2014年4月18日，案涉工程部分施工内容因干挂外架占地无法施工，部分石材安装尚未完成。

上述工程于2014年7月4日通过竣工验收，其中部分工程获得省、市建筑施工文明工地。2014年7月29日，盛业公司向润金公司递交决算资料，润金公司在庭审中主张盛业公司所递交的决算资料中没有竣工图,因此一直未能审计。

【裁判结果】

一审法院认为,依据盛业公司举证的监理资料、会议纪要等证据,足以证实案涉工程施工过程中部分专业分包工程存在延迟施工问题,且该专业分包工程系由润金公司负责施工,因此,润金公司因其自身原因致使整个工程发生工期延误,该行为已构成违约,其违约行为必然导致盛业公司在实际施工过程中额外增加租金、人员工资等费用,故盛业公司主张各项延期损失费的诉讼请求于法有据,法院依法予以支持。

一审判决生效后 10 日内,润金公司支付给盛业公司工程款 5153605.5 元及违约金、逾期付款利息(违约金的计算方式为:自 2014 年 10 月 24 日起以应付工程款 6153605.5 元为基数,自 2016 年 2 月 2 日起以应付工程款 5153605.5 元为基数,按日 0.03‰的标准计算至实际付清之日止,并以 615360.55 元为限;逾期付款利息的计算方式为:自 2014 年 10 月 24 日起以应付工程款 6153605.5 元为基数,自 2016 年 2 月 2 日起以应付工程款 5153605.5 元为基数,按中国人民银行同期同档贷款利率计算至实际付清之日止)。判决生效后 10 日内,润金公司支付给盛业公司延期完工的各项损失计 1313667 元。驳回盛业公司的其他诉讼请求。

二审法院认为根据本案双方签订的合同可知,盛业公司承包的范围不包括润金公司直接发包的专业工程,盛业公司提供的工地例会会议纪要及监理联系单等材料可以证实润金公司直接发包的专业工程存在材料进场迟延、施工进度缓慢等一系列问题,且部分专业分包工程施工的滞后已经影响到盛业公司的竣工验收时间,因此也必然使盛业公司因施工周期延长而增加其他费用,润金公司虽然对于盛业公司提供的证据不予认可,但并未提供相反证据,故一审法院结合会议纪要及证人证言认定因润金公司的专业分包原因导致工期延误进而应支付盛业公司延误工期部分的损失并无不当。对于盛业公司主张的 A8 号楼、A9 号楼、A10 号楼塔式起重机租赁费及塔式起重机司机工资问题,盛业公司虽然主张其提前完成了工作量,塔式起重机可以拆除,故不应支付后期的租赁费用,但是盛业公司并未举证该三栋楼的实际完成竣工时间,因该三栋楼的塔式起重机拆除时间都在合同约定的施工日期内,一审法院据此对该部分费用未予支持并无不当。因此,二审法院驳回上诉,维持原判。

【案例评析】

本案是一起建筑施工企业向业主方主张工期索赔成功的典型案件。本案原告主张的工期索赔具体数额大部分得到了法院的支持,少部分因为依据不足法院未予认定。通过这起案件,建筑施工企业能获得的经验就是,在施工过程中需要尽量保留相关索赔依据的证明材料,如工地会议记录和有关工程的来往信件,各种施工进度表,包括建设单位代表和分包单位编制的进度表;施工备忘录(施工日志),在施工中发生影响工期和索赔的有关事项,都要及时做好记录。做好监理单位和建设单位代表的口头指示记录,及时以书面形式报告建设单位予以承认。

第四节 发包人未按合同约定支付工程款的风险

实务中,发包人拖欠工程款是最为常见的建设工程合同纠纷之一,是否按期及时收到工程款，直接关系着承包人的经济利益，更牵涉承包人下属的各分包单位、物资采购、租赁单位及劳务工人等多方主体的利益。当发包人拖欠工程款时，将造成承包人垫资风险增加、资金成本加大，甚至导致无力支付分包单位劳务费、农民工工资等，影响现场工程正常施工，引发大量法律纠纷案件，或引发农民工上访、讨薪等群体性事件，造成社会问题。可见，发包人未依约支付工程款的潜在风险极高。

根据《民法典》第八百零七条的规定，发包人未按照约定支付价款的，承包人可以催告发包人在合理期限内支付价款。发包人逾期不支付的，除根据建设工程的性质不宜折价、拍卖外，承包人可以与发包人协议将该工程折价，也可以请求人民法院将该工程依法拍卖。但实务中施工单位相较于发包人而言往往处于弱势一方，施工单位基于维护市场关系等原因而不愿意或不敢向发包人主张相应责任的情况比比皆是，由此也给施工单位造成极高的风险。

一、法律合规风险点描述

对于施工单位来说，发包人未依约支付工程价款相关风险主要表现为以下方面：

1. 发包人恶意阻碍付款条件的成就。发包人通过在现场验收、进度结算办理、进度款审核、竣工验收、竣工结算等过程中设置各种障碍、增加前置条件或者超过施工合同约定的审核期限、验收期限等方式，故意拖延付款。

2. 垫资施工。虽然住房和城乡建设部曾发文对垫资施工等行为进行限制，但从实践来看，建设工程行业的垫资施工现象较为常见。部分发包人在缺乏资金时，基于其优势地位，限制预付款、进度款等的支付，要求与施工单位签署延期付款协议或要求承包方垫资施工。而施工单位迫于竞争压力等原因，为了能够保证接到项目，被迫放弃对工程款的时效利益，或被迫增加工程垫资。虽然《最高人民法院关于审理建设工程施工合同纠纷案件适用法律问题的解释（一）》（法释〔2020〕25号）第二十五条规定当事人对垫资和垫资利息有约定，承包人请求按照约定返还垫资及其利息的，人民法院应予支持。但该司法解释也限制了利息计算标准，即约定的利息计算标准必须低于垫资时的同类贷款利率或者同期贷款市场报价利率。而且，很多施工单位也往往因发包人反对而无法达成相应的利息条款，最终施工单位只能自行承担相应风险及损失。

3. 以违约为由对抗施工单位对工程款的主张。发包人在施工过程中，对承包人的施工质量、工期、安全、农民工讨薪、分包索赔等事项动辄处以高额罚款、要求延期支付工程款或要求承包人承担违约金或要求兑现履约保函，以此对抗承包人要求支付工程款的主张。

4. 发包人借助金融票据等方式拖延支付时间。现阶段的建设施工领域，银行或商业承兑汇票、云信等金融票据或区块链金融产品愈加常见，部分发包人在现有资金不足的情况下，偏向于采取前述金融产品支付工程款，其中部分金融产品有相应的"贴现期限"，无法直接兑换为相应额度的资金，施工单位在接受相应产品作为工程款的同时，却存在无法直接使用相应产品对下支付工人工资、分包单位劳务费、材料设备款的尴尬情形，或只能被迫花费"贴现费用"在金融产品贴现期届满前提前兑付，由此产生相应的成本损失。

二、法律合规风险防范措施

施工单位在遇到发包人不及时支付工程款的情况时，应注意先行核实己方不存在影响工程款支付的先行违约行为（如因己方原因造成的工期延误、工程存在瑕疵、支付手续不完备等），在此基础上结合合同约定积极采取催告等方式督促发包人履行义务，不宜随意采取停工的方式对抗。具体来说，可通过以下方式应对发包人不及时支付工程款的行为，防控相应风险：

1. 合同签订时，应当详细约定工程验收、结算办理、工程价款支付的手续及流程，明确付款时间节点，降低发包人借助不合理的验收、结算、支付流程卡控工程款支付的风险。同时，合同中应避免出现"发包人未及时支付工程进度款，承包人不能停工"等约定。此类发包人免责条款在建设工程领域极为常见，虽部分判决认定此类条款为发包人恶意免责条款而无效，但不少法院会偏向于认定此类合同条款属于双方当事人意思自治范围而认定有效。此类条款的存在将直接限制甚至在一定程度上否定施工单位在追索工程款时的权利（尤其是在发包人的违约付款行为未达到严重程度、未造成严重后果或社会利益损失的情况下）。

2. 合同签订时，施工单位应审慎考察项目工程资金来源情况（例如政府出资项目应核实政府财政资金状况），确保合同履行过程中工程款来源可控。部分法律法规也对发包人的资金落实义务进行了规定。如《招标投标法》第九条规定："招标人应当有进行招标项目的相应资金或者资金来源已经落实，并且应当在招标文件中如实载明。"《保障农民工工资支付条例》（国务院令第724号）第二十三条规定："建设单位应当有满足施工所需要的资金安排。"《政府投资条例》（国务院令第712号）第二十二条："政府投资项目所需资金应当按照国家有关规定确保落实到位。"

3. 施工单位在履约过程中应严格履行合同约定，本着诚实守信原则及时完成相应施工任务，提供合同约定的施工资料、发票等付款所需文件和手续，竣工验收通过后应及时编制并提交竣工结算报告，避免因自身原因违约或达不到合同的付款节点而无法及时取得合同款项。

4. 如发包人未按约支付工程款，施工单位应根据合同约定，及时通过书面发函等形式合理催告，确保充分尽到催告通知义务。参照住房和城乡建设部、国家工商行政管理总局印发的《建设工程施工合同（示范文本）》GF—2017—0201的相关约定，因发包人原因未能按合同约定支付合同价款的，承包人可向发包人发出通知，要求发包人采取有效措施纠正违约行为。由此可见，通常情况下，如果发包人拖欠支付工程款，承包人应当发出催告函要求发包人及时支付。

5. 施工单位应当注意收集和妥善保存发包人未依约支付工程款的相关证据材料以及因发包人未依约支付工程款造成损失的证据材料，为后续向发包人索赔提供充足依据。

6. 在施工单位已履行催告义务，但发包人不予处置时，施工单位可以参照《民法典》第八百零三条的相关规定要求顺延工程日期，并有权请求赔偿停工、窝工等损失。若发包人恶意拖延结算和支付结算款可能给施工单位造成重大损失，或客观上已出现发包人基本丧失工程款偿付能力、无法继续支付工程款的情况时，施工单位应结合实际情况及时行使暂停工作、合同解除等权利，直至采取诉讼、财产保全等措施，降低和减轻无法获得工程款的风险。根据《民法典》第八百零七条的相关规定，施工单位可以与发包人协议将该工程折价，也可以请求人民法院将该工程依法拍卖，并就该工程折价或者拍卖的价款优先受偿。

7. 施工单位可以在分包合同、主材采购合同等大额合同中设置相应的"背靠背"支付条款进行价款支付的风险管理，尽可能降低发包人付款不及时带来的索赔风险。

三、典型案例：工程付款应准时，逾期拖欠要担责

【基本案情】

2018年1月，长阳公司与南投公司签订一份建设工程施工合同，约定长阳公司将其开发的中贸府邸项目工程发包给南投公司施工，工程内容为中贸府邸3号楼、商业21号楼、15号楼、16号楼（以实际施工量及图纸面积为准），所有工程施工及材料采购均包含在本合同中，直至相关部门验收合格通过的交钥匙工程。合同第三部分专用条款工程进度款支付付款周期第12.4.1条约定："3号（21号部分）、15号、16号楼施工到±0.000处退还全部保证金；3号（21号部分）、15号、16号楼工程一次结构施工至10层顶面7日内支付合同总价款的10%；一次结构从11层施工到20层顶面7日内支付合同总价款的10%；一次结构从21层施工到30层顶面7日内支付合同总额的10%；全部封顶、屋面工程施工完毕7日内支付合同总价款的20%；扣除当期施工水电费用；待所承包的工作内容全部完成并通过竣工验收合格后，提供工程款全额发票，60天内支付至工程价款总金额的95%，扣除当期施工水电费，甲方应扣费用。剩余总金额5%计8621606.88元，作为质量保证金，质量保证金验收合格备案后于贰年后无息退还。"

合同签订后，南投公司于2018年4月1日开始正式施工，截至2018年11月，南投公司施工的工程1号楼、2号楼从3层至顶层主体施工完成，4~13层砌筑完成；3号楼负2层至负1层顶板（共计2层）主体施工完成；15号楼负2层至2层顶板（共计4层）主体施工完成；16号楼负2层至6层顶板（共计8层）主体施工完成；地下停车场主体施工完成。1号、2号楼已经分项工程质量验收，并由监理工程师签章。长阳公司于2018年6月1日向南投公司退还履约保证金600万元，未向南投公司支付其他工程款。后双方因工程款支付事宜发生纠纷，南投公司于2018年11月停工，至2018年12月底撤场完毕，并于2018年12月17日向辽宁省高级人民法院提起诉讼，诉讼请求为：1. 请求判令解除中贸府邸《建设工程施工合同》。2. 请求判令被告支付原告工程款110000000元以及利息640000元，自2018年11月14日起计算至2018年12月13日止，此后利息计算至被告实际付清欠款之日。3. 确认原告对其承建的工程拍卖或折价的价款享有优先受偿权。4. 请求判令被告承担本案的诉讼费。庭审中，南投公司将第一项诉讼请求"请求判令解除中贸府邸《建设工程施工合同》"变更为"请求确认中贸府邸《建设工程施工合同》无效"。

辽宁省高级人民法院一审审理中，南投公司提出工程造价鉴定申请，请求对其施工的案涉已完工程造价进行司法鉴定。经双方摇号，一审法院于2020年4月9日，委托辽宁万隆天翔工程造价咨询有限公司对南投公司施工的1号楼、2号楼、3号楼、15号楼、16号楼及地下停车场已完工程造价进行鉴定。经鉴定，鉴定金额为7700万元。

【裁判结果】

辽宁省高级人民法院认为，发包人长阳公司与承包人南投公司签订了案涉建设工程施

工合同，根据该合同约定的内容，南投公司对中贸府邸工程的3号楼、21号楼、15号楼、16号楼依约进行了施工，但在施工过程中因双方发生纠纷，南投公司只对部分工程进行了施工后撤场。南投公司起诉请求解除合同，后变更诉讼请求为确认合同无效，其主张长阳公司在原告施工前已经将案涉工程直接发包给案外人镇淮公司，双方已经签订合同并备案。关于南投公司主张的本案合同效力问题，一审法院庭审中长阳公司（甲方）提供一份与镇淮公司（乙方）于2018年1月16日签订的补充协议，主要内容为：本补充协议签订后，中贸府邸3号楼、15号楼、16号楼、21号楼工程项目便从乙方承包范围内撤销，与乙方无关。根据该协议之约定，在与南投公司签订案涉合同之前长阳公司已经将案涉3号楼、15号楼、16号楼、21号楼与镇淮公司解除协议，因此并不存在南投公司主张的长阳公司重复签订合同的情况。南投公司提出，长阳公司与镇淮公司签订的补充协议是虚假的，但是没有提供相应证据证明。从长阳公司与南投公司签订本案合同的内容看，该合同是双方真实意思表示，内容不存在法律规定的无效合同的情形，合同合法有效。故南投公司主张合同无效的请求不能成立。

关于南投公司承包案涉工程施工范围问题。南投公司主张，中贸府邸工程其施工的范围是1号楼、2号楼、3号楼、15号楼、16号楼、地下停车场、21号楼（在合同约定的范围之内，但是其没有施工）。长阳公司主张1号楼、2号楼及部分地下停车场不属于南投公司的施工范围，双方没有签订施工合同，属于南投公司擅自施工，应当予以拆除。对施工范围问题，虽然双方在案涉施工合同中没有约定1号楼、2号楼及地下停车场由南投公司施工，但根据南投公司提供的由项目监理签字的分项工程质量验收资料，南投公司的施工范围及工程质量均已得到工程监理的确认。而长阳公司提供的告知函、报案申请、不予立案通知书等证据形成的时间在2018年10月之后，其中告知函的发送时间是2018年12月12日，报案申请形成于2018年12月29日，本案南投公司于2018年4月份进场开始对1号楼、2号楼进行施工，截至2018年12月底，1号楼、2号楼主体施工已经完成，长阳公司于2018年10月之后主张南投公司擅自施工，显然长阳公司提供的证据不能反映当时的客观事实，其无证据证明南投公司擅自施工。对1号楼、2号楼的施工可视为诉讼双方在履行合同中对变更施工范围达成合意，在原合同约定的施工范围的基础上增加了工程量。长阳公司主张对超范围施工的部分由南投公司负责拆除，与事实不符，不予支持。故对南投公司施工的1号楼、2号楼、3号楼、15号楼、16号楼及地下车库，长阳公司应当支付相应的工程款。关于案涉工程南投公司已完工程的造价确定问题。经一审法院审查，鉴定依据充分，鉴定程序合法，鉴定结果适当，故对此一审法院均不予调整。

关于南投公司主张的利息问题。《最高人民法院关于审理建设工程施工合同纠纷案件适用法律问题的解释》第十八条规定："利息从应付工程价款之日计付。当事人对付款时间没有约定或者约定不明的，下列时间视为应付款时间……（三）建设工程未交付，工程价款也未结算的，为当事人起诉之日。"[1] 根据上述规定，本案南投公司于2018年12月17日向一审法院提起诉讼，长阳公司应自该日起向南投公司支付工程款利息。另外，中国人民银行贷款基准利率这一标准已经取消。因此，长阳公司应按全国银行间同业拆借中

---

1 该司法解释已废止，该条已被《最高人民法院关于审理建设工程施工合同纠纷案件适用法律问题的解释（一）》（法释〔2020〕25号）第二十七条吸收。

心公布的贷款市场报价利率向南投公司支付利息。2019 年 8 月 20 日前计息标准为中国人民银行同期同类贷款利率，2019 年 8 月 20 日后的计息标准为全国银行间同业拆借中心公布的贷款市场报价利率。

关于长阳公司主张的由南投公司赔偿因逾期完工给其造成的损失问题。一审法院认为，虽然诉讼双方在合同中约定了施工进度，但是前面已论述，南投公司的实际施工范围发生了变化，工程量发生了增加，不应再以原合同的约定确定施工进度。且从南投公司进场施工至停工，长阳公司除返还南投公司 600 万元保证金外，尚未支付任何工程款。本案建设工程施工周期近一年，南投公司垫资施工。于此情况下，如南投公司向长阳公司支付逾期完工损失，则既无合同依据又显失公平。故，长阳公司该项主张没有事实依据，一审法院不予支持。

关于南投公司主张的建设工程优先权的问题。《最高人民法院关于审理建设工程施工合同纠纷案件适用法律问题的解释（二）》第十九条规定："建设工程质量合格，承包人请求其承建工程的价款就工程折价或者拍卖的价款优先受偿的，人民法院应予支持。"[1] 第二十二条规定："承包人行使建设工程价款优先受偿权的期限为六个月，自发包人应当给付建设工程价款之日起算。"[2] 根据上述规定，南投公司作为承包人，有权对其施工的工程主张享有优先受偿权。案涉工程南投公司没有施工完毕，因双方发生纠纷而撤场，诉讼双方也未予结算，长阳公司应予给付南投公司的工程款数额尚未确定。南投公司于 2018 年 12 月 17 日向一审法院提起诉讼，在诉讼中提出工程造价鉴定申请，后确定长阳公司拖欠南投公司的工程款数额。故，自南投公司起诉之日起，其主张的优先权并未超过法律规定的六个月的除斥期间。南投公司该项主张有事实依据及法律依据，予以支持。

一审法院最终判决：被告长阳公司于本判决生效之日起 30 日内给付原告南投公司工程款 7700 万元；被告长阳公司于本判决生效之日起 30 日内给付原告南投公司工程款利息（以本金 7700 万元为基数，2019 年 8 月 20 日前以中国人民银行同期同类贷款利率计付，2019 年 8 月 20 日后以全国银行间同业拆借中心公布的贷款市场报价利率计付，从 2018 年 12 月 17 日起计算至实际付清之日止）；原告南投公司在 7700 万工程欠款本金范围内对其施工的"中贸府邸"工程 1 号楼、2 号楼、3 号楼、15 号楼、16 号楼及地下停车场工程折价、拍卖的价款享有优先受偿权；驳回原告南投公司的其他诉讼请求。

后长阳公司不服判决上诉至最高人民法院，请求撤销一审判决，改判驳回被上诉人的全部诉讼请求，支持上诉人的全部反诉请求，或发回重审。

最高人民法院认为，本案的争议焦点是：双方是否存在违约行为；南投公司是否应当赔偿长阳公司损失；南投公司是否享有优先受偿权。关于双方是否存在违约行为以及南投公司是否应当赔偿长阳公司损失问题。双方签订的建设工程施工合同，系双方的真实意思表示，不违反法律、行政法规的强制性规定，应为合法有效。双方应当按照合同约定诚信履行各自的权利和义务。被上诉人南投公司在施工过程中，施工了合同约定之外的工程，

---

[1] 该司法解释已废止，该条已被《最高人民法院关于审理建设工程施工合同纠纷案件适用法律问题的解释（一）》（法释〔2020〕25 号）第三十八条吸收。

[2] 该司法解释已废止，该条已被《最高人民法院关于审理建设工程施工合同纠纷案件适用法律问题的解释（一）》（法释〔2020〕25 号）第四十一条替代。

施工范围发生变化。南投公司提供的监理单位出具的分项工程质量验收单能够说明工程质量得到监理单位的确认，长阳公司提供的报警记录等相关证据不足以证明其不同意合同外施工的主张。双方当事人未就1号、2号楼及部分地下停车场施工问题及时签订书面合同，在具体事项没有约定或约定不明的情况下，双方当事人可参照已签订的施工合同诚信履行义务。由于1号、2号楼从3层至顶层主体施工完成，4~13层砌筑完成，长阳公司应及时支付相应工程款。但长阳公司除返还南投公司600万元保证金外，未支付任何工程款。南投公司有理由认为长阳公司可能丧失给付工程款能力或者可能拒不给付工程款。在南投公司起诉后，长阳公司仍未支付相应工程款或提供适当担保。南投公司依法停止施工系保护自己合法权益的行为，不应认为违约。因此，本案现有证据难以支持长阳公司有关南投公司违约在先的上诉意见。由于南投公司并未违约，长阳公司要求其赔偿损失，没有事实和法律依据。关于南投公司是否享有优先受偿权问题。南投公司作为工程承包人，依法有权对施工的工程享有建设工程价款优先受偿权。长阳公司欠付工程款，一审对于南投公司享有建设工程价款优先受偿权的认定正确。因此，最高人民法院认为一审判决认定事实清楚，适用法律正确，最终判决驳回上诉，维持原判。

【案例评析】

本案是一起典型的因发包人未依约支付工程款而引发的建设工程施工合同纠纷。本案经一审、二审，虽被告方长阳公司提出了工程施工范围与合同约定不符、合同未满足付款条件、南阳公司停工属于违约行为且给长阳公司造成了损失等应诉观点，但一审辽宁省高级人民法院及二审最高人民法院均基本支持了原告南阳公司的诉求，究其原因，核心在于双方合同付款节点明确具体，长阳公司违约行为明确，此点对施工单位极具参考价值。

本案中，双方合同约定："工程一次结构施工至10层顶面7日内支付合同总价款的10%；一次结构从11层施工到20层顶面7日内支付合同总价款的10%；一次结构从21层施工到30层顶面7日内支付合同总额的10%；全部封顶、屋面工程施工完毕7日内支付合同总价款的20%"。由此可见，只要在现场相应工程完成验收的情况下，就可以直观地判断发包人长阳公司是否存在逾期支付工程款的违约行为，进而为本案南投公司的工程款支付诉求、违约金诉求提供充足依据，为南投公司单方停工行为的合理性奠定基础。但实务中，很多施工单位在签订合同时并不注重相关条款的约定，合同工程款支付条款等内容过于宽泛，或解释空间极大，缺乏具体性和可操作性。在发生发包人逾期支付工程款时，发包人往往有诸多理由逃避其责任，导致施工单位权益难以得到保证。同时，部分施工单位缺乏合同意思、证据意识，不懂得在合同履行期间收集保留发包人违约的证据材料，甚至反而随意借助停工等手段来对抗发包人的逾期付款行为，最终其诉求不仅难以得到法院等司法机构的支付，反而增加了自身违约的风险。

第五节　未按程序停工的风险

在建设工程领域，工程项目因种种原因往往存在工程停工的情形，如发包人违约、发包人未履行配合义务、发包人出现严重资信风险、甲供材延误、不可抗力、政府要求、第三人原因等，都可能导致工程停工。建筑施工企业在遇到这些情形时，应审慎评估是否达到施工合同约定的停工条件、是否具有停工的必要，如未按照施工合同约定的程序停工，可能存在法律风险。

一、法律合规风险点描述

1. 工程停工会增加人工费、材料费、机械设备费、管理费等项目成本，总承包人实际损失难以准确计算，且若发包人不认可，会导致总承包人难以向发包人索赔弥补经济损失。

2. 工程停工同样会导致分包单位成本增加，存在分包单位向总承人方索赔的风险。

3. 人工费、材料费、机械设备费用存在周期波动，工程停工导致工期延误，后续继续施工可能会遇到人工费、材料费、机械设备费用大幅上涨，若施工合同中约定人工费、材料费、机械设备费用不予调差或者调差约定不合理，会给总承包人造成重大经济损失。

二、法律合规风险防范措施

总承包人在遇到工程项目停工的情形时，为有效防范未按程序停工的法律风险，避免造成自身经济损失，应结合项目施工现场实际情况，采取如下措施：

1. 科学合理地编制施工组织设计和施工进度计划，充分考虑停工影响，尽量保证项目连续施工。

2. 应根据项目实际情况做好施工计划工作，包括项目整体施工计划、年度计划、月度计划和周计划，并报发包人和监理单位批准，通过计划管控项目整体施工，一旦出现非因总承包人原因导致项目停工，可以此向发包人主张工期顺延和费用补偿。

3. 存在停工情形时，总承包人应根据合同约定，全面分析是否达到合同约定的停工条件和是否有停工的必要。

4. 如系第三人或政府原因导致工程停工的，总承包人应要求发包人发出停工指令，明确工期延误责任，明确载明停工时间，并根据合同约定向发包人要求工期顺延和补偿费用。

5. 如系发包人原因导致停工的，总承包人应向监理单位和发包人书面报告停工申请，并说明停工理由、停工时间、机械人员安排、现场维护和停工造成的损失承担，还应载明发包人回复时间以及不回复的法律后果。在采用停工措施后，总承包人要及时向发包人发送停工通知并说明停工的理由和复工的条件，保证停工的合法性。

6. 工程停工后，总承包人应根据双方合同约定和市场交易惯例，向发包人索赔，主张停工损失及其他相应权利：一般损失包括工人工资、遣散工人费用、现场材料保管费、机械租赁费、管理人员费用、材料涨价费用等，并保留好相关的依据和材料。

7. 在工程停工后，工程继续施工的条件具备时，总承包人应书面要求发包人签发正式的工程联系单或恢复施工通知等文件，及时恢复施工。

8. 若非总承包人原因工程长期停工，总承包人可与发包人谈判协商新的计价条件或者解除合同，及时止损。

三、典型案例：停工维权需谨慎，依据充分方可为

【基本案情】

2013年9月12日，甲方发包人某开发公司与乙方承包人某建筑公司签订施工合同，

约定：甲方将君禧天地项目住宅区1号、2号、3号、4号挡墙工程发包给乙方施工。合同总工期为30天，如遇不可抗力以签证为准，工期相应顺延（具体开工日期以监理工程师书面通知为准）。合同价款2580万元。该合同通用条款第14.2条约定，因承包人原因不能按照协议书约定的竣工日期或工程师同意顺延的工期竣工的，承包人承担违约责任。第26.4条约定，发包人不按合同约定支付工程款（进度款），双方又未达成延期付款协议，导致施工无法进行，承包人可停止施工，由发包人承担违约责任。第35.2条约定承包人违约。当发生下列情况时：（1）本通用条款第14.2条提到的因承包人原因不能按照协议书约定的竣工日期或工程师同意顺延的工期竣工……发包人违约部分第44.2条约定，发生本通用条款第26.4条情况，停止施工超过56天，发包人仍不支付工程款（进度款），承包人有权解除合同。第44.4条约定，有下列情形之一的，发包人、承包人可以解除合同……（2）因一方违约（包括因发包人原因造成工程停建或缓建）致使合同无法履行。该合同专用条款第16.1条约定，本合同采用固定单价方式。第22.2条约定，本合同中关于承包人违约的具体责任如下：本合同通用条款第14.2条约定承包人违约应承担的违约责任：承包人应严格按照合同工期进行施工，按合同工期竣工，如不能按期完成，将给予每天一万元经济处罚。第28.2条约定履约保证金：签订施工合同3天内承包人向发包人提交承包总价的10%作为履约保证金。待挡墙工程完工验收合格15天内扣除违约金（如有）后退还。双方签订合同后不久，乙方进场施工。

2013年9月27日，乙方向甲方交纳了履约保证金250万元。

2014年6月13日，甲方与乙方签订《工程款抵扣履约保证金确认书》，该确认书载明：由乙方承建的重庆君禧天地28号～100号楼项目按照施工合同约定应该向甲方交纳812万元履约保证金。由于乙方至目前为止一直没有交纳，现经双方友好协商从甲方应付乙方工程（指道路、挡墙、售楼部以及零星工程）进度款中扣除812万元作为履约保证金。关于履约保证金的退还问题按施工合同相关约定不变。

2015年9月28日，安徽省高级人民法院（以下简称安徽省高院）裁定拍卖被执行人甲方与第三方名下的位于重庆市巴南区花溪工业园区92899m²的土地使用权及地面上的在建房产92210.10m²。2015年12月4日发布了拍卖公告。

2015年3月27日，乙方向重庆市第五中级人民法院（以下简称重庆市五中院）起诉请求甲方支付拖欠的工程进度款12445242元，并按照中国人民银行同期同类贷款利率支付从起诉之日至付清之日的违约金。重庆市五中院审理后作出民事判决，后甲方不服该判决，向重庆市高级人民法院（以下简称重庆市高院）上诉，重庆市高院于2016年6月28日作出民事判决。该终审判决认定甲方已付乙方工程进度款为2147万元，已经超过甲方应付的工程进度款，遂判决撤销重庆市五中院的民事判决，驳回了乙方的诉讼请求。

乙方与甲方确认2014年11月21日案涉挡墙工程正式停工。双方没有办理移交手续。

2018年6月10日，甲方与第三方公司签署《结算协议书》。该结算书载明，第三方公司于2014年12月完成约65%桩基工程，但因为甲方资金周转出现问题，该项目于2014年12月停工。双方于2016年4月对已完成桩基工程款进行结算。

关于乙方提出的解除双方签订的施工合同问题，乙方陈述：案涉工程2014年12月因甲方资金周转出现问题导致工程全面停工；该项目工程2014年12月被安徽省高院拍卖执行，甲方已构成根本违约；2018年5月讼争项目已经整体拍卖，双方合同因甲方原因无法继续履行，根据施工合同专用条款第 22.1 条、通用条款第 35.1 条和第 44 条约定解除双方合同；解除时间以法院判决之日解除。甲方在庭审中陈述，同意解除双方之间的合同，2016 年乙方在重庆市巴南区人民法院起诉时就已经向其提出解除合同，解除时间应以 2016 年 6 月 23 日为准，且对乙方提出的解除合同的原因不认同，引用的合同条款也不予认可。

审理中，乙方于 2018 年 10 月 8 日申请工程造价鉴定。一审法院委托鉴定后，鉴定机构提出因系未完工工程，缺乏签证资料，故应另行委托有资质的测绘单位进行现场勘验和测绘。一审法院通知乙方限期缴纳鉴定费用和提出建设工程测绘申请。乙方提出测绘申请后，并未缴纳鉴定费，同时告知一审法院，在此期间，该施工工程已被第三方炸毁，不能再进行现场勘验和测绘。一审法院于 2019 年 4 月 1 日再次开庭审理本案。庭审中，经核实，乙方施工的挡墙工程因被拍卖给第三方，第三方已进场施工，并将乙方施工的挡墙炸毁。因施工现状已不复存在，致使鉴定客观上不能进行，一审法院于 2019 年 4 月 1 日开庭后通知鉴定机构终止了鉴定活动。

关于乙方主张退还 250 万元履约保证金的问题。甲方在最后一次庭审中对收到 250 万元履约保证金没有异议，但认为其不应当退还履约保证金。根据施工合同约定，履约保证金在工程竣工验收后 15 日内扣除违约金后有剩余才退还。

一审法院另查明，甲方的经营范围包括房地产开发与经营；土石方工程等。乙方的经营范围包括建筑工程施工、铝合金加工等。

乙方向一审法院起诉请求：1. 请求判令解除双方签订的施工合同；2. 请求判令甲方支付乙方工程款约 2750 万元（以鉴定结果为准）；3. 请求判令甲方退还履约保证金 250 万元；4. 请求确认乙方对案涉工程折价或拍卖的价款在 3000 万元（以鉴定结果为准）内享有建设工程价款优先受偿权；5. 请求判令甲方支付乙方逾期支付工程款的资金占用损失，以工程款约 2750 万元（以鉴定结果为准）为基数，从 2018 年 2 月 7 日起以中国人民银行同期同类贷款利率计算至甲方付清全部应付工程款为止，利随本清；6. 本案的诉讼费用（包括但不限于案件受理费、财产保全费、公告费、执行费等）全部由甲方承担。

甲方向一审法院反诉请求：1. 请求判令乙方向甲方支付违约金 646 万元（违约金自乙方擅自停工之日即 2014 年 9 月 16 日起计算至乙方解除合同之日即 2016 年 6 月 23 日），之后按人民法院认定或乙方、甲方双方确定的工程款结算之日作为最终计算依据；2. 诉讼费用由乙方承担。

【裁判结果】

一审法院判决：解除甲方与乙方签订的施工合同；甲方于本判决生效后 10 日内退还乙方履约保证金 250 万元；驳回乙方的其他诉讼请求；驳回甲方的反诉请求。

二审法院判决：维持一审法院民事判决第一项；撤销一审法院民事判决第二项、第三项、第四项；驳回乙方的其他诉讼请求；驳回甲方的其他反诉请求。

【案例评析】

本案是一起因建筑施工企业未按法定条件和程序依法停工的典型案件。本案当中原告方的停工行为不符合施工合同约定的停工条件，也不符合不安抗辩权的行使规定，其停工理由均不能成立，故本案系原告因自身原因而自行停工，应当承担相应的违约责任。

第一，本案不具备施工合同约定的停工条件。施工合同通用条款第 26.4 条约定，发包人不按合同约定支付工程款（进度款），双方又未达成延期付款协议，导致施工无法进行，承包人可停止施工，由发包人承担违约责任。因乙方在二审中称案涉挡墙工程进度款的支付或者拖欠与案涉工程的停工没有关系，故乙方停工不符合该条约定。施工合同通用条款第 37.2 条约定：发生争议后，除非出现下列情况的，双方都应该继续履行合同，保持施工连续，保护好已完工程：（1）单方违约导致合同确已无法履行，双方协议停止施工；（2）调解要求停止施工，且为双方接受；（3）仲裁机构要求停止施工；（4）法院要求停止施工。本案中，乙方并未举示证据证明其就案涉挡墙工程停工符合该条规定的条件。综上所述，乙方对案涉挡墙工程停工的合同约定条件并未成就。

第二，乙方行使不安抗辩权不符合法律规定。《合同法》第六十八条规定："应当先履行债务的当事人，有确切证据证明对方有下列情形之一的，可以中止履行：（一）经营状况严重恶化；（二）转移财产、抽逃资金，以逃避债务；（三）丧失商业信誉；（四）有丧失或者可能丧失履行债务能力的其他情形。当事人没有确切证据中止履行的，应当承担违约责任。"[1] 第六十九条规定："当事人依照本法第六十八条的规定中止履行的，应当及时通知对方。对方提供适当担保时，应当恢复履行。中止履行后，对方在合理期限内未恢复履行能力并且未提供适当担保的，中止履行的一方可以解除合同。"[2] 本案中，乙方称其停工原因是案涉工程在政府主持下开协调会，甲方没有付款，乙方就停工了。但乙方并未举证证明其给甲方发函告知其将停工并要求甲方说明公司经营状况等情况或提供相应担保，加之乙方在二审中称案涉挡墙工程进度款的支付或者拖欠与案涉工程的停工没有关系，可以认定乙方径行停工的行为不符合行使不安抗辩权的规定。

第三，乙方陈述的停工理由均不能成立。首先，乙方陈述其对案涉挡墙工程停工的理由之一是甲方资金出现问题，其证据是案涉《结算协议书》明确载明因甲方资金周转出现问题，该项目于 2014 年 12 月停工。但如前所述，乙方在二审中称案涉挡墙工程进度款的支付或者拖欠与案涉工程的停工没有关系，故乙方的该项停工理由不能成立。其次，乙方陈述案涉挡墙工程的停工理由之二是因安徽省高院在 2014 年 12 月 1 日查封了案涉君禧天地项目 520 号地块及其上的建筑物，说明甲方资金周转困难，故其可以行使不安抗辩权而停工。但因乙方在二审中称案涉挡墙工程进度款的支付或者拖欠与案涉工程的停工没有关系，案涉挡墙工程也不在案涉 520 号地块上，故法院查封案涉 520 号地块与案涉挡墙工程停工没有必然关联，故乙方的该项停工理由也不能成立。最后，乙方陈述案涉挡墙工程的停工理由之三是案涉君禧天地项目在 2015 年 1 月由巴南区政府就停工后续事宜组织召开协调会，甲方未按照形成的会议纪要支付君禧天地项目其他工程的工程款，也说明甲方资金周转困难。但乙方在二审中称案涉挡墙工程进度款的支付或者拖欠与案涉工程的停工没有关系，故甲方没有按照政府会议纪要支付君禧天地项目其他工程的工程款与案涉挡墙工程停工没有必然关联，其该项停工理由也不能成立。

因此，建筑施工企业在遇到需要停工的情形时，为保护自身合法权益，建筑施工企业应根据合同约定，全面分析是否达到合同约定的停工条件和是否有停工的必要。

---

[1] 参见《民法典》第五百二十七条规定。
[2] 参见《民法典》第五百二十八条规定。

第六节 施工设计图纸缺陷的风险

工程建设的质量事关民众的人身财产安全,施工设计是工程质量优劣的重要一环,工程设计单位的设计成果直接影响甚至决定了工程的质量。施工设计图纸如果存在缺陷,将可能带来一系列风险。

一、法律合规风险点描述

1. 设计图纸缺陷,可能导致工程质量存在重大安全隐患或风险,导致建设工程不满足使用要求等一系列问题。

2. 因设计缺陷导致工程返修、工期延误的,施工总承包单位或要先行垫付工程返修的资金、工期延误导致的停窝工损失等。如果是EPC项目,施工总承包单位与设计单位作为联合体,施工总承包单位也可能面临业主索赔的风险。

3. 施工总承包单位在施工过程中发现设计文件和图纸有差错的,未按规定及时提出意见、建议的,也面临承担赔偿责任的风险。

根据《建设工程质量管理条例》第二十八条的规定,施工单位必须按照工程设计图纸和施工技术标准施工,不得擅自修改工程设计,不得偷工减料。施工单位在施工过程中发现设计文件和图纸有差错的,应当及时提出意见和建议。因此施工单位发现图纸存在缺陷的,即便不能直接修改图纸的缺陷,也不能放任不管,否则面临因此承担赔偿责任的风险。

二、法律合规风险防范措施

作为总承包单位,应当尽量避免因设计缺陷而给自己造成损失的风险。

1. 尽到合理的审图和注意义务,总承包单位具有专业的施工管理能力,在按图施工时,应当对图纸的设计内容进行审查,在发现施工设计图纸存在重大明显缺陷时,应当停止施工,并及时将相关问题发送联系单给设计单位,同时抄送建设单位;如若建设单位未能积极处理的,则应再次发送书面函件,并注意应有建设单位授权代表签收或保存邮寄凭证。

2. 工期延误或经济损失,施工总承包单位应按照合同约定及时向相关责任单位提出索赔要求。

3. 在合同中明确约定因设计缺陷导致工程质量问题及经济损失的索赔和追偿条款。

三、典型案例:工程质量有缺陷,各方责任要划清

【基本案情】

2011年8月20日,倪氏公司与威建公司签订《建设工程施工合同》,约定由威建公司承建倪氏公司开发的位于威海市文登区抱龙河以南、义乌市场的万利城项目4号楼,建筑面积4843m^2,总工程价款4000万元,合同同时约定因承包人原因工程质量达不到约定的质量标准,承包人承担违约责任。合同签订后,威建公司于2011年9月进行施工,2012

年 4 月 28 日案涉工程地基和基础工程验收合格，2012 年 7 月该工程主体竣工并于 2012 年工程主体结构验收合格，2012 年 8 月地下室防水底板出现开裂、渗漏、隆起现象，并存在地下室积水。后威建公司于 2013 年 5 月进行加固施工，2013 年 11 月再次出现防水底板开裂、隆起现象，部分框架柱底底板开裂，同时伴有大量地下水涌出。2018 年 9 月，倪氏公司提起诉讼，要求威建公司及深圳建筑设计公司、利丰公司赔偿其文登万利城 4 号楼租金损失 58845800.97 元及该楼地下室防水加固维修造价费 65593255.56 元，合计 124439056.53 元。

【裁判结果】

一审法院认为，第一，利丰公司及威海地质勘察院作为案涉工程的联合勘察单位，所提供的关键和基础文件——岩土勘察报告存在对水位变化、补排关系、给水排水要求等关键内容的失察失判，应对案涉工程出现的质量问题承担主要责任。第二，山东建筑工程司法鉴定中心出具的鉴定意见明确，施工单位存在部分框架柱基础附近未连续浇筑且存在施工冷缝、防水底板厚度偏小、部分底板存在南北方向裂缝且裂缝沿板厚贯通至板底等不符合现行国家标准《地下防水工程质量验收规范》GB 50208 的情形，存在依上述规范防水混凝土结构厚度小于 250mm 的施工偏差以及地下室外墙及顶板存在多处渗漏现象等不符合现行国家标准《混凝土结构工程施工质量验收规范》GB 50204 的情形，还存在施工养护未按规范进行造成柔性防水破坏的工地管理、防水措施不到位的情形，故威建公司作为施工主体，对上述违反施工质量验收及施工组织规范的后果负有不可推卸的责任。第三，深圳建筑设计公司系按照倪氏公司提供的岩土勘察报告等设计依据进行设计，委托方对提供的岩土勘察报告等设计资料的正确性负责，深圳建筑设计公司对岩土勘察报告等资料存在的上述问题没有专业技能和审查义务，对案涉地表水与地下水的补排关系以及对地下水位影响的判断和认定亦系勘察方而非设计方的责任；深圳建筑设计公司诉讼中提交的《结构专业地下室底板设计图纸》与《建筑专业地下室底板做法说明》，可证实其防水混凝土结构设计厚度为 250mm，地下室底板结构设计厚度达到 510mm 的规范要求，相关施工设计方案已通过倪氏公司竣工验收。现有事实和证据不能认定深圳建筑设计公司对案涉工程的质量问题存在设计缺陷和责任，故不应承担侵权赔偿责任。第四，倪氏公司作为工程建设方，在 2012 年 8 月和 11 月两次发现案涉工程出现质量问题，期间还曾组织维修，但直至本案诉讼时已长达七八年之久，期间未能尽到止损和减损义务，对案涉工程质量问题的加重和损失的进一步扩大负有过错；案涉工程地下室土方的回填和压实系倪氏公司负责和组织施工，其回填土及压实度是否符合设计要求，倪氏公司未提供证据证实，不能排除因未按照设计要求的材料回填和达到设计的压实系数导致案涉工程出现质量问题的可能。至此，倪氏公司亦应按其过错程度自担相应责任。因此，一审法院认定案涉工程地质勘察单位承担 50% 的责任，施工单位承担 25% 的责任，建设单位即倪氏公司自行承担 25% 的责任为宜，鉴于利丰公司与威海地质勘察院联合勘察导致诉争工程的质量问题，而威海地质勘察院与倪氏公司签订有仲裁协议，故本案认定利丰公司承担 25% 的责任。倪氏公司诉请各方共同承担赔偿责任及要求深圳建筑设计公司承担侵权赔偿责任，缺乏事实和法律依据，不予支持。此外，一审法院还判决威建公司、利丰公司应分别赔偿倪氏公司案涉工程加固维修费用 16398313.89 元，部分租金损失 911569.81 元。

倪氏公司、威建公司、利丰公司不服一审判决，向山东省高级人民法院（以下简称山东省高院）提起上诉。

山东省高院认为，深圳建筑设计公司以勘察单位出具的勘察报告为据，抗辩因案涉场地未见地下水，故无须对案涉工程地下室进行抗浮设计的理由并不充分。第一，根据检验报告，发生工程质量问题的主要原因是勘察单位未提供地下水变化幅度及建议值。虽然在此情况下尚无强制性规范要求必须进行抗浮设计，但深圳建筑设计公司作为专业的设计机构，其履行合同不仅应当符合国家法律、法规，符合工程行业的标准和规范，还应当秉持专业的精神，最大限度地尽到专业机构的注意义务，提供合理可使用的设计方案，保证工程按照设计方案施工后能够正常投入使用。第二，勘察报告指出案涉工程地处丘陵地区，深圳建筑设计公司在设计案涉工程时未考虑地表水大量渗入及进行相应的抗浮设计，其以谷歌地图照片显示附近丘陵已经平整为由不予考虑地面水因素，未尽到专业机构的合理注意义务。第三，勘察报告记载的勘察范围长214m、宽36.5m，但设计方案长210m、宽78m，设计面积远超勘察面积。在此情况下，深圳建筑设计公司没有建议勘察单位进行补充勘察或作出明确说明，未尽到合理的注意义务。因此，本案工程抗浮设计上存在疏漏，且该疏漏与工程受损之间存在因果关系，故深圳建筑设计公司应当承担相应的责任。考虑到抗浮设计上存在遗漏主要是由于勘察报告缺失相关记载，故深圳建筑设计公司承担10%的赔偿责任为宜。

检测报告认为，部分框架柱基础附近未连续浇筑，存在施工冷缝，地下室外墙及顶板存在多处渗漏现象，威建公司存在未按设计图纸和施工技术标准施工的情形，即存在施工瑕疵。据此，虽然案涉工程已完成验收手续，但检测意见表明威建公司存在施工瑕疵，且该瑕疵与工程质量存在一定的因果关系，故威建公司仍应承担相应责任。考虑到施工瑕疵并非造成本案工程质量问题的主要原因，威建公司承担10%的赔偿责任为宜。

【案例评析】

本案中，造成工程质量缺陷的原因是多方面的，既有勘察单位、设计单位的原因，也有施工单位的原因，还有建设单位自身对于损失扩大的原因，合理界定各方所应承担的侵权责任，是本案的核心。无论是一审还是二审法院，都根据各方当事人对导致诉争工程质量问题的原因、本案实际情况，并结合公平原则，对各方应当承担的责任进行了较为合理的划分。

对于施工单位而言，在施工过程中，应当尽到足够的管理注意义务。如果发现部分分包单位存在偷工减料、未严格按照设计施工的情形，应当及时予以制止并进行补救。此外，施工单位作为项目建设的专业管理团队，具有足够的专业能力，应当有能力发现设计中存在的比较明显的隐患和不合理之处。一旦发现，应当及时停止施工，并向业主和设计单位提出，避免因自身疏忽导致承担质量责任和损失赔偿责任。

第七节　未按约定配备项目管理人员的风险

项目管理人员的合理配备是做好一个工程项目的基础，项目施工单位应当按照标准规范、招标文件要求、施工需要等多方面因素综合考量后，合理配备项目管理人员。但在实际项目管理中，往往存在项目管理人员配备不足、配备人员不满足相关资质要求、部分项目管理人员不在岗等情形,将可能带来一系列风险。

一、法律合规风险点描述

1. 未按合同约定配备项目管理人员,发包人要求承包人按照合同约定承担违约责任的风险。

2. 建设行政主管部门对项目管理人员配备不到位的情况进行行政处罚的风险。

3. 项目管理人员配备不足、人员资质或能力不足或配备人员未在项目履职等,导致项目管理缺位,出现进度滞后、质量缺陷、安全事故等情形,可能需要承担违约责任。

二、法律合规风险防范措施

一是严格根据项目管理人员的配备标准规范和招标文件的要求,按照项目施工管理的需要配备项目管理人员。

二是配备的相关管理人员均具有相应管理资质,如项目经理有相应建造师证,安全管理人员有安全管理资格,配备的其他管理人员具有相应岗位资质等。

三是保证配备的项目管理人员在项目建设管理过程中在岗履职。

三、典型案例:项目管理要到位,管理缺位要担责

【基本案情】

2021 年 5 月 29 日,大庆市某医院(发包人)与鑫兴公司(承包人)签订了关于大庆市某医院感染性疾病楼建设工程项目的建设工程施工合同,工程项目资金来源为抗疫特别国债、地方政府专项债券资金和医院自筹。合同约定了以下内容:关于工期,计划开工日期 2021 年 5 月 30 日,竣工日期 2021 年 12 月 31 日,工期总日历天数 215 天,工期总日历天数与根据前述计划开、竣工日期计算的工期天数不一致的,以工期总日历天数为准。合同价格采取固定单价,签约合同价 31665687.45 元。因承包人原因导致工期延误的,逾期竣工违约金的计算方法为每逾期一日,按合同价款的 3‰向发包人支付违约金,违约金的上限为合同价款的 5%。承包人支付逾期竣工违约金后,不免除承包人继续完成工程及修补缺陷的义务。关于项目管理人员,承包人项目经理是肖某,项目经理应常驻施工现场,且每月在施工现场时间不得少于 28 天。项目经理确需离开施工现场时,应事先通知监理人,并取得发包人的书面同意。承包人擅自更换主要施工管理人员的每人/次交纳违约金 10000 元,擅自更换累计 3 人/次,发包人将终止合同,承包人除被没收履约保证金外,发包人不支付任何费用,承包人还应赔偿合同价 10%的违约金。承包人主要施工管理人员擅自离开施工现场的,发包人将对项目管理部人员进行定期或不定期抽查,抽查时如发现擅离职守的项目管理部人员达到 3 人/次,承包人人员缺席发包人或全过程工程执行机构通知其参加的会议达到 3 次,不响应协同管理平台维护要求达到 3 次,不积极配合 BIM 技术应用达到 3 次,发包人将终止合同,承包人除被没收履约保证金外,发包人不支付任何费用,承包人还应赔偿合同价 10%的违约金。关于承包人违约约定,因承包人原因导致工程质量不符合合同要求的;承包人未能按施工进度计划及时完成合同约定的工作,造成工期延误的,监理人可向承包人发出整改通知,要求其在指定的期限内改正。承包人应承担

因其违约行为而增加的费用和（或）延误的工期。关于付款周期约定，按工程形象进度拨付工程款，每次需按发包人、监理人确认的已完成合格工程量的80%支付，竣工验收合格后付至工程总价款的80%，承包人同时出具发票。工程结算审计完后付至97%，预留3%质量保证金，质量保证金在缺陷责任期满后无质量问题无息返还（最终合同价款以工程竣工结算审计结果为准）。关于施工项目部约定，承包人组建的施工项目部成员包括项目经理、技术负责人、技术员、施工员、质检员、安全员等均与中标承诺的人员不相符的，发包人有权解除合同；承包人承担违约责任，向发包人支付合同价款20%的违约金。

法院经审理查明以下事实：

鑫兴公司项目班子成员均未在项目现场，未对项目工程进行管理。案涉工程于2021年6月26日符合施工条件，大庆市住房和城乡建设局下发建筑工程施工许可证，准予施工。2021年8月24日，大庆市住房和城乡建设局就案涉工程施工单位中标人员均未在施工现场、未对项目进行组织管理以及施工单位项目经理肖某某在省平台虚假考勤打卡、6个项目班子人员均未在省平台考勤打卡、项目经理肖某某未对项目进行组织管理、施工现场由郭某实际负责管理等问题向鑫兴公司下发限期整改通知书，责令鑫兴公司于2021年8月31日前将整改情况报市住房和城乡建设局建筑管理办公室。

工程施工质量不合格，存在质量缺陷。2021年12月28日，监理单位大庆建设监理有限公司就市质监站主体结构验收中提出的问题向鑫兴公司发出监理通知，要求鑫兴公司立即停止后续工程施工，将存在的问题整改完成，验收合格后方可进行后续施工。2022年2月18日，监理单位大庆建设监理有限公司就案涉工程二层框架柱强度未达到设计要求责令鑫兴公司委托有资质的检测单位对框架柱进行全数混凝土强度回弹检测，确定未达到设计要求的框架柱数量后进行加固补强，此项工作未完成前不允许进行后续施工。2022年3月4日，政府主管部门向鑫兴公司下发安全隐患停工整改通知书，因案涉工程存在施工用电混乱、无专人管理等安全生产隐患，责令鑫兴公司暂时停止一楼、二楼及室外的施工，并立即进行整改。施工单位负责人郭某签收。2022年3月7日，监理单位大庆建设监理有限公司就案涉工程二层框架结构柱混凝土结构强度结构实体检测达不到设计要求强度C30向鑫兴公司发出工程暂停令，暂停案涉工程除结构补强外的各工序施工。

因项目人员配备不足、工程建设质量缺陷等问题，大庆市某医院行使合同解除的权利，解除双方的施工合同。2022年3月22日，大庆市某医院就案涉工程施工现场项目管理班子成员配备严重不足、工期严重滞后、二层混凝土框架柱存在不能满足设计强度要求等问题向鑫兴公司发出关于案涉工程施工问题处理通告，责令足额配备中标项目管理人员、上报工期延误原因分析，将二层混凝土框架柱的检测报告和质量鉴定报告上报建设单位，按照规定工程建设程序规范施工等。鑫兴公司法定代表人刘某接收签字。2022年3月30日，针对鑫兴公司在案涉工程中存在多次严重违约情况，严重影响了项目的进展和竣工，大庆市某医院向鑫兴公司发出解除合同通知书，自通知之日起，解除大庆市某医院与鑫兴公司于2021年5月29日签订的建设工程施工合同及补充协议，并要求鑫兴公司在2022年4月6日前指派项目负责人或其他负责人专门进行建设工程施工合同解除的项目交接工作，监理单位见证已送达，鑫兴公司法定代表人刘某接收签字。

截至2022年1月30日，经施工单位、监理单位、建设单位以及项目管理公司签字盖章确认的工程付款审批表记载，2022年1月进度结算建筑安装工程费1800015.57元，大庆市某医院已按合同约定支付该工程费的80%,即1440012.46元。案涉工程已完成工程量为38.4%,已支付工程款1131.92万元,累计付款占比35.7%。

【裁判结果】

法院认为,根据2021年8月4日大庆市住房和城乡建设局下发的限期整改通知书记载,案涉工程施工单位中标人员均未在施工现场、未对项目进行组织管理;施工单位项目经理肖某某在省平台虚假考勤打卡,其余6个项目班子人员均未在省平台考勤打卡;项目经理肖某某未对项目进行组织管理,施工现场由郭某实际负责管理等问题;在2022年3月22日大庆市某医院与黑龙江建审工程项目管理有限公司向鑫兴公司下发的关于案涉工程施工问题处理通告记载,施工现场存在项目管理班子成员配备不足、项目管理团队人员自项目开工以来截至目前均不在施工现场问题;建设单位、管理单位、监理单位、承包单位在2022年1月14日、2022年2月18日及2022年3月8日就共同解决施工现场需要建设单位协调问题以及总结施工现场存在问题召开会议,合同约定的鑫兴公司项目经理肖某某未参加会议。上述证据无法证明承包人鑫兴公司擅自更换主要施工管理人员以及不响应协同管理平台维护要求达到3次,同时,上述三次会议上虽然肖某某未参加会议,但记载承包单位有郭某某、李某某等参加会议,仅能证明在发包人对项目管理部人员进行抽查时,发现项目管理团队人员不在施工现场问题。鑫兴公司未出庭应诉,未举证证明就其公司项目管理团队人员不在施工现场问题系经过发包单位同意,故根据合同第三部分专用合同条款第3.3.5条承包人主要施工管理人员擅自离开施工现场违约责任:承包人主要施工管理人员擅自离开施工现场的发包人将对项目管理部人员进行定期或不定期抽查,抽查时如发现擅离职守的项目管理部人员达到3人/次,发包人将终止合同,承包人除被没收履约保证金外,发包人不支付任何费用,承包人还应赔偿合同价10%违约金的约定,因大庆市某医院在发现鑫兴公司存在上述问题后未及时终止合同,导致损失扩大,其自身存在一定过错,故鑫兴公司应酌情赔偿大庆市某医院违约金。

关于案涉工程工期是否延误以及应否支付违约金问题,法院认为案涉工程虽然未竣工,未进行最终结算。但截至2022年1月30日,经施工单位、监理单位、建设单位以及项目管理公司签字盖章确认,案涉工程已完成工程量为38.4%,已支付工程款1131.92万元,累计付款占比35.7%,根据合同约定,按工程形象进度拨付工程款,每次需按发包人、监理人确认的已完成合格工程量的80%支付,大庆市某医院付款比例已超出完成工程款约定的付款比例30.7%(38.4%×80%),大庆市某医院已按约定履行了付款义务。而双方约定案涉工程计划开工日期2021年5月30日,竣工日期2021年12月31日,工期总日历天数215天,工期总日历天数与根据前述计划开、竣工日期计算的工期天数不一致的,以工期总日历天数为准。案涉工程于2021年6月26日符合施工条件,合同约定总工期215天,故工期应顺延至2022年1月27日,至2022年1月30日案涉工程已完成总工程进度38.4%,至2022年3月30日大庆市某医院通知鑫兴公司解除合同时,案涉工程已延期62天,且工程未竣工,鑫兴公司未出庭应诉,未举证证明其公司在合同约定期限内向发包人或监理人申请过工期顺延,亦未提出其他合理抗辩理由,故应视为案涉工程工期不顺延,故大庆市某医院诉讼至本院要求鑫兴公司承担违约责任。根据合同约定,因承包人原因造成工期延误,逾期竣工违约金的计算方法为每逾期一日,按合同价款的3‰向发包人支付违约金,以此标准计算,鑫兴公司应向大庆市某医院支付违约金 5889817.87 元(31665687.45 元×3‰×62 天),但双方合同约定了违约金的上限为合同价款的 5%,鑫兴公司应向大庆市某医院支付违约金 1583284.37 元(31665687.45 元×5%),故对大庆市某医院主张要求鑫兴公司支付工期延误违约金 1583284.35 元的诉讼请求予以支持。

法院判决:鑫兴公司于本判决生效之日起 10 日内支付大庆市某医院违约金 2374926.54 元;驳回大庆市某医院的其他诉讼请求。

【案例评析】

在本案中,鑫兴公司在项目建设过程中,项目管理人员未履职,导致工程施工进度严重滞后,截至 215 个日历天的工期结束,整体施工才完成 38.4%,且工程质量存在缺陷,项目现场管理混乱,大庆市某医院作为业主,因此解除了与鑫兴公司的合同,并追究其工期违约责任,项目人员未按合同约定配备,且配备人员未严格履职的违约责任,鑫兴公司因此承受了巨大的损失。

作为施工单位,应当以此为鉴,一是应按照工程招标投标文件(合同)约定,配备与工程项目规模和技术难度相适应的、满足质量安全管理需要的工程项目管理人员;二是加强对施工现场项目部管理人员到岗、履职情况的管理,定期进行检查考核,避免不按设计施工、工程质量出现瑕疵,避免工期进度滞后,以免被追究违约责任从而给单位造成损失。

第八节　项目经理滥用职权的风险

项目经理是指受企业委托,对工程项目施工过程全面负责的管理者,是施工单位在工程项目管理过程中的代理人,项目经理在整个工程建设过程中处于中心地位,对工程项目负有全面管理的责任。项目经理滥用职权的,将可能给企业带来重大风险。

一、法律合规风险点描述

1. 利用职务之便,侵占公司资产的风险。项目部印章、项目经理签字具有法律效力。在公司管理失控的情况下,项目经理可能采取签订虚假合同套取公司资金、侵占公司资产。

2. 工程质量、安全、进度、成本等管理不到位的风险。项目经理滥用职权的,必然在项目管理过程中存在管理问题或管理漏洞,对工程质量、安全、进度、成本等方面管控不到位。

3. 对外签订损害公司利益文件的风险。如为分包单位签订虚假工程量、虚假签证等,为分包单位牟取非法利益。

4. 利用其项目管理人的地位,进行受贿。项目经理在材料供应商的选用、分包单位的选择、项目资金的使用和分配方面具有决定性作用,因此容易诱发行贿受贿,损害施工单位利益。

二、法律合规风险防范措施

1. 审慎选任项目经理。项目经理作为建筑施工企业在工程项目管理上的委托代理人,是决定项目成败的关键。在项目经理选择环节,一是通过经验、能力、技术和管理能力等专业素质方面的考评择优选任；二是应从为人品质、诚信等级、个人履历、同行评价等多方面进行考察，尽量选择拥有良好信用记录的项目经理；三是建筑施工企业应当综合人力资源、法务、经营等部门和总经理的各方意见，全面评选适格的项目经理。

2. 加强印章管理。项目经理的职权很大程度上通过项目印章对外行使权利，规范用印制度，明确项目部公章的使用范围及效力，同时明确项目部章的使用负责人，对相关印章的每一次使用均需要备案登记，写明使用时间、事由，并留存备份。另外发现有私刻、伪造的印章，应立即销毁并向公安机关报案，同时对有关关联方书面发函告知，以防印章对外使用构成表见代理。

3. 加强财务管理。所有往来资金均须汇入公司账户，保证公司对资金的管控；所有资金的汇出、支付均需从公司账户统一支付，由公司财会人员进行审核把关；工程款、材料款和设备租赁等款项均由建筑施工企业直接支付给供应商，将财务管理的管控延伸到款项支付的各个审核环节中。

4. 加强选择分包商、供应商流程的规范性、透明性，降低项目经理在选择分包商、供应商时的影响力，避免出现行贿、受贿情况，保证优质分包商、供应商中标项目。

5. 加强合同审核管理。在施工承包合同中合理限定项目经理的职权范围。第一，合同中明确约定项目经理的职权范围和期限，并将授权范围和期限对外公告、公示或者函告发包人、分包人及材料供应商。第二，合同中明确排除项目经理不能为的事项，如对外借款或提供担保、重大材料及设备采购（租赁）、合同变更、接受发包方付款等。第三，建筑施工企业明确指定项目经理，应以维护建筑施工企业利益为重，在工程项目施工中应恪守勤勉尽职义务。第四，项目经理未经书面授权以自己的名义进行的对外行为，不构成职务行为或者表见代理，建筑施工企业对此不承担任何责任。同时，通过合同审核，保证合同条款公平公正、采购合同价格合理，避免出现以不合理高价采购的情形，分包合同应避免出现工程单价过高的情况。

6. 加强项目监管。通过定期的审计监督、项目巡检等方式，及时预防、发现并制止项目经理的不当或者违法行为。

7. 加强对项目经理的法治教育，提高项目经理的法治意识，增强其法治观念，尤其是应加强预防刑事犯罪方面的法律培训，让项目经理了解违法犯罪行为可能对其造成的严重后果，使项目经理严守法律红线，规范其行为。

三、典型案例：项目经理慎用权，肆意妄为惹祸端

【基本案情】

2014 年，中建新疆四分公司、中建三局联合承包了"巴中凯莱国际社区"建设工程项目，蔡某系中建新疆四分公司授权的该工程项目的项目经理。2015 年 9 月 27 日，中建新疆四分公司（以下简称甲方）与绵阳泽四达（以下简称乙方）签订了《巴中凯莱国际项目二次结构及装修施工劳务分包合同》，合同约定：甲方将巴中凯莱国际社区一期项目的二次结构及装修（暂不含 5 号楼及扩大地下室以外全部工作）劳务工程分包给乙方施工，总包方中建新疆四分公司的授权负责人蔡某签字并加盖了中建新疆四分公司印章，分包方绵阳泽四达代表鲁某签字，加盖了法人代表梁某印章及绵阳泽四达印章。合同签订后，鲁

某进场施工。2016年6月12日，中建三局（以下简称甲方）与绵阳泽四达（以下简称乙方）签订了《巴中凯莱国际社区项目二次结构及粗装修工程劳务分包合同》约定：甲方将巴中凯莱国际社区项目的1号、2号、3号、4号楼二次结构及粗装修劳务工程进行分包。甲方中建三局加盖了印章，乙方绵阳泽四达加盖了印章，鲁某作为乙方代表签字。2016年6月17日，中建三局与四川子鹰工程技术有限公司（以下简称四川子鹰）签订了《建设工程劳务分包合同》约定：分包工程承包范围：巴中凯莱国际社区一期1号、2号、3号、4号楼保温工程。合同金额暂定人民币414.06万元等，其承包人中建三局加盖了印章，分包人四川子鹰加盖了印章，鲁某以四川子鹰委托代理人身份签字。

一审法院同时认定，鲁某因"巴中凯莱国际"项目工程挂靠在绵阳泽四达，绵阳泽四达给鲁某出具了授权委托书，同时，鲁某又挂靠在四川子鹰对案涉工程施工，四川子鹰给鲁某出具了授权委托书。2016年8月7日，绵阳泽四达、四川子鹰完成产值计算单，共计费用8175524.76元。该计算单上盖有中建三局巴中凯莱国际社区工程项目部印章，蔡某、鲁某签字。该产值结算单，鲁某、中建新疆四分公司、中建三局均认可其真实性，对其结算数额亦无异，且该款项均已付清。

2016年8月8日，蔡某给鲁某出具欠条一张："因本公司与中建三局巴中凯莱国际社区一期项目部合作原因，商定绵阳泽四达建筑劳务公司清退出本项目部，配合我公司的工作。我公司给予绵阳泽四达劳务退场补偿费用共计178万元，与绵阳泽四达劳务共同达成一致，按回收工程款逐次支付结清，双方此据。"蔡某签字，并加盖了中建新疆四分公司成都工程经理部印章。2016年8月17日，蔡某出具欠条一张："我公司欠绵阳泽四达劳务款870000元，按回收款逐次支付结清。"蔡某签字，并加盖了中建新疆四分公司成都工程经理部印章。一审审理中，鲁某陈述，起诉后，中建新疆四分公司支付鲁某30万元，尚欠57万元未付。2016年8月19日蔡某出具欠条一张："由我公司与中建三局成都分公司合作中的失误造成巴中凯莱国际社区一期项目部绵阳泽四达劳务费增加820000元，由此增加的劳务费由我公司认可并承担，由绵阳泽四达鲁某、王某已垫付，按此项目进度付款逐次支付绵阳泽四达鲁某、王某。特此为据，原件有效。"蔡某签字，并加盖了中建新疆四分公司成都工程经理部印章。二审法院判决中建新疆四分公司向绵阳泽四达支付317万元，并已全部执行完毕。

2017年，蔡某被新疆维吾尔自治区乌鲁木齐市新市区人民检察院以涉嫌伪造、变造、买卖国家机关公文、证件、印章罪依法逮捕，该案已移送至四川省成都市金牛区公安局。中建新疆四分公司提供"中建新疆建工（集团）有限公司第四建筑分公司"印章已于2015年7月15日销毁，证明蔡某利用已经销毁的印章对外签订合同。

【裁判结果】

本案历经一审、二审、再审，再审法院认为：一、关于鲁某诉讼主体资格问题。在"巴中凯莱国际"项目中，签订合同的主体虽然是绵阳泽四达、四川子鹰与中建新疆四分公司、中建三局，但通过一审、二审查明的情况，鲁某不是绵阳泽四达、四川子鹰的工作人员，其通过借用绵阳泽四达、四川子鹰的资质承揽案涉项目工程，鲁某与绵阳泽四达均认可鲁某在案涉项目上自筹资金、自行组织施工、自主经营、自负盈亏，绵阳泽四达只收取管理费，不参与工程施工、管理，不承担工程技术、质量和经济责任。由此可见，本案中，鲁某系该项目的实际施工人，其具有诉讼主体资格。二、关于蔡某的行为是否系履行职务的行为问题。经查明，2014年5月4日，中建新疆四分公司出具《授权委托书》授权中建新疆四分公司成都工程经理部及成都工程经理部经理蔡某全面履行中建新疆四分公司与中建三局签订的关于巴中市项目的协议或合同中约定的有关权利和义务，蔡某有权处理协议或合同中约定的有关事宜。完全有理由认为，蔡某与其签订合同系履行中建新疆四分公司与中建三局合同中约定的义务。同时结合蔡某提供中建新疆四分公司的保证金账户，要求鲁某交纳保证金的事实，可以认定蔡某的行为是代表中建新疆四分公司履行职务行为，其行为后果应由中建新疆四分公司承担责任。三、关于案涉工程劳务费57万元、退场补偿费用178万元、增加劳务费82万元，共计317万元是否应当由中建新疆四分公司支付的问题。根据新疆维吾尔自治区克拉玛依市中级人民法院刑事裁定书和新疆维吾尔自治区克拉玛依市克拉玛依区人民法院刑事判决书认定的事实，上述三张欠条是蔡某明知中建三局与绵阳泽四达已完成工程款结算，且未实际发生工程量的情况下，超越职权，以中建新疆四分公司名义向绵阳泽四达出具的，其行为构成国有公司人员滥用职权罪，故鲁某要求中建新疆四分公司支付上述三张欠条中的317万元无事实和法律依据，法院不予支持。综上所述，法院最终判决驳回了鲁某的诉讼请求。

【案例评析】

本案中总包人的授权委托人蔡某滥用职权，利用其项目经理身份，伪造印章，给分包单位和实际施工人鲁某签下三张欠条共计317万元，二审判决认定该协议系双方真实意思表示，予以支持，判决生效后，已经执行完毕，给总包人造成了巨大损失。本案经过再审，法院纠正了判决结果，挽回了损失。本案足以给所有总包人敲响警钟，项目经理的权利如果不加以限制，很容易导致权利滥用。项目经理以施工单位名义实施的民事行为可能构成职务行为、表见代理。如项目经理实施的行为构成职务行为或表见代理，则其行为对应的权利与义务由施工单位享有和负担，项目经理滥用职权的行为及其后果将可能给公司造成巨大损失。

建立健全项目经理监管制度，落实项目经理负责制，项目重大事项决策应由项目经理、公司主管部门、主管领导逐层把关，尤其是对合同审查、印章使用和项目经理的任命、授权范围等均应做好严格控制，有条件的还应对外公示。

第九节 安全事故的风险

生产安全事故是指生产经营单位在生产经营活动中突然发生的，伤害人身安全和健康，或者损坏设备设施，或者造成经济损失的，导致原生产经营活动暂时中止或永远终止的意外事件。作为建设工程施工单位，安全管理是重中之重，安全事故的发生，将导致很多风险，严重的可能影响公司的生产和经营。

一、法律合规风险点描述

1. 经济损失的风险

一旦发生安全事故，现场人员伤亡涉及的赔偿、物资以及机械设备的损害、工程本身的损害以及修复的费用等都会给施工单位带来巨额的经济损失。此外,发生安全事故还会被当地行政主管部门处以罚款。《中华人民共和国安全生产法》第一百零九条规定:发生生产安全事故,对负有责任的生产经营单位除要求其依法承担相应的赔偿等责任外,由安全生产监督管理部门依照下列规定处以罚款:(一)发生一般事故的,处二十万元以上五十万元以下的罚款;(二)发生较大事故的,处五十万元以上一百万元以下的罚款;(三)发生重大事故的,处一百万元以上五百万元以下的罚款;(四)发生特别重大事故的,处五百万元以上一千万元以下的罚款;情节特别严重的,处一千万元以上二千万元以下的罚款。

发生安全事故,涉事企业会被行政主管部门勒令停工整改,由此造成工期延误,现场人员停工、窝工等经济损失。《建筑施工企业安全生产许可证动态监管暂行办法》(建质〔2008〕121号)第十八条规定:"发生问题或事故的工程项目停工整改,经工程所在地有关建设主管部门核查合格后方可继续施工。"

2. 限制投标的风险

发生安全事故后,涉事企业有可能被地方政府列入"黑名单",限制其投标。国家发展和改革委员会等18部门联合印发的《关于对安全生产领域失信生产经营单位及其有关人员开展联合惩戒的合作备忘录》(发改财金〔2016〕1001号)以及《对安全生产领域失信行为开展联合惩戒的实施办法》(安监总办〔2017〕49号)规定,在发生安全事故后,政府主管部门有权限制施工单位参与建设工程招标投标,即拉入当地建设工程"黑名单"。《建筑施工企业安全生产许可证动态监管暂行办法》规定,发生安全事故后,施工单位将被暂扣安全生产许可证甚至吊销安全生产许可证。建筑施工企业安全生产许可证被暂扣期间,企业在全国范围内不得承揽新的工程项目。

3. 安全生产许可证被暂扣或吊销的风险

根据住房和城乡建设部颁发的《建筑施工企业安全生产许可证动态监管暂行办法》第十四条规定,颁发管理机关对施工企业及其工程项目安全生产条件复核后,对企业降低安全生产条件的,颁发管理机关应当依法给予企业暂扣安全生产许可证的处罚;属情节特别严重的或者发生特别重大事故的,依法吊销安全生产许可证。该办法规定,12个月内同一企业连续发生三次生产安全事故的,吊销安全生产许可证。根据前述规定,施工企业在发生安全事故后,可能会被相关部门暂扣甚至吊销安全生产许可证,严重影响企业生产运营。

4. 降低信用等级的风险

在实践中,发生安全事故很可能增加施工单位信用档案中的不良记录,从而导致企业信用等级降低。当企业信用等级降低时,影响是方方面面的,如限制或者禁止参与投标,即使可以投标,投标时往往处于劣势,很可能不符合招标人要求的投标资格,从而失去投标的部分评分;企业的融资、贷款等日常经营活动受限;情节严重的,还可能受到政府相关主管部门的行政处罚。

5. 责任人个人的处分风险

安全管理人员不服管理、违反规章制度和操作规程冒险作业造成重大伤亡事故或者其他严重后果,施工单位主要负责人、项目负责人、项目安全管理人员均应按照国家法律规定承担相应后果,构成犯罪的,依照刑法有关规定追究刑事责任。根据《建设工程安全生产管理条例》第六十六条规定：违反本条例的规定，施工单位的主要负责人、项目负责人未履行安全生产管理职责的，责令限期改正；逾期未改正的，责令施工单位停业整顿；造成重大安全事故、重大伤亡事故或者其他严重后果，构成犯罪的，依照刑法有关规定追究刑事责任。施工单位的主要负责人、项目负责人有前款违法行为，尚不够刑事处罚的，处2万元以上20万元以下的罚款或者按照管理权限给予撤职处分；自刑罚执行完毕或者受处分之日起，5年内不得担任任何施工单位的主要负责人、项目负责人。根据上述规定，在发生安全事故后，施工单位责任人很可能受到相应处分。

6. 刑事责任的风险

发生安全事故后，相关人员很可能因触犯刑法而承担刑事责任。根据《中华人民共和国刑法》（以下简称《刑法》）第一百三十四条"重大责任事故罪"规定：在生产、作业中违反有关安全管理的规定，因而发生重大伤亡事故或者造成其他严重后果的，处三年以下有期徒刑或者拘役；情节特别恶劣的，处三年以上七年以下有期徒刑；第一百三十七条"工程重大安全事故罪"规定：建设单位、设计单位、施工单位、工程监理单位违反国家规定，降低工程质量标准，造成重大安全事故的，对直接责任人员，处五年以下有期徒刑或者拘役，并处罚金；后果特别严重的，处五年以上十年以下有期徒刑，并处罚金。

二、法律合规风险防范措施

1. 加强安全教育，从思想上重视安全生产。安全生产是企业的底线管理，是建筑施工企业可持续发展的必要条件，安全生产的管控能力是企业的核心竞争力。安全事故发生，不仅让若干个家庭陷入不幸，也导致企业遭受严重损失，甚至被禁止投标、停业或关闭。施工总承包单位应从思想上转变，重视安全生产，做好施工现场安全生产管理工作。

2. 明确安全生产责任边界。《建设工程安全生产管理条例》第二十四条规定：建设工程实行施工总承包的，由总承包单位对施工现场的安全生产负总责。总承包单位依法将建设工程分包给其他单位的，分包合同中应当明确各自的安全生产方面的权利、义务。总承包单位和分包单位对分包工程的安全生产承担连带责任。根据前述规定，施工总承包单位是项目安全生产第一责任人，对于总包范围内的项目，全部负有安全保障责任。但在实践中，施工总承包单位往往忽略业主指定分包工程的安全，认为与自身无关，这种认识是错误的，施工总承包单位应清楚安全生产责任边界，做好总包范围内所有工程的安全防护工作。

3. 加强施工现场管控工作。在施工过程中，很可能存在不在总承包范围内，但是需要进入施工现场施工的单位，比如业主平行发包单位。对于此，施工总承包单位应当与业主、平行发包单位签订安全生产协议书，明确平行发包单位安全生产责任应由施工总承包单位承担，否则，该单位不能进场施工。

4. 完善安全生产制度。施工单位应完善安全生产制度，包括总包安全交底制度、分包施工安全交底制度、工人安全教育制度、工人安全施工交底制度等一系列制度，并在施工现场配备安全员，负责项目安全生产的监督。在建立相关制度后，要严格落实，将安全生产放在第一位。

三、典型案例：安全事故猛于虎，安全生产重如山

【基本案情】

2020年10月8日10时50分，陆河县看守所迁建工程业务楼的天面构架模板发生坍塌事故，造成8人死亡，1人受伤，事故直接经济损失共约1163万元。

造成此次事故的直接原因：一是违规直接利用外脚手架作为模板支撑体系，且该支撑体系未增设加固立杆，也没有与已经完成施工的建筑结构形成有效的拉结；二是天面构架混凝土施工工序不当，未按要求先浇筑结构柱，待其强度达到75％及以上后再浇筑屋面构架及挂板混凝土，且未设置防止天面构架模板支撑侧翻的可靠拉撑。

造成此次事故的间接原因是案涉的建设单位、监理单位、施工单位的安全管理责任未履职到位。一是施工单位原因，涉事施工单位安全生产主体责任严重缺失，违法违规建设经营，施工管理混乱；层层违法转包、分包给没有相关证照和资质的个人；公司主要负责人和有关安全管理人员没有到施工现场履行管理职责，只派出实习生到施工现场收集资料；公司三级安全教育培训记录造假，公司安全生产检查台账记录造假；未进行图纸会审，未取得建筑工程施工许可证先行开工。二是监理单位原因，严重违反规定，工作形同虚设、制度不落实，弄虚作假，聘请无证人员实施监理工作；专业监理工程师、监理员2人均为挂靠人员，未驻场履职。三是设计、图审单位原因，工程设计存在缺陷，审图不到位。四是建设单位原因，对施工单位、监理单位的督促管理缺失，仅派出1名不熟悉情况的工作人员到施工现场，也没有明确其工作职责，导致失管。

汕尾市调查组对施工单位有关人员的处理建议：

1. 李某华，男，本科文化程度，法定代表人兼总经理。调查组建议由司法机关依法追究其法律责任（2020年11月17日被汕尾市检察院批准逮捕）。自刑罚执行完毕之日起，5年内不得担任任何生产经营单位的主要负责人。

2. 余某辉，男，大专文化程度，副总经理，负责工程安全工作。建议由司法机关依法追究其法律责任（2020年11月17日被汕尾市检察院批准逮捕）。

3. 杨某平，男，中专文化程度，涉事建筑的"包工头"，项目实际负责人，事发现场作业的主要负责人。建议由司法机关依法追究其法律责任（2020年11月17日被汕尾市检察院批准逮捕）。

4. 丘某艳，男，"包工头"杨某平聘请的陆河看守所项目施工安全员，没有持证上岗。建议由司法机关依法追究其法律责任（2020年11月17日被汕尾市检察院批准逮捕）。

5. 黄某长，男，专科文化程度，聘用的一级建造师，明知本人被任命为陆河县看守所项目负责人，虽然有要求变更，但仍于聘用期届满时于2020年9月17日再与施工单位续签聘用合同，且一直未到岗履职，对事故负有责任。建议由司法机关依法追究其法律责任（2020年11月17日被汕尾市检察院批准逮捕）。

6. 叶某钦，男，初中文化程度，"包工头"杨某平雇请的测绘员兼施工员，没有持证上岗。建议由司法机关依法追究其法律责任（2020年11月17日被汕尾市检察院批准逮捕）。

7. 吴某旺，男，初中文化程度，承包陆河县看守所工地搭设外脚手架的"小工头"，

没有持证上岗，安排无证人员作业。建议由司法机关依法追究其法律责任（2020 年 12 月 3 日被汕尾市公安局拘留）。

【处理结果】

1. 9 人已被批准逮捕，建议由司法机关依法追究其法律责任：

施工单位的法定代表人、副总经理、"包工头"、施工安全员、一级建造师、测绘员兼施工员；监理单位的法定代表人、总监理工程师、陆河分公司负责人。

2. 3 人被拘留，其中 2 人取保候审：

施工单位的搭设外脚手架的"小工头"被拘留；监理单位的实际驻场监理员和实习监理员被拘留，取保候审。

3. 涉事项目中涉嫌非法围标、非法挂靠的苏某某、叶某某等人，由司法机关依法追究法律责任。

4. 20 名公职人员被追责，主要为建议纪委监委履职情况进行调查处理、深刻检查、调整工作岗位等。

【案例评析】

事故的发生既有偶然性，也有其必然性。此次汕尾市发生的安全事故，在管理过程中存在重大的漏洞和管理的缺位，首先，本项目存在违法分包、转包，将案涉工程分包给不具有施工资质的个人进行施工；其次，在施工过程中，建设单位、施工总承包单位、"包工头"等人均未对项目施工安全进行组织和管理，虽然象征性地派遣了安全管理员，但该安全管理员系无证上岗，对项目安全管理并未起到实质效果。加之违规建设，未按照设计施工，最终导致事故的发生。

施工总承包单位作为项目建设的管理、施工、组织主体，应当对安全问题高度重视。施工单位是安全问题的第一责任人，要做好安全管理，首先要有健全的安全管理制度，配备足够的安全管理人员，按照相应的施工管理要求做好安全教育、安全培训、安全交底、安全管理、现场安全检查等工作。事故的发生具有偶然性，无论安全管理工作做得多么完善，事故仍然有可能发生，仍然有可能造成人员伤亡或经济损失，但在尽到管理责任的条件下，可以豁免相当一部分的责任。

第十节　农民工工资支付的风险

建设工程领域属于劳动密集型产业，也是农民工工资拖欠问题的易发、高发领域。2020 年 5 月，国务院发布的《保障农民工工资支付条例》（以下简称《条例》）正式实施。《条例》作出了人工费分账管理、工资专户、总包代发、农民工实名制、维权告示五方面特别规定，尤其是第三十条规定："分包单位拖欠农民工工资的，由施工总承包单位先行清偿，再依法进行追偿。工程建设项目转包，拖欠农民工工资的，由施工总承包单位先行清偿，再依法进行追偿。"该规定对总承包单位的农民工管理工作提出严格要求并赋予极其严苛的责任义务，对于施工总承包单位而言，面临巨大的风险。

一、法律合规风险点描述

农民工工资支付风险主要表现在以下方面：

1. 施工总承包单位存在违法分包以及允许挂靠的，对分包单位或实际施工人拖欠的农民工工资应承担清偿责任。

2. 分包单位拖欠农民工工资的，由施工总承包单位先行清偿。

3. 施工总承包单位未实行实名制管理，未对分包单位劳动用工实施监督管理，无法提供工程施工合同、农民工工资专用账户有关资料等将面临行政处罚。

4. 分包单位拖欠农民工工资引发群体性上访事件影响项目稳定及生产秩序。

5. 部分分包单位以农民工工资为由教唆农民工到政府部门上访，以此胁迫施工总承包单位解决其无法通过正当途径获得的合同外经济补偿或不合理诉求等。

二、法律合规风险防范措施

1. 施工总承包单位应该在项目开工前，开设好农民工工资专用账户，并用农民工工资专用账户支付农民工工资，且妥善保管开设、使用、注销农民工工资专用账户的资料。

2. 落实农民工实名制管理，监督分包单位的劳务用工情况，按要求留存农民工劳动合同、考勤记录、工资发放表等资料。

3. 按《条例》要求实行总承包单位代分包单位发放农民工工资制度，核实农民工工资的真实性，确保工资通过银行卡足额支付到农民工本人。在代发工资前，应当确保分包单位已出具加盖公章的授权委托书、代发名单、考勤表、工资表、代发银行卡等材料；代发工资时，则应当注明系某某代分包单位发放工资。

4. 了解当地政策，加强与当地劳动监察部门、法院、公安等行政执法司法部门的协商沟通，共同建立恶意讨薪的预警措施。发现恶意讨薪的，在有理有据的情况下，积极移送执法机关进行处置。

5. 作为总承包单位在被农民工起诉讨薪时，应当尽最大可能避免在诉讼时对分包商的农民工工资承担连带支付责任。

6. 建立分包商"黑名单"制度。调查了解分包单位以前是否有恶意讨薪行为，凡存在恶意讨薪的分包单位，一律拉入"黑名单"，不得准入。

三、典型案例：民工欠薪无小事，总包管理责任大

【基本案情】

某建设投资集团中标某县易地扶贫搬迁县城安置建设工程。2019年，被告李某某与某建设投资集团洽谈好《建设工程专业分包合同》主要内容。因李某某无施工资质，便挂靠某建安公司，以某建安公司名义承建该工程的毛石混凝土挡土墙工程。约定：含税单价460元/m^3，含税总价24733280.00元；分包方式为包工包料、包机械。李某某挂靠某建安公司承建的工程施工中的所有事宜，均系李某某处理。之后，李某某将挂靠某建安公司承建的工程支解以后，以"发包人"身份将约三分之二的工程劳务分包给被告张某某个人，单价95元/m^3。张某某又将自己承包的劳务分包给原告黄某某部分工程，约定单价85元/m^3。

2019年2月，黄某某组织农民工进场施工。2019年2月25日，李某某与张某某补签书面《劳务协议》，同年3月29日，张某某与黄某某补签书面《劳务协议》，同年4月8日，李某某挂靠某建安公司与某建设投资集团补签书面《建设工程专业分包合同》。某建

安公司收到某建设投资集团的工程款，扣除税金后，转汇给李某某支付工程施工费用。2019年10月，黄某某分包劳务的工程竣工。2019年12月，被告李某某和张某某与黄某某结算，尚欠黄某某劳务费477437.00元，被告李某某和张某某在结算单上签名确认。2020年1月，被告李某某支付了黄某某劳务费200000.00元，尚欠黄某某劳务费277437.00元至今未付。案涉工程已验收合格。之后，黄某某将张某某和某建安公司起诉至法院要求承担支付责任。

【裁判情况】

一审法院认为，原告黄某某系农村居民，被告张某某欠原告黄某某的劳务款虽然名为工程劳务费，但实属农民工工资。李某某和张某某与黄某某按约定结算后，在结算单上签名确认了劳务费结欠金额，李某某和张某某对尚欠原告的劳务费应承担给付责任；汕头某建安公司允许李某某以其单位的名义对外承揽建设工程，将承包的工程再次分包，李某某和张某某拖欠农民工工资，某建安公司对下欠原告的劳务费负有清偿责任。

二审法院认为，某建安公司不是案涉劳务合同的相对人，且各方也未书面或口头约定某建安公司应承担连带责任。法律也未明文规定总承包人或分包人对劳务费用负有连带支付责任。李某某与某建安公司之间存在挂靠关系，不能成为黄某某能突破合同的相对性向某建安公司主张权利的合法理由。建设工程领域产生的纠纷，法律规定能突破合同相对性主张权利的主体仅为"实际施工人"，而黄某某在本案中仅为提供劳务，并不符合"实际施工人"的情形。一审判决适用国务院发布的《保障农民工工资支付条例》判决某建安公司在本案中承担连带责任属于适用法律不当。该条例明确系根据《中华人民共和国劳动法》而制定，即该条例上位法是《中华人民共和国劳动法》。本案中，案涉劳务合同的当事人张某某个人并不符合《中华人民共和国劳动法》规定中构成劳动关系要件的用工主体，本案也非针对劳动争议纠纷进行审理。一审法院直接以上述条例的规定突破合同相对性判决某建安公司在本案中承担连带责任不当。综合上述理由，某建安公司在本案中不应承担责任。

【案例评析】

本案的争议焦点为：对于分包单位拖欠农民工工资，农民工通过诉讼程序能否要求总承包单位先行清偿的问题。对于该问题，本案一审、二审出现不同的处理方式，这也体现出当前司法实践中存在不同的观点。

部分观点认为，按照《保障农民工工资支付条例》的规定，即使发包人与总承包人、总承包人与分包人之间存在工程款未决纠纷，发包人与总承包人仍应按约支付工程款中的人工费或工人工资。所以许多法院初步查明发包人存在未结清的工程款或分包单位拖欠工人工资或有转包情形时，即判决发包人与总承包人"先行垫付"或"先行清偿"。但也有观点认为，《保障农民工工资支付条例》是行政法规，发包人与总承包人在行政法上的义务不能直接等同其民事义务；《条例》明确了发包人与总承包人未履行行政法义务的责任，但不可直接作为民事责任的判定依据。此外，农民工起诉总承包方讨薪，该民事请求权基础并非源自《民法典》等民事法律，即使行政主管部门依据《条例》对发包人、总承包人作出行政行为，要求其"先行垫付"或"先行清偿"农民工工资，也不能由此认为在民事诉讼中可以突破合同相对性原则，让发包人或总承包人直接承担民事清偿责任。

第十一节　商票支付的风险

商业汇票是出票人签发的，委托付款人在指定日期无条件支付确定的金额给收款人或者持票人的无担保票据。在建设工程领域，当建设单位面临资金压力的情况下，无法支付现金，以商票方式向施工单位支付工程款的现象已不罕见。商票付款成为建设单位延付工程款的惯用方式，但如果商票到期无法兑付，无疑会给施工单位造成巨大的收款风险。

一、法律合规风险点描述

商票支付主要风险表现如下：

1. 商票到期能否兑付与开票人的资金状况等因素密切相关，具有很大的不确定性，存在无法兑付的风险。

2. 施工单位就期限未届满的商票提前承兑而产生贴息损失，存在无法追回贴息损失的风险。

3. 施工单位将商票以背书的方式流转给下游分供商，如果商票到期无法兑付，还可能面临被后手追索票据权利的风险。

4. 当建设单位以商票的方式支付工程款后，无明确约定的情况下，则可能导致施工单位与建设单位之间的债权债务关系变成票据关系，存在致使施工单位丧失建设工程价款优先受偿权的风险。

二、法律合规风险防范措施

1. 施工单位应核实建设单位资信情况，若发现建设单位资信情况不良时，应要求建设单位提供担保或者要求第三人担保，以此确保在商票无法兑付的情况下可通过其他方式回收工程款。

2. 商票支付产生的成本包括资金占用成本和贴现成本。施工单位应要求建设单位承担商票财务资金成本和贴现费用，并以书面方式进行约定。

3. 施工单位应提前策划，在分供招标阶段即设置商票支付分供单位工程款条款，将商票背靠背转移给分供单位，将商票风险转嫁给分供单位。

4. 施工单位在接受商票时应与建设单位约定，在商票无法承兑时，施工单位有权以基础合同法律关系要求建设单位履行支付工程款的义务，以此保证施工单位能享有优先受偿权。

三、典型案例：商票支付风险高，逾期救济有困难

【基本案情】

2020年11月2日，某建筑工程局与发包人恒大项目公司签订《六安恒大文化旅游城住宅三期D03地块预制桩（一标段）工程施工合同》，合同对工程金额、施工范围、工期、结算办法、工程款支付违约支付责任等内容进行了约定。合同签订后，某建筑工程局于2021年1月11日进场施工，3月29日停工。恒大项目公司已累计通过《工程预算书》的

形式给原告办理工程进度结算款为 21407173.98 元。

恒大项目公司于 2020 年 4 月以现金转账的方式向原告某建筑工程局支付工程款 602000 元，之后恒大项目公司向原告开具如下电子商业承兑汇票：

（1）2021 年 4 月 21 日，开具了 1 张半年期电子商业承兑汇票，票面金额为 602000 元。

（2）2021 年 4 月 30 日，开具了 1 张一年期电子商业承兑汇票，票面金额为 564726.18 元。

（3）2021 年 4 月 21 日，开具了 1 张半年期电子商业承兑汇票，票面金额为 1806000 元。

（4）2021 年 7 月 27 日，开具了 3 张一年期电子商业承兑汇票，票面金额分别为 5000000 元、2290287.07 元、5198810.56 元。

以上票据票面金额合计为 15461823.81 元，上述电子商业承兑汇票到期后，出票人/承兑人恒大项目公司未兑付。

之后，因恒大项目公司拒付工程款以及拒绝承兑商票汇票，某建筑工程局以建设工程施工合同纠纷提起诉讼，要求恒大项目公司清偿欠付的工程款（包含未兑付的商票）并就承建的项目享有建设工程价款优先受偿权，同时要求恒大区域公司和恒大旅游集团承担连带责任。双方就电子商业承兑汇票用于支付案涉合同工程款，某建筑工程局还能否以基础合同法律关系主张权利形成争议。恒大项目公司认为，案涉合同中未约定具体的付款方式。恒大项目公司以票据的方式向某建筑工程局支付款项不违反合同约定，也符合双方之间的交易惯例，某建筑工程局也以签收票据的形式对该种付款方式予以认可，应当视为工程款已支付，况且票据均为可转让，依法可以流通，具有融资和支付功能。某建筑工程局不能再以建设工程合同基础法律关系主张权利，仅享有票据权利。某建筑工程局认为，恒大项目公司出具的商业承兑汇票逾期无法兑付，其支付工程款的义务未实际履行，某建筑工程局有权依据基础法律关系主张工程款。

【裁判情况】

法院审理后认为，恒大项目公司与某建筑工程局之间成立建设工程施工合同关系，恒大项目公司虽向某建筑工程局开具了 15461823.81 元商业承兑汇票用以支付工程进度款，某建筑工程局未将上述票据背书转让，在票据到期提示承兑后，开票人恒大项目公司未兑付，因此上述工程款并未实际支付。某建筑工程局以双方之间的基础法律关系提起诉讼主张欠付工程款并无不当，应当予以支持。据此，判决恒大项目公司向某建筑工程局支付工程款并就所承建的项目享有建设工程价款优先受偿权，恒大区域公司和恒大集团承担连带清偿责任。

【案例评析】

在发包人已经通过商票支付工程款的前提下，承包人是否还有权依据基础法律关系，即建设工程施工合同法律关系起诉或者申请仲裁？理论界与实务界对此态度不一。

持肯定观点的认为，承包人接收商票构成新债清偿。发包人使用商票支付工程款是在原债务关系上建立了一个新的债权债务关系，只有商票实际兑付，才能视为原债权债务履行完毕，在商票被拒付后，既可以主张票据权利，也可以基于原债权债务关系主张工程款。持否定观点的认为，承包人接收商票的真实意思为代物清偿，即债权人受领他种给付以代原定给付而使合同关系消灭的现象。双方间仅存在票据关系，商票支付的部分工程款应视为发包人已按约支付，在商票被拒付后，只能依据票据关系行使票据权利，而不能主张原因债权。还有一部分持合意观点，认为发包人以商票的方式支付工程款是属于代物清偿还是新债清偿，则取决于当事人之间的约定。

从案例检索情况来看，大多数裁判文书是认可商票拒付后按照基础法律关系主张权利的。以票据关系进行追索面临要与未支付的工程款债权分开起诉或仲裁、丧失优先受偿权的风险，因此建议承包人选择基础法律关系起诉债权，虽然法律规定尚不明确，但做好类似案例整理工作供法院参考，诉请被法院支持的概率还是可观的。

第十二节　采用保理的风险

保理合同是应收账款债权人将现有的或者将有的应收账款转让给保理人，保理人提供资金融通、应收账款管理或者催收、应收账款债务人付款担保等服务的合同。建筑工程行业具有资金需求量大、工程结算和支付周期较长等特点，导致建筑企业资金周转困难，有较强的融资需求，保理则具有缓解资金压力的优势。近些年，工程领域施工业务竞争激烈，施工企业往往以垫资施工的方式来争取项目，因此运用保理融资的手段在工程领域已较为常见。而保理与传统工程领域的结算支付存在明显差异，导致施工单位面临诸多风险。

一、法律合规风险点描述

1. 建设单位支付工程款是其施工合同关系中的基本义务，而施工单位将应收账款进行保理，将导致施工企业收款的金钱、时间成本增加。

2. 当建设单位逾期支付工程款时，承包人可行使停工、顺延工期，甚至单方解除施工合同等权利。但如将工程应收账款办理保理业务，则意味着建设单位已经不欠付施工单位工程款，只需在保理付款期限届满后向保理机构履行支付义务，则施工企业在施工过程中可能丧失向建设单位行使停工和解除合同的权利和路径。

3. 法律规定承包人的建设工程价款优先受偿权需通过法定形式明示主张，最长不超过18个月，但回购型保理往往需要较长的付款期及回购期限，施工单位可能面临丧失优先受偿权的风险。

二、法律合规风险防范措施

1. 做好前期尽职调查。在建设工程保理业务开展前，尤其是开展反向保理业务，施工单位要对建设单位的资金及偿债能力、过往是否有相关保理交易及履行情况、保理商与建设单位的关系、诉讼情况等进行全面、充实的调查评估，避免合同欺诈及预期违约等情况的发生。

2. 尽量选择无追索权保理。无追索权的保理本质是应收账款转让，于合同相对性而言，可较好地将施工企业的坏账风险与发包人的履行能力相剥离，较好地实现施工单位通过保理保障收款的合同目的。

3. 选择有追索权保理情况下，施工单位在建设单位到期不支付应付账款时承担着回购保理款的义务。因此，施工单位应与建设单位约定融资成本的承担及建设单位到期不支付保理款的违约责任。违约责任一般包含：一是建设单位应继续向施工单位支付工程款；二是向施工单位支付工程款延期利息；三是由建设单位承担保理的融资成本。

4. 施工单位针对已办理的回购型保理，应定期排查和评估建设单位资信风险问题。若存在严重风险，应当尽快与保理机构协商，将部分或全部应收账款再次转让给施工单位，然后行使停工、解约、诉讼、查封和优先受偿的权利。

三、典型案例：保理业务要求高，施工单位慎选择

【基本案情】

投资公司作为发包方与双薪公司作为承包方，签订了《建设工程施工合同》，投资公司将彭水某项目发包给双薪公司承建。合同履行过程中，融资公司与投资公司、双薪公司签订了《保理合同》。保理合同约定，由融资公司向双薪公司一次性提供 3200 万元的保理融资资金，双薪公司将其对投资公司享有的数额为 4000 万元的应收账款通过债权转让的方式转让给原告，合同第六条约定："应收账款到期后，若保理人未收到债务人支付的应收账款，被保理人应立即向保理人偿还融资本金并支付利息，保理人收到被保理人偿还的融资本金及利息后应将应收账款反转让给被保理人。"

保理合同签订后，双薪公司向投资公司发出《应收账款债权转让通知书》，载明："自 2016 年 3 月 24 日起，我方已将本通知附表所列对贵方的应收账款 4000 万元转让给融资公司，所有到期之应收账款请迳付款至融资下列账户……"同日，投资公司回函："本公司已获悉双薪公司已将本公司之应收账款不少于 4000 万元债权转让给融资公司，并同意双薪公司按其与融资公司签订的保理合同的相关内容执行。"

融资公司受让上述金额为 4000 万元的应收账款债权后，投资公司仅向融资公司支付 800 万元，其余应收账款始终未支付。保理到期后，双薪公司亦未按照保理合同约定向融资公司偿还保理融资及利息。

【裁判情况】

法院认为，从鸿晔租赁公司与双薪公司、投资公司签订的《保理合同》中约定的内容来看，鸿晔租赁公司是保理人，双薪公司是被保理人，福冠投资公司是债务人，三方基于被保理人对福冠投资公司的应收账款转让给鸿晔租赁公司，由鸿晔租赁公司向双薪公司提供融资资金。从应收账款到期之日起，投资公司应当依约承担应收账款的支付义务，投资公司主张应收账款实际没有转让的理由不成立，不予支持。投资公司辩称已将转让给融资公司的应收账款超额支付给双薪公司，虽然投资公司在债权转让后多次向双薪公司支付或代为支付了部分工程款，但投资公司与双薪公司对所涉工程尚未进行结算，不能证明已支付的工程款就是转让给融资公司的应收账款，即使投资公司与双薪公司对本案基础合同项下的工程进行结算后，存在超额支付双薪公司工程款的情形，投资公司也是错误支付，仍应承担将已转让的应收账款支付给融资公司的责任。《保理合同》第五条、第六条约定，保理人接受债务人基于基础合同支付的应收账款，在抵销保理融资本息及相关费用后，应将余额返还被保理人。应收账款到期后，若保理人未收到债务人支付的应收账款，被保理人应立即向保理人偿还融资本金并支付利息，保理人收到被保理人偿还的融资本金及利息后应将应收账款反转让给被保理人。该条约定的内容实际即为双薪公司对应收账款的回购责任，在投资公司未向融资公司支付或未足额支付应收账款，或应收账款不足以支付保理融资本金及利息的情况下，双薪公司应当履行回购的义务，融资公司有权同时向投资公

司、双薪公司主张权利。据此判决双薪公司偿还融资公司的保理融资本金及利息；投资公司在 3200 万元范围内承担共同支付责任。

【案例评析】

由于相关法律制度的不完善，以及建设工程保理业务的特殊性，保理作为一项融资业务，不同于一般的工程款支付方式，其给施工企业带来的风险也会增加。

在有追索权保理中，施工企业拿到保理融资款后并不意味着其已无风险，保理人向施工企业支付保理款的行为不能构成发包人对承包人的有效付款。若发包人未在约定期限内支付应收账款，保理人既可以选择向施工企业主张返还保理融资款本息，也可以选择向应收账款债务人主张应收账款债权，对此顺序法律并未规定，实践中大多数会将二者列为共同被告同时主张。对于偿还顺序，实践中也未有统一意见，但发包人承担第一顺位的责任，施工企业承担补充清偿责任则为主流观点。至于保理费用，如无特殊约定，实务中通常由应收账款债权人承担。

在无追索权保理中，施工企业与发包人的债权一刀两断，在收到保理融资款后，不再受发包人与保理商的纠纷影响，施工企业风险降低，保理商风险则大幅提高，但司法实务中保理人为降低风险，大多数情况下会约定回购条款，此时施工企业的风险较上述追索权保理并未减少，若施工人被追索或要求回购，其需返还保理融资款，向发包人继续主张工程款。需要注意的是，由于保理时间较长，施工企业在主张工程款时，优先受偿权是否受到时效影响，仍是需考虑的重要问题。

第十三节　材料人工价差的风险

建设工程项目一般工期较长，且不可预见因素较多，在合同履约过程中，可能因政策、市场环境变化等导致建筑材料及人工价格上涨，而建筑材料和人工占施工企业的成本比例较高，当建筑材料及人工价格上涨时，施工企业往往希望发包人能够给予价差补偿，但发包人在合同中处于强势地位，可能不予补差或补差金额较少，远远不足以弥补施工企业的损失。同时，相关法律法规对于突破合同约定调整合同双方权利义务的适用比较严格，施工企业如果在合同签订、履约过程中未提前做好防范、采取应对措施，则建筑材料及人工价格上涨将会给施工企业带来较大风险。

一、法律合规风险点描述

1. 合同约定不合理的法律风险

《民法典》第四百六十五条规定："依法成立的合同，受法律保护。"第五百零九条规定："当事人应当按照约定全面履行自己的义务。"原则上，法律充分尊重当事人意思自治，若合同中约定的材料人工涨价风险分摊对施工企业不利，如固定价格不调差、承包人承担的风险范围过大、发包人承担固定风险、承包人承担不固定风险等，将导致涨价风险由施工企业全部承担或者主要部分承担。又如合同中约定按照信息价调差，但是在合同履行过程中，信息价的涨幅远远低于市场价的涨幅或者基准价约定不合理，也会给施工企业带来相应损失。

因此，在双方对材料人工涨价风险分摊出现争议时，若无法通过协商处理，且合同约定对施工企业不利，则施工企业会承担较大风险，甚至可能因此导致项目亏损。

2. 适用情势变更原则调差的法律风险

在合同明确约定不予调差的情况下，施工企业能否以"情势变更"为由主张调差呢？关于情势变更，《民法典》第五百三十三条规定："合同成立后，合同的基础条件发生了当事人在订立合同时无法预见的、不属于商业风险的重大变化，继续履行合同对于当事人一方明显不公平的，受不利影响的当事人可以与对方重新协商；在合理期限内协商不成的，当事人可以请求人民法院或者仲裁机构变更或者解除合同。人民法院或者仲裁机构应当结合案件的实际情况，根据公平原则变更或者解除合同。"

根据前述法律规定，适用情势变更必须同时符合以下条件：一是合同基础条件的变化是当事人在订立合同时无法预见的，且不可归责于合同主体的，如果该风险是一般人能够预见的风险，或者是可归责于当事人的，不得主张情势变更；二是合同基础条件的变化不属于正常的商业风险，合同当事人本应熟知的商业风险不属于情势变更调整的范畴；三是继续履行合同对一方当事人明显不公平，如果只是轻微的不公平，则当事人的合意自主性应当被尊重，不适用情势变更。可见情势变更的适用是比较严格的，如果施工企业不能证明符合上述条件，则难以主张调整合同价款或解除合同，材料人工价格上涨的风险仍由施工企业承担。

3. 施工企业工期延误的法律风险

根据"违约者不利益"原则，如因施工企业过错导致工期延误，则工期延误期间发生材料人工价格上涨的，无论涨幅多大，施工企业均无权要求调整价差。

二、法律合规风险防范措施

1. 做好标前询价工作。投标前应做好投标询价工作，厘清信息价与市场价差异、发包人指定品牌的投标价与采购价差异、承包人自选品牌的投标价与采购价差异等。

2. 通过合同谈判变更计价方式。抓住项目中标后的合同谈判环节，在与发包人协商谈判的基础上，要求材料人工涨价风险合理分摊，如可利用《工程量清单计价规范》、当地政策性文件、询标时间过长等有利点与发包人协商变更不利的计价方式，在项目正式施工前降低项目人工、材料价差风险。

3. 做好工程进度管理。合同履行中应注重施工进度管理，尽量避免市场波动周期，如受大环境影响导致风险难以避免，应尽量与发包人沟通协商，分析材料人工价格上涨对企业及工程进度等方面的影响，寻求双方均可接受的解决方案，达成书面补充协议或者签证，减少自身损失。

4. 通过索赔向发包人申请重新计价。在工程出现非因施工单位原因导致工期延长的情况时，应及时向发包人提出申请要求改变原合同中对施工单位不利的计价方式，若发包人违约，则应通过工期、费用索赔向发包人要求重新计价，避免自身损失。

5. 通过解除合同迫使发包人给予补偿。在无法合理分摊材料人工涨价风险时，应提前做好工期延长、工程停工、合同解除的商务策划，加强施工现场管理，一旦材料人工价格上涨到无法承受时，可以用工期延长的办法和发包人协商停窝工损失补偿、赶工费，甚至可以拿工期与发包人交换，如果无法与发包人达成一致的可以采用停工、解除合同的方式及时止损。

6. 做好分析预测和证据收集工作。项目履约过程中及时分析材料人工价格变化情况，做好市场预测，在出现材料价格上涨的情况后，应当注意及时收集相关的证据，包括非因自身原因导致工期延误或逾期开工的证据、供应商发出的调价函、采购合同以及政府主管部门发布的相关指导性意见等，在提出调差申请时一并提交上述文件，以提高调差申请获得通过的可能性。

7. 建立材料人工价格库。在企业日常管理中经常性收集材料人工市场价格信息，动态监控价格趋势，以便及早做出应对之策。

三、典型案例：高价索赔遭反噬，合理报价是王道

【基本案情】

2016年8月，某环保公司就某节能环保产业园工程对外招标，工程最高限价为15000万元。招标文件中关于材料的计价原则为：材料价格调整按2016年《重庆工程造价信息》第8期公布的荣昌地区指导价计取，钢材、钢筋按2016年《重庆工程造价信息》第8期指导价计取。

2016年8月25日，某建工公司投标案涉工程，2016年9月7日，某环保公司向某建工公司发出《中标通知书》，2016年10月11日，双方签订《建设工程施工合同》。该合同专用条款第11.1条约定"市场价格波动是否调整合同价格的约定：不调整"。

某建工公司于2017年3月开始进场施工。钢材、商品混凝土等主要建材价格在施工期间较2016年7月出现较大上涨。2018年3月，某建工公司向某环保公司发函，提出因材料上涨潜在亏损近2000万元，建议按照工程施工同期重庆市材料信息价进行如实调整，以此作为案涉工程结算的依据，据实编制竣工结算。2018年5月，某环保公司回函表示不同意调整预算总控价和材料价差。后，双方多次进行协商，但仍未能就"材料价差"达成一致意见，某建工公司遂诉诸法院，要求撤销双方于2016年10月11日签订的《建设工程施工合同》专用条款第11.1条。

【裁判结果】

法院认为，在合同签订后，主要建筑材料钢材、商品混凝土的价格确实存在上涨的情况，但上涨幅度并未超过历史最高价，不属于双方无法预见的情况。根据《最高人民法院关于适用〈中华人民共和国合同法〉若干问题的解释（二）》第二十六条的规定[1]，适用情势变更原则必须同时符合以下条件：一是客观情况的变化是当事人在订立合同时无法预见的；二是客观情况的变化导致合同成立的基础发生异常变动，继续履行合同对一方当事人明显不公平或者不能实现合同目的；三是客观情况不属于正常的商业风险。

在本案中，某环保公司为建设案涉工程，根据自己的经济状况确定了招标的具体条件并公开进行招标，某建工公司作为理性的、专业的建筑工程施工企业，理应知道其投标行为的法律后果。即，在某环保公司明确将案涉工程限定在造价1.5亿元的情况下，某建工公司在投标时应当综合考虑相应的成本以及正常的商业风险，包括建筑材料上涨带来的商

---

[1] 该司法解释已废止，该条相关内容已被纳入《民法典》第五百三十三条。

业风险,再决定是否投标以及以何种条件投标。其中,建筑材料的市场价峰值、谷值都应当成为某建工公司确定是否投标以及以何种条件投标应当考虑的因素,这些因素应当归入其进行经营决策所应当考虑的商业风险的范畴。某建工公司在案涉工程施工过程中,建筑材料价格虽有上涨,但上涨幅度并未超过其市场价峰值,某建工公司作为专业的建筑工程施工企业在投标时理应对此进行合理的预见,故本案中建筑材料价格的上涨属于某建工公司应当承担的商业风险,而不属于当事人在签订合同时无法预见的客观情况,不符合情势变更的范畴,故驳回某建工公司的诉讼请求。

【案例评析】

本案是一起因建筑材料价格上涨引发的建设工程施工合同纠纷。法院认为本案材料价格上涨不构成情势变更,故未支持某建工公司的诉讼请求。不构成情势变更的主要原因如下:

(1) 材料价格上涨具有可预见性。构成情势变更的前提必须是合同基础条件发生变化是不具有可预见性的,这里的无法预见仅指当事人订立合同时无法预见,且根据实际能力和当时的具体条件根本不可能预见,即情势的变更超出了正常的范围,使合同当事人在当时情况下无法推测其可能发生,如果当事人在订立合同时已预见到情势会有变化但仍订立合同,则表明其自愿承担情势变更的风险,或者其已经在合同权利义务安排中考虑了情势变更的因素,亦不适用情势变更。建筑材料的涨跌是常态,本案某建工公司作为长期从事建筑行业的专业承包人,应对建筑材料市场价格波动引起的风险存在一定程度的预见和判断,且其在投标和签订合同时作出了不调整价差的承诺,说明某建工公司亦自愿承担相应的涨价风险,因此某建工公司是能够预见到材料价格可能上涨的。

(2) 材料价格涨幅未超过历史峰值。情势变更要求订立合同时的基础条件发生了重大变化,在客观上会使合同基础和预期目的发生根本性的变化,该变化是特别异常的,如果继续履行合同,将明显有失公平,比如价格的超常涨落,使一方当事人履行合同遭受"生存毁灭"的结果。建筑材料上涨多大幅度可能构成情势变更,实践中法院缺乏统一的标准,但有不少法院以建筑材料的市场价峰值、谷值作为材料价格涨幅是否构成情势变更的依据。本案法院即认为材料的涨幅未超过市场峰值,不构成情势变更,虽然此标准未必十分合理,但仍具有一定的借鉴意义,承包人在投标时仍需充分考虑材料历史价格情况。

情势变更系以司法干涉的方式强制对当事人的权利义务予以平衡,与维护有效合同的法律效力、促进交易安全的目标和宗旨相违背,司法机关对情势变更的适用持审慎、严格的态度。因此,施工企业想依据情势变更主张调整合同价款或解除合同存在较大难度,要注意充分收集法律法规变化、政策变化、自然灾害、政府行为、社会事件、价格异常涨落等相关证据,做好充足准备。

第十四节 不可抗力引起的风险

在建设工程领域中,不可抗力是工程风险的一种。虽然不常遇到,但却是建设工程法律实务中不可忽视的风险。尤其是近年来发生的大暴雨、地震等自然灾害,都提示我们必须重视不可抗力情况下建设工程法律风险的相关问题。《民法典》第一百八十条规定:"因不可抗力不能履行民事义务的，不承担民事责任。法律另有规定的，依照其规定。不可抗力是不能预见、不能避免且不能克服的客观情况。"具体来讲，不可抗力是指合同当事人在签订合同时不可预见，在合同履行过程中不可避免且不能克服的自然灾害和社会性突发事件，如地震、海啸、瘟疫、骚乱、戒严、暴动、战争及合同条款中约定的其他情形。

对"不能预见"的理解，应是根据现有的技术水平，一般对某事件发生没有预知能力。人们对某事件发生的预知能力取决于当代的科学技术水平。某些事件的发生，在过去不可预见，但随着科学技术水平的发展，现在就可以预见，那就不符合"不可预见"的特征，就不是不可抗力。"不能避免且不能克服"，应是指当事人已经尽到最大努力和采取一切可以采取的措施，仍不能避免某种事件的发生并不能克服事件所造成的后果，表明某个事件的发生和事件所造成的后果具有必然性。

一、法律合规风险点描述

1. 工期延误的法律风险

受不可抗力影响，导致建设工程项目降低生产效率或者项目停工，进而造成工期延误；在工期延误的情况下，不仅可能导致项目建设单位进行工期罚款或者增加成本由承包商单独承担的法律风险，甚至出现项目建设单位利用承包商存在进度延误或其他违约情形主动提出索赔、直接没收履约保函并终止合同的极端情况。

2. 成本增加的风险

受不可抗力影响期间的设备材料供应中断或价格上涨、劳动用工成本增加，此外还有项目停工阶段现场管理费、融资费用、保函、保险费用、替代方案增加费用、抓抢工期投入，都将导致建设工程项目成本增加。

二、法律合规风险防范措施

针对潜在的法律风险，建设工程承包单位应当做好合同协议起草、履行不可抗力的通知义务及减损义务和做好索赔维权，避免不可抗力法律风险带来的损失。

1. 谨慎起草不可抗力合同条款

不可抗力对建设工程所造成的损失费用主要包括以下三方面：一是在停工期间因不可抗力造成工期顺延期间产生的停工、窝工损失、避免损失扩大的必要费用等；二是工程延期复工或停工所发生的工程清理、修复费用，不可抗力应对的准备费用等；三是复工后施工现场的费用支出，不可抗力导致的人工、材料设备、机械价格的波动风险，施工降效损失，以及因不可抗力导致工期延误进而产生的赶工费用等。

对于不可抗力造成的损失费用的承担，如果双方在合同中有明确约定，优先按约定分担；如无约定，可按不可抗力原则及公平原则由双方合理分担；但因一方原因导致损失扩大的由责任方承担。因此，双方应当在合同中对不可抗力进行明确约定，具体包括对不可抗力的确认、不可抗力的通知、不可抗力造成损害的责任承担、延迟履行期间发生的不可抗力、避免和减少不可抗力损失的责任或因不可抗力解除合同等。

2. 及时履行不可抗力的通知义务和减损义务

《民法典》第五百九十条规定："当事人一方因不可抗力不能履行合同的，根据不可抗力的影响，部分或者全部免除责任，但是法律另有规定的除外。因不可抗力不能履行合同的，应当及时通知对方，以减轻可能给对方造成的损失，并应当在合理期限内提供证明。当事人迟延履行后发生不可抗力的，不免除其违约责任。"通常情况下，因不可抗力不能履行民事义务的，部分或者全部免除责任，但是应当及时履行不可抗力的通知义务和减损义务。

不可抗力对建设工程合同履行造成影响的，承包商应及时向建设单位发出书面通知。如果承包商未及时履行通知义务，将会承担因通知不及时或采取措施不及时而导致的损失或损失扩大部分的责任。不可抗力事件发生时，受影响的承包商负有采取积极措施尽量减少或避免损失扩大的义务。若现场管理人员返回项目时面临交通管制的，承包商应当及时通知建设单位，以便建设单位及时调整施工和采购计划。

3. 做好索赔维权

不可抗力发生后，承包商应及时认真统计所造成的损失，收集不可抗力造成损失的证据。同时，在不可抗力发生后，积极推动复工复产，为降低履约风险和索赔创造条件。积极理性开展索赔，厘清不可抗力与索赔之间的因果关系，一项索赔的成立，必须以索赔事件与索赔主张之间的因果关系为前提。在开展索赔工作过程中，首先分析论证不可抗力与项目工期延误、成本增加之间的因果关系，确定某项合同义务无法履行是因为不可抗力的发生、应对措施的实施等直接或间接造成的。根据不同情形，确定相应索赔依据；梳理索赔流程，确保依据合同程序维权；制作收集同期记录，固化索赔证据；按照合同规定及时提交和更新索赔报告。加强与建设单位及相关方的沟通和谈判，力争协商解决索赔争议。在合同双方对是否属于不可抗力或其损失的意见不一致时，要充分利用合同约定的争议解决机制，及时解决索赔争议。

三、典型案例：不可抗力使用好，化解风险避损失

【基本案情】

湖南创丰建工科技有限公司长沙分公司（以下简称原告）与浙江城建建设集团有限公司（以下简称被告）签订《益阳金科集美东方工程全钢型附着式升降脚手架分包合同》（以下简称《脚手架分包合同》），约定工程地点为：益阳市赫山区××道××路东北角，施工栋号为18栋、19栋、22栋、23栋、24栋，约定工期为10个月。合同第4.1条约定：按照爬架架体内侧周长计价方式，单价为5000元/m计算，其中分包服务时间内为标准单价，如超过分包服务约定时间不能拆除出场爬架的，则需按合同总价的日均价补算费用。合同第7条约定如工程款未按约定支付，则以欠付金额为基数，按日万分之五标准支付利息。合同签订后，原告按约定安排施工人员进场施工，2020年7月2日，双方形成《关于益阳金科集美东方爬架分包合同有关结算问题的备忘录》，确定18栋、19栋、22栋、24栋，合同总金额为605000元，23栋合同总金额为1102500元等。

项目履约完成后，双方就工程款支付和延期付款利息产生争议，诉至法院解决。双方对工程款（即延期使用费）和延期付款利息产生争议。原告方认为截至起诉之日，被告累计欠原告工程款2500356元；因被告未按约定付款产生逾期利息138224.6元，合计为2638580.6元。被告对合同期内的工程价款无异议，但对延期使用费有异议：（1）因

2020年年初暴发新型冠状病毒感染，基于抗击病毒要求，大部分行业停产、停业，被告承包的项目亦停止作业，新型冠状病毒感染属于不可抗力。本项目在施工期间2020年1月24日至3月11日，因为新型冠状病毒感染导致项目全部停工48天，属于不可抗力，不能计算租金，另外还应扣除30天春节假期，应减免部分工程款。（2）2021年2月27日和3月5日被告两次发函要求原告将爬架升高，对已经完工的爬架予以拆除，但原告未按要求将爬架升高和拆除，导致被告产生窝工损失，亦延长了爬架租赁时间，该部分损失或延期产生的租金应归原告承担；（3）在施工期间，益阳市多次发生"蓝天保卫战"，导致停工60天，不应计算租金。另，双方至今未进行结算，不应计算逾期利息。

【裁判结果】

法院经审理认为，18栋脚手架超过合同期限的施工期限为154天（进场日期为2019年12月12日，合同期限为10个月，合同期限届满日为2020年10月12日，实际退场日期为2021年3月15日），合同期限内的日均价为2016元，18栋脚手架的延期工程款为310464元；根据上述计算方式，19栋脚手架的延期工程款为302400元，22栋脚手架的延期工程款为362880元，23栋脚手架的延期工程款为463050元，24栋脚手架的延期工程款为229824元，延期工程款合计为1668618元。至此，原告可收取的工程款总额为5191118元，被告已经支付工程款2742800元。

法院对被告因新型冠状病毒感染导致的停工的主张表示支持，根据脚手架进场时间，法院确认减免范围为18栋、19栋、24栋，减免时间酌情认定为2个月，经计算，减免金额为362880元。被告应向原告支付工程款5191118元，扣减已经支付的2742800元，扣减因新型冠状病毒感染停工而减免的362880元工程款，被告还应支付原告工程款2085438元。

关于原告要求被告支付工程款利息的请求，根据《脚手架分包合同》及《承诺函》等的内容，可确定双方对工程款的支付进行了约定，如未按约定支付工程款，需按日万分之五计算利息。另被告承诺于2021年12月3日前支付合同期限内的工程款779700元。现被告未按承诺内容履行支付义务，应以779700元为基数，按日万分之五从2021年12月3日起支付利息至清偿之日止。

关于延期工程款利息的问题，因双方未就延期工程款进行结算，被告无法确定其应支付的工程款金额，故原告要求被告支付延期工程款逾期利息的请求，法院不予支持，但其可从起诉之日起要求被告按日万分之五计算利息至清偿之日止。

据此，法院判决被告于判决生效之日起10日内向原告支付工程款2085438元，财产保全申请费5000元；并以779700元为基数按日万分之五从2021年12月3日起计算利息至清偿之日止；以1305738元为基数从2021年12月30日起按日万分之五计算利息至清偿之日止。

【案例评析】

在该案件中，根据《脚手架分包合同》约定，按照爬架架体内侧周长计价方式，单价为5000元/m计算，其中分包服务时间内为标准单价；如超过分包服务约定时间不能拆除出场爬架的，则需按合同总价的日均价补算费用。以18栋脚手架为例，合同期限为10个月，进场日期为 2019 年 12 月 12 日，合同期限届满日为 2020 年 10 月 12 日，实际退场日期为 2021 年 3 月 15 日，超过合同期限的施工期限为 154 天，合同期限内的日均价为 2016 元，18 栋脚手架的延期工程款为 310464 元。本项目在施工期间 2020 年 1 月 24 日至 3 月 11 日，因为新型冠状病毒感染导致项目全部停工 48 天。

新型冠状病毒感染是合同双方在签订合同时不可预见的，在合同履行过程中不可避免且不能克服的社会性突发事件，符合不能预见、不能避免且不能克服的客观情况，因此属于不可抗力。新型冠状病毒感染发生后，导致项目停工 48 天，新型冠状病毒感染与停工之间有直接因果关系，法院裁判减免时间酌情认定 2 个月合法合理。

《脚手架分包合同》约定超过分包服务约定时间不能拆除出场爬架的，需按合同总价的日均价补算费用，工程款的总金额与超期天数直接挂钩。《民法典》第五百九十条规定："当事人一方因不可抗力不能履行合同的，根据不可抗力的影响，部分或者全部免除责任。"在新型冠状病毒感染的不可抗力情况下，应当免除被告在因不可抗力停工期间所产生的延期工程款。换句话说，因新型冠状病毒感染导致停工，如果仍然按照正常施工来计算延期工程款是不合理的，原告不应当继续计算每天的延期收益。

除非有合同约定，否则因不可抗力导致的损失应由各自承担。具体而言，因不可抗力导致项目停工的责任划分参考如下：（1）永久工程，包括已运至施工场地的材料和工程设备的损害，以及因工程损害造成的第三者人员伤亡和财产损失由发包人承担；（2）承包人设备的损坏由承包人承担；（3）发包人和承包人各自承担其人员伤亡和其他财产损失及其相关费用；（4）承包人的停工损失由承包人承担，但停工期间按监理人要求照管工程和清理、修复工程的金额由发包人承担；（5）不能按期竣工的，应合理延长工期，承包人不需支付逾期竣工违约金，发包人要求赶工的，承包人应采取赶工措施，赶工费用由发包人承担。

第四章
竣工验收与保修阶段法律合规风险防范

第一节 结算协议的风险

结算协议是指双方当事人为解决施工合同中工程价款结算、清算或支付等事宜而达成的合意。通常以施工合同《补充协议》《结算协议》《退场结清协议》等方式出现，就工程造价的确认、已付工程款、尚欠工程价款、付款条件、违约方式和支付方式等事宜作出约定。《最高人民法院关于审理建设工程施工合同纠纷案件适用法律问题的解释（一）》（法释〔2020〕25号）第二十九条规定："当事人在诉讼前已经对建设工程价款结算达成协议，诉讼中一方当事人申请对工程造价进行鉴定的，人民法院不予准许。"实践中，当事人很难就胁迫、欺诈、重大误解等进行充分的举证，无法达到结算协议被撤销的证明标准，正是因为结算协议往往难以推翻，才使结算协议成为建设工程施工合同纠纷案件中最为关键的证据。

一、法律合规风险点描述

1. 结算协议未明确结算范围的风险

施工合同双方当事人就已完工程价款的结算形成合意并签订结算协议，如果结算协议未对工程索赔、签证或违约责任等争议部分进行明确约定，就意味着在出现争议的时候，若施工单位无法拿出确切证据，结算金额即包含索赔，导致施工单位索赔权丧失，对己方造成损失。工程结算实践中有"大结算""小结算"的说法。小结算指的是仅针对工程造价、已付款项、欠付款项等内容结算，而大结算包含小结算，同时还包含承包人可向发包人主张的所有项目应付总价款（包含工程造价、奖励、承包人索赔、履约保证金、逾期付款利息等），以及发包人可据以抗辩或主张的所有已付款与应扣款在内的所有款项内容。如果双方之间的结算协议对结算范围不明确，在没有确切证据的情况下，一般应认定为大结算，即结算已经包含了双方之间所有的应付总价款和已付款项。理由是，结算过程是双方共同参与、充分协商、作出让步和妥协的过程，如果存在未确认的款项一般应当一次性协商清楚，未经确认也未在结算协议中另行约定的，应视为在协商过程中予以放弃。

2. 质量责任风险

质量责任风险主要包含两类，一是针对未竣工项目，因合同解除或者其他特殊原因，施工单位退出该项目，从而签订结算协议。对于该类结算协议签订后，工程后续需要由其他施工单位继续施工，施工现场不处于施工单位管控范围，而施工单位仍承担着自身已完成部分的质量责任，就有可能出现因后续其他施工单位导致施工单位已完工程的质量问题，使施工单位承担质量责任；二是在未验收先行交付的情况下，若结算协议中未明确质量合格，若出现纠纷，业主往往以质量问题提出反诉，使施工单位承担质量责任。

3. 分包付款风险

分包付款风险分为两类，一是施工单位为了减轻自身付款压力，往往会在分包合同中约定"背靠背"支付条款，当结算协议签订后，分包单位即有理由相信业主会向施工单位按照结算协议付款，从而向施工单位请求付款，若业主不按照结算协议约定支付，施工单位就会承担很大的资金压力；二是结算金额未就分部分项工程做明确的细分，而对于指定分包工程，施工单位需做"中间转付"，若指定分包单位要求的结算款与业主支付给施工单位的结算款不一致，且结算协议中未单列该分包工程的结算金额，施工单位很可能与指定分包单位产生纠纷，造成自身损失。

二、法律合规风险防范措施

1. 在签订结算协议中应该写明工程已经质量验收合格，或者放弃部分自身权利要求业主放弃追求施工单位质量责任，避免出现纠纷，业主以质量问题提出反诉，损害总承包单位利益；

2. 对于工期违约责任方为总承包单位或者责任不明晰的，应要求在结算协议中明确业主放弃对总承包单位的索赔或者双方相互放弃对工期责任的索赔，避免因约定不明产生纠纷；

3. 在签订结算协议时，应与业主明确，除质量保证金外，业主不得扣留其他任何款项，也不得扣减任何款项，避免后续以水电费、审计费等为由扣减相应费用；

4. 应要求在结算协议中明确各分部分项工程的结算金额，避免与指定分包单位产生纠纷；

5. 对于未完工即退场结算项目，应在结算协议中明确施工单位已完工程量，避免业主以结算协议未按照合同约定、非当事人真实意思表示等理由否认结算协议，从而产生争议。

三、典型案例：结算协议有效力，约束双方难推翻

【基本案情】

中民公司与亚华公司于2011年4月1日签订了《湖北省建设工程施工合同》，约定由中民公司承建亚华宝塔湾一期5号楼工程。工程承包范围为武汉开来建筑设计有限公司设计宝塔湾一期5号楼除桩基和土方开挖外的施工范围内所包含的全部内容。合同价款为15946158.60元，其中安全防护、文明施工措施费为318323.20元。双方于2011年8月20日签订了《补充协议》，该补充协议就亚华宝塔湾一期5号楼工程施工的未尽及条款变更事宜进行协商。该补充协议约定，双方签订的《补充合同》第六章第六条内容变更为"六、按施工图纸设计内容、变更单、修改图、签证单据实结算，结算总价不下浮"。还约定，根据2009年双方签订的工程施工意向协议，第二期全部工程项目由湖北中某某建筑工程公司总承包，具体总承包工程项目事宜由双方另行商定。中民公司于2011年3月14日开始进场施工，又于2013年3月16日单方委托造价咨询公司对亚华宝塔湾一期5号楼工程造价出具了《建筑工程结算书》，确定工程造价金额为20797200元。庭审中，亚华公司对此造价金额不予认可。中民公司认为5号楼工程已支付的金额为19120000元，而亚

华公司认为5号楼工程支付金额为19381575.84元。2012年12月20日中民公司向亚华公司提交了竣工验收资料，亚华宝塔湾一期5号楼工程于2013年12月20日经竣工验收合格。

经公开招标投标程序后，亚华公司与中民公司于2014年7月16日签订了《建设工程施工合同》，该合同约定中民公司承建的工程内容为亚华宝塔湾二期2号、6号～9号、幼儿园，工程承包的范围为施工图中除桩基和土方开挖外的全部内容。签约合同价为12800万元，其中安全文明施工费为2396677.70元。工期总日历天数为300天。计划开工日期为2014年7月28日，计划竣工日期为2016年1月28日。该合同约定缺陷责任期限为6个月，扣留5%的工程款作为质量保证金。质量保证金扣留是在支付工程进度款时逐次扣留。在此情形下，质量保证金的计算基数不包括预付款的支付、扣回以及价格的调整。双方签订合同之前，即2014年4月20日中民公司就上述工程承包内容开始进场施工。2014年9月25日双方又签订补充协议，将施工期由原来的300天延长至540天。亚华公司于2015年10月21日向中民公司出具了《承诺书》，承诺如下：一、6号、7号、8号、9号楼封顶我公司应支付贵公司已完成工程量的70%；二、工程量的计算以有资质的咨询造价公司出具的文件为准，且公司在收到该文件7日内，将工程进度款支付完毕。三、砌体工程砌筑至32层，我公司支付贵公司已完成工程量的75%。四、粉饰工程粉刷至32层，我公司支付贵公司已完成工程量的85%。五、外墙砖粘贴完毕，我公司支付贵公司已完成工程量的85%。六、脚手架、升降机、塔式起重机拆除完毕，我公司支付贵公司已完成工程量的90%。七、综合验收合格办理结算时，我公司支付贵公司结算总价的95%。八、若因资金紧张，不能按时支付到位的所欠余款，则按月息3分计息，我公司支付给贵公司作为经济损失补偿费。亚华宝塔湾二期2号、6号～9号楼工程亚华宝塔湾二期分项工程于2016年5月11日经亚华公司进行验收合格。2号、6号～9号楼二期工程尚未整体竣工验收之前，亚华公司与买房者丁某某于2017年10月23日签订了《购房协议》，约定同意将房屋交付买房装修，并承诺在正式水、电计量之前由亚华公司免费提供临时水、电使用。中民公司于2020年6月移交案涉工程的竣工验收资料。中民公司认可收到亚华公司工程款85342104.55元（79241886元＋6100218.55元），而亚华公司认为已支付工程款为90213154.55元，存在争议的工程款项为487万元。亚华公司（作为甲方）与中民公司（作为乙方）于2018年5月31日达成《结算协议》，该协议约定：1.决算依据暂按湖北省2013年《湖北省建筑工程消耗量定额及统一基价表》、2013年《湖北省安装工程消耗量定额及单位估价表》、2013年《湖北省土石方工程消耗量定额及统一基价表》、2013年《湖北省建筑安装工程费用定额》等计量取费；材料价格以当期荆州市城区建设工程材料市场信息价计算，根据双方核定工程量据实结算。2.有设计变更、设计修改图、签证单，按设计变更单及签证单计算工程量的造价。若无，则以建设施工蓝图及安装工程蓝图为依据计算工程款的造价。3.甲方对外直接分包的工程，应依据2013年费用定额及相关文件的规定取费。4.决算审核机构由双方确认，乙方所做决算金额与经审核机构确定的决算金额，其审减范围在5%以内的审计费用由甲方承担，超过5%的部分审计费用由乙方承担。5.决算工程从协议签订之日起3日内启动，10日内完成双方确认的决算工程资料（含签证资料），60天内乙方完成决算工作并将资料交双方确认的审计机构进行审计。6.若在规定时间内，乙方不能及时完成相应工作，则甲方将根据自身确定的工作量进行决算，并以此为依据与乙方结算。7. 最终决算金额由双方根据审核机构审定金额议定。若议定不成可申请当地仲裁机构仲裁。双方又于2018年12月10日达成《结算协议》，约定：1. 亚华宝塔湾二期2号、6号～9号楼工程项目决算，依据本工程项目施工蓝图，按湖北省2013年《湖北省房屋建筑与装饰工程消耗定额及基价表》《湖北省通用安装工程消耗量定额及单位估价表》《湖北省建设工程公共专业消耗量定额及基价表（土石方 地基处理 桩基础 预拌砂浆）》《湖北省施工机械台班费用定额》《湖北省建筑安装工程费用定额》等计量取费；材料价格以当期《荆州市建设工程材料市场信息价》计算，总价下浮2.5％。2. 有设计变更单、设计修改图、签证单，以设计变更单及签证单为依据，按上述第1条据实结算。若无，则以建筑施工蓝图及安装工程蓝图为依据，按本协议第1条据实结算。3. 由甲方直接对外分包的工程，应依据上述第1条结算，扣减对外分包工程费。决算审核机构由双方确认，乙方所做决算金额与审核结构确定的决算金额，其审减范围在5％以内的审计费用由甲方承担，超过5％的部分审计费用由乙方承担。4. 决算工作从协议签订之日起3日内启动，10日内完成双方确认的决算工程资料（含签证资料）后，暂定90天内乙方完成决算工作并将资料交双方确认的审计机构进行审计。5. 若在规定时间内，乙方不能及时完成相应工作，则甲方根据自身确定的工作量进行决算，并以此为依据与乙方结算。6. 最终决算金额以双方根据审核机构审定金额为准。若有异议双方协商，协商不成可申请当地仲裁机构仲裁。依中民公司的申请，一审法院委托中大信（北京）工程造价咨询有限公司（以下简称中大信公司）对亚华宝塔湾二期2号、6号～9号楼工程的工程造价进行鉴定，中大信公司于2020年5月30日出具了鉴定意见书。综合鉴定意见书及双方的质证意见，一审法院确认亚华宝塔湾二期2号、6号～9号楼工程的造价金额为115408317.27元（112235191.27元－16807元－99005元＋3288938.73元）。

【裁判结果】

一审法院判决：亚华公司于判决生效之日起15日内向中民公司支付亚华宝塔湾二期工程款25716212.72元及其利息（利息以19945796.86为基数从2017年10月23日起至2018年4月22日按中国人民银行同期同类贷款利率计算，以25716212.72为基数从2018年4月23日起至2019年8月19日按照中国人民银行同期同类贷款利率计算，自2019年8月20日起至湖北亚华房地产开发有限公司清偿之日止按照全国银行间同业拆借中心公布的贷款市场报价利率计算）；中民公司于判决生效之日起15日内赔偿亚华公司损失1581812.4元；中民公司于判决生效之日起15日内向亚华公司开具亚华宝塔湾一期5号楼工程款19120000元的税务发票；于判决生效之日起10日内向亚华公司开具亚华宝塔湾二期2号、6号～9号楼工程款89692104.55元的税务发票；驳回中民公司的其他诉讼请求；驳回亚华公司的其他反诉请求。

二审法院认为，中民公司、亚华公司于2014年7月16日签订案涉及《建设工程施工合同》，中民公司亦进行了组织施工，案涉工程的商品房部分已对外销售，后因结算问题存在争议，双方就案涉工程结算于2018年12月10日达成了《结算协议》，该协议系双方当事人的真实意思表示。亚华公司认为，案涉《建设工程施工合同》无效，《结算协议》亦当无效。结算协议是否有效，应当综合分析协议内容所反映出来的当事人之间权利义务关系的性质及与施工合同之间的法律关系，不能仅以结算协议签订在《建设工程施工合同》之后就认定二者为主从合同关系。根据案涉结算协议签订时间背景来看，中民公司已对案涉房屋施工完毕，亚华公司也对案涉房屋进行了部分销售，表明案涉工程已经进行了交付。在此情形下，双方为了解决案涉工程的决算问题而达成的《结算协议》，系对双方债权债务关系的说明，具有独立性。《合同法》第九十八条规定：'合同的权利义务终止，不影响合同中结算和清理条款的效力'[1]，亚华公司提出2014年7月16日《建设工程施工合同》无效而《结算协议》必然无效的主张与上述法律规定相悖，且违反诚实信用原则不能成立。因《结算协议》独立于《建设工程施工合同》，且系双方当事人的真实意思表示，其内容未违反法律、行政法规的强制性规定，合法有效，对双方当事人均有约束力。故亚华公司主张《结算协议》无效的上诉理由不能成立，不予支持。因此，二审法院驳回上诉，维持原判。

【案例评析】

本案是一起业主方与施工方签订《结算协议》被法院认定合法有效，并作为双方结算工程价款依据的典型案例。双方在招标投标之前已就合同主要内容达成了协议，其目的在于排除其他竞争人，谋取利益，违反了公开、公平、公正的招标投标原则，双方的行为属于"先定后招"的串标行为，法院认定双方签订的《建设工程施工合同》无效，但施工合同无效并不影响双方签订的《结算协议》效力。建筑施工企业在签订结算方面协议时，应仔细研究相关条款，维护自身合法权益。

第二节　未办理竣工验收擅自使用的风险

《民法典》第七百九十九条规定："建设工程竣工后，发包人应当根据施工图纸及说明书、国家颁发的施工验收规范和质量检验标准及时进行验收。验收合格的，发包人应当按照约定支付价款，并接收该建设工程。"《最高人民法院关于审理建设工程施工合同纠纷案件适用法律问题的解释（一）》（法释〔2020〕25号）第九条第（三）款规定："建设工程未经竣工验收，发包人擅自使用的，以转移占有建设工程之日为竣工日期"；第十四条规定："建设工程未经竣工验收，发包人擅自使用后，又以使用部分质量不符合约定为由主张权利的，人民法院不予支持；但是承包人应当在建设工程的合理使用寿命内对地基基础工程和主体结构质量承担民事责任。"

建设工程的竣工验收，是指建筑工程全部建成后为检查工程质量而进行的一项工作程序，也是建设过程中最后一个工序，是全面考核基本建设的工作，是检查是否合乎设计要求和工程质量的重要环节，是建设工程从建设生产转入使用的一个重要标志，交付使用的建设工程必须经过这一环节，发包人是竣工验收的责任主体和组织方。

在《中国建设工程施工合同法律全书：词条释义与实务指引》中，对发包人"未经竣工验收擅自使用"的解释为"发包人违反法律或行政法规的强制性规定，在未按规定程序组织竣工验收，或在不具备规定条件的情况下组织竣工验收，或未经竣工验收合格的情况下，使用建设工程的行为。"[2] 在司法实践中对于"擅自使用"的理解，最高人民法院和

---

[1] 《合同法》已废止，该条已变更为《民法典》第五百六十七条。
[2] 常设中国建设工程法律论坛第八工作组．中国建设工程施工合同法律全书：词条释义与实务指引（第2版）[M]．法律出版社，2021．

部分法院认为"擅自使用"并不是相对承包人（施工方）而言的，而是针对法律法规的强制性规定而言，即未经验收或验收不合格而使用的为擅自使用，而非以其他任何条件作为擅自使用的认定标准。实践中，因各种原因，发包人擅自使用未办理竣工验收的工程的情况不断出现，在这种情况下发包人和承包人都面临不同的法律风险。

一、法律合规风险点描述

1. 竣工日期变更的风险

就发包人而言，在发包人擅自使用未经竣工验收的建设工程，导致竣工日期变更，以建设工程转移占有之日为竣工日期。

2. 工程质量责任风险转移的风险

符合《最高人民法院关于审理建设工程施工合同纠纷案件适用法律问题的解释（一）》第十四条的规定，工程质量责任风险由承包人（施工方）转移给发包人。根据《建筑法》的有关规定，施工单位对建筑工程质量承担责任，但是在建设工程未经竣工验收或者竣工验收未通过的情况下，发包人违反法律规定，擅自使用，即可视为发包人对建筑工程质量的认可，或者虽然工程质量不合格但其自愿承担该后果。因为发包人使用未经验收的工程，其应当预见工程质量可能会存在质量问题。随着发包人的提前使用，其工程质量责任风险也由施工单位随之转移给发包人。《建筑法》第六十一条规定："建筑工程竣工经验收合格后，方可交付使用；未经验收或者验收不合格的，不得交付使用"，依据此法律的强制性规定，承包人不得交付未经验收的工程；反之，发包人也不得擅自使用，不能逾越法律的红线。但是，也有例外情况。如果发包人能够证明提前使用未经竣工验收的工程系基于社会公益，或者系降低非因发包人原因造成的损失等合理事由，法院结合案件的实际情况及擅自使用的必要性进行综合裁判认为其理由成立的，将不予认定其构成擅自使用。

就承包人而言，未经竣工验收擅自使用，只是推定工程质量合格，承包人仍应当对地基基础工程和主体结构质量承担质量保证责任。

二、法律合规风险防范措施

1. 发包人方面

发包人应当尽可能按照合同约定，积极推进竣工验收工作，并要求承包人配合，非必要的情况下不提前使用工程。确因特殊情况需要提前使用未经竣工验收的工程的，应确保提前使用工程存在一定的必要性和合理性（例如基于社会公共服务的必要需提前使用工程）。如系因承包人原因拖延竣工验收的，或以工期拖延、拒绝办理竣工验收为筹码要求发包人对双方争议的变更签证予以尽快确认等非发包人原因，导致发包人不得已提前使用的，发包人需注意留存好关于提前使用工程具备紧迫性的相关证据，包括与承包人就工期延误事宜的往来沟通函件、因承包人工期延误导致发包人未按期接收工程而已经实际发生的损失等，以便产生争议时用以证明发包人提前使用工程的正当性。

此外，为避免提前使用工程后出现工程质量问题时，承包人以《最高人民法院关于审理建设工程施工合同纠纷案件适用法律问题的解释（一）》第十四条为依据拒绝承担质量保修责任，发包人在提前接收和使用工程以前，对于已发现的质量问题，应及时书面要求承包人进行维修，如发函要求承包人进行整改、维修，罗列出质量问题清单及问题描述，对工程现场情况尤其是可能存在工程质量瑕疵的部分进行拍照记录，以明确承包人的质量责任，必要时可启动工程质量检测检验程序，可公证或委托有资质的第三方鉴定机构进行质量鉴定，并保存好质量鉴定报告及其他相关资料，固化相关证据，以兹证明工程质量问题在发包人提前使用工程前已然存在。另外，如承包人怠于整改、维修，发包人应注意保留承包人怠于整改的相关证据资料，以体现发包人接收工程并非对工程质量予以认可。

对于需要进行试运行的公路、水利等工程项目，如对工程的提前使用系出于试运行目的，发包人需保留使用项目工程时尚未完成试运行的相关证据（例如当时正处于主管部门审核阶段，或者尚未满足试运行合格标准的其他证明文件）。

2. 承包人方面

承包人在满足工程竣工验收条件时，应当及时通知发包人进行竣工验收。如在合理期限内，发包人仍怠于验收的，承包人可再次发函要求发包人及时组织验收。承包人可保留书面通知、催告验收的相关函件，以证明系因发包人原因拖延工程竣工验收。

如发包人表示要在未经验收前提前接收使用工程的，在能够进行友好协商的前提下，承包人可要求发包人支付相应的工程款项，并尽可能要求发包人先行出具对工程质量予以认可且承包人免于承担后续工程质量问题的免责承诺声明，以降低承包人后续承责风险。

如发包人在承包人不知情的情况下擅自使用工程或者双方无法就工程提前使用达成一致意见的，承包人应自发现发包人擅自使用工程之日起，尽可能收集和保留发包人使用未经竣工验收工程的相关证据（包括能够证明发包人擅自使用工程的日期、将工程投产使用的证明资料等），同时按照施工合同约定及时向发包人提交完整的竣工资料、结算资料，催促发包人进行结算并支付工程款，尽到积极行权的义务。

此外，对于需要进行试运行或者调试的工程项目，承包人应留存试运行期间的数据资料，以证明试运行结果满足合同及相关工程标准。另承包人需及时关注和跟踪工程试运行期间是否已超出合理必要的期限，以避免发包人以试运行或者调试为由长期使用工程而拖延竣工验收。

三、典型案例：未经验收擅使用，质量责任要承担

【基本案情】

2019年9月28日，发包人湘粤公司与承包人春龙公司就慈利县银澧国际学校工程施工事项签订《湖南省张家界市慈利县银澧国际学校建设工程施工合同》，案涉合同分为合同协议书、通用合同条款、专用合同条款三大部分。合同协议书部分约定的主要内容有："一、工程概况。1. 工程名称：慈利县银澧国际学校……5. 工程内容：慈利县银澧国际学校工程预算清单对应的图纸内容。6. 工程承包范围：预算清单对应的图纸内容（慈利县银澧国际学校一期工程）。二、合同工期……工期总日历天数：365天（但其中综合楼、1号教学楼、2号教学楼、3号教学楼于2020年7月30日前竣工交付；1号宿舍楼、2号宿舍楼于2020年7月30日前竣工交付；图书馆，看台及地下室于2020年7月30日前必须竣工交付；综合会馆于2020年8月15日前必须竣工交付）。工期总日历天数与根据前述计划开竣工日期计算的工期天数不一致的，以工期总日历天数为准……四、签约合同价与合同价格形式标准签约合同价由以下三部分组成：1. 由承包人采取总价包干形式承包施

工，即承包人签约固定总价包干价：人民币103500000元，总承包价合同金额包括相应税金；2.建设工程社会保险金：人民币2470000元。3.安全文明施工费：按实际发生的费用另行进行结算。"通用合同条款约定的主要内容有："……1.1.4.1开工日期：包括计划开工日期和实际开工日期。计划开工日期是指合同协议书约定的开工日期；实际开工日期是指监理人按照第7.3.2项（开工通知）约定发出的符合法律规定的开工通知中载明的开工日期。1.1.4.2竣工日期：包括计划竣工日期和实际竣工日期。计划竣工日期是指合同协议书约定的竣工日期；实际竣工日期按照第13.2.3项（竣工日期）的约定确定……13.2.3竣工日期……工程未经竣工验收，发包人擅自使用的，以转移占有工程之日为实际竣工日期"。专用合同条款约定的主要内容有："1.1.2.1监理人：名称：湖南丰顺项目管理有限公司。1.6.2……监理人接收文件的地点：慈利县银澧国际学校项目现场监理部；监理人指定的接收人为：李跃飞……1.9工程量清单错误的修正……允许调整合同价格的工程量偏差范围：桩长、清单漏项、清单增项、工程变更、现场签证、施工材料与清单材料不一致……11.价格调整……因市场价格波动调整合同价格，采用以下第2种方式对合同价格进行调整……第2种方式：采用造价信息进行价格调整。关于基准价格的约定：基准价为发包人提供的清单所对应项目下浮后的价格。①承包人在已标价工程量清单或预算书中载明的材料、工程设备单价在合同履行期间涨、跌幅以基准价格为基础超过±5%时，据实调整……12.4工程进度款支付。12.4.1付款周期。关于付款周期的约定……7.总工程款的25%余款分三年付清（包含退还质量保证金，所退还的质量保证金就是在剩余的25%总工程款中所扣留的5%工程款），每年付款两次，即每年春季、秋季开学一个月内，每次付余款的1/6，最后一次全部付清……20.2工程变更结算方法：（1）工程量清单中有清单项目的，按清单综合价，不下浮进行结算；（2）工程量清单中没有的，承包方以其对应的施工资质按湖南省2014年建筑工程消耗量标准，全额取费不下浮进行结算……20.5材料价差调整：以基准价为基础，承包方以其对应的施工资质按《张家界工程造价信息》发布的价格据实调整、人工工资调整按相关政策规定执行，均不下浮。"

被上诉人春龙公司提交了相关新闻报道网页的打印件，拟证明慈利县银澧学校于2019年8月25日开学，案涉工程使用时间应为2019年8月25日。上诉人湘粤公司认为，该新闻报道可证实工程是于2019年7月28日开工。本院认为，关于开工时间，该新闻报道称"7月28日，银澧国际学校举行开工奠基仪式"，该"开工奠基仪式"不能等同于本案建设工程的开工，且双方在一审庭审中均陈述实际开工时间是2019年9月28日。关于使用时间，湘粤公司在其反诉状及变更反诉请求申请书中明确陈述是于2020年8月25日使用了已完工的8个单项工程，该日期与春龙公司诉称的使用日期一致，与新闻报道的开学时间一致。湘粤公司在一审庭审时虽然有陈述使用时间是2020年9月1日，但没有提供充分证据。经审理查明，案涉工程使用时间为2020年8月25日。一审查明的其他事实，二审予以确认。

【裁判结果】

法院经审理认为，发包人湘粤公司构成建设工程未经竣工验收，擅自使用，以转移占有建设工程之日为竣工日期。擅自使用引起质量责任风险转移，发包人湘粤公司以使用部分质量不符合约定为由主张权利的，不予支持。

【案例评析】

《最高人民法院关于审理建设工程施工合同纠纷案件适用法律问题的解释（一）》第九条、第十四条两处规定了"擅自使用"。第九条第（三）款："建设工程未经竣工验收，发包人擅自使用的，以转移占有建设工程之日为竣工日期"；第十四条："建设工程未经竣工验收，发包人擅自使用后，又以使用部分质量不符合约定为由主张权利的，人民法院不予支持；但是承包人应当在建设工程的合理使用寿命内对地基基础工程和主体结构质量承担民事责任。"上述均规定为"建设工程未经竣工验收""发包人擅自使用"。《民法典》第七百九十九条规定："建设工程竣工经验收合格后，方可交付使用；未经验收或者验收不合格的，不得交付使用。"《建筑法》第六十一条亦作相同规定。从上述条文可见，"经竣工验收合格"是交付使用的前提，"擅自"所针对的是"是否经竣工验收"。如果通过竣工验收，则不是擅自使用；如果没有通过竣工验收，则属于擅自使用。发包人、承包人是否达成交付合意，发包人主观上的考虑，都不属于司法解释规定的擅自使用的范畴。

根据法律和司法解释的规定，擅自使用的法律后果有二。一是竣工日期变更，以建设工程转移占有之日为竣工日期。二是质量责任风险转移，承包人只在建设工程的合理使用寿命内对地基基础工程和主体结构质量承担民事责任。擅自使用，视为发包人对建筑工程质量认可，或者虽然工程质量不合格其自愿承担该后果。除非承包人明确表示放弃前述司法解释第九条、第十四条所规定的承包人的权利，否则，发包人、承包人之间的权利义务就应按第九条、第十四条的规定来确定。

第三节 未按合同约定提交结算资料的风险

建设工程施工合同结算是发承包双方在建设工程项目实施过程中，依据施工合同约定的结算周期（时间或进度节点），对已完成质量合格的工程内容（包括现场签证、工程变更、索赔等）开展工程价款计算、调整、确认及支付等的活动。建设工程施工合同结算的拖延通常是由发包人导致的，例如承包人提交结算申请与完整结算资料，发包人拖延结算以达到延迟付款的目的。但实践中也会存在相反的情形，例如承包人因自身原因（例如外部债权人的查封、承包人内部冲突等）不想办理结算，不按合同约定提交结算资料，反而使发包人在结算中处于被动。

一、法律合规风险点描述

承包人不按合同约定提交结算资料导致的风险有两个方面：一方面是承包人无法及时获得工程结算款，导致拖欠农民工工资、供应商货款等的风险；另一方面是因承包人原因未在约定期限内提交施工过程结算文件，发包人可以依据合同约定根据已有资料自行开展施工过程结算活动，责任由承包人自负。

二、法律合规风险防范措施

1. 承包人应及时按照合同约定提交结算资料

在建设工程的施工过程中，承包人应当及时按照合同约定提交结算资料。具体包括施工合同、补充协议、中标通知书、施工图纸、工程招标投标文件、施工方案、工程量及其单价和各项费用计算、经确认的现场签证、工程变更、索赔等。结算文件经发承包双方签字认可后，作为竣工结算文件的组成部分及支付工程进度款的依据，对已完过程结算部分原则上不再重复审核。

2. 发包人可以依据合同约定根据现有资料自行开展施工结算活动

发包人可以在施工合同中明确承包人提交结算资料的期限、清单、份数，并约定承包人逾期提交的违约责任及法律后果，违约责任可以约定由承包人承担逾期违约金，法律后果可以约定承包人逾期提交视同承包人自动放弃向发包人结算的权利，发包人有权根据发包人处结算材料进行结算审核，审核结果对承包人有效等条款。

3. 发包人应及时拨付人工费至农民工工资专用账户

发包人应当督促承包人按照法律规定开设农民工工资专用账户，专项用于支付该工程建设项目农民工工资。发包人应将工程进度款中的人工费及时足额拨付到农民工工资专用账户，避免因拖欠农民工工资导致相关风险的发生。

三、典型案例：结算资料是依据，主张权利早提交

【基本案情】

2011年6月28日，发包人盛苑公司与承包人泓建公司签订《建设工程施工合同》，约定泓建公司承包阳光丽舍二期工程，工程内容为阳光丽舍二期A1-A10、B1-B3住宅楼，工程承包范围包括施工图范围内的土建、安装工程；合同价款以本工程实际结算为准，约10530万元；竣工结算条款为工程竣工验收报告经发包人认可后28天内，承包人向发包人递交竣工结算报告及完整的结算资料，双方按照协议书约定的合同价款及专用条款约定的合同价款调整内容，进行工程竣工结算等。合同签订后，泓建公司仅施工了A区工程，未施工B区工程。泓建公司以盛苑公司欠付工程款为由诉至一审法院。

泓建公司认可盛苑公司向其支付工程款27982807元并代其支付了一部分农民工工资和材料款；同时认可未与盛苑公司进行竣工验收和结算。泓建公司就其施工的工程没有向盛苑公司报送结算资料，在一审诉讼中也未对工程造价申请司法鉴定，其起诉要求的工程总造价系泓建公司依据合同价款10530万元按45%估算所得。

为便于二审法院查清事实，泓建公司自行委托东佳工程项目咨询有限公司对案涉工程进行造价审计，审核造价为54969553.70元。因该报告书是泓建公司在一审判决后自行委托有关部门作出的，盛苑公司没有参与审计，法院不予认可，该报告书不能作为认定本案工程造价的依据。

【裁判结果】

法院认为，泓建公司作为承包人主张工程价款，应当对工程造价这一基本事实承担举证证明责任。当事人未能提供证据或者证据不足以证明其事实主张的，由负有举证证明责任的当事人承担不利的后果。因此，泓建公司应当承担举证不利的后果，法院驳回泓建公司的诉讼请求。

【案例评析】

工程造价如何确定是本案的主要争议点。泓建公司作为承包人主张工程价款，应当对

工程造价这一基本事实承担举证证明责任，其主张通过两种方式确定工程造价：一是按照合同价款 10530 万元的 45% 估算；二是依据晨旭公司的审计报告确定。但是，第一，按合同价款的 45% 估算不符合双方合同约定的结算方式；第二，即使双方在诉前同意由第三方审计公司晨旭公司作为案涉工程的结算审计单位，但本案没有证据显示晨旭公司已经作出了审计报告或者审计报告在盛苑公司的控制之下。根据 2012 年 12 月 20 日晨旭公司出具的《工作联系单》内容，泓建公司未按合同约定提交结算资料是造成晨旭公司无法审计的原因。双方无法就工程造价问题达成一致意见，泓建公司理应申请司法鉴定，但其一审不申请，二审对其释明后仍不申请，法院依据现有证据无法认定工程造价这一基本事实。根据《最高人民法院关于适用〈中华人民共和国民事诉讼法〉的解释》第九十条规定，在作出判决前，当事人未能提供证据或者证据不足以证明其事实主张的，由负有举证证明责任的当事人承担不利的后果。因此，泓建公司应当承担举证不利的后果，驳回泓建公司的诉讼请求。

通过该案件可以发现，承包人未按照合同约定提交结算资料，面临已完工程量和价格无法得到确认，工程款无法及时收回。在发生法律纠纷后，将增加诉累，面临举证不能的法律风险。因此，在施工过程中，承包人应当及时按照合同约定向发包人提交结算资料，履行自己的权利和义务。

第四节　发包人拖延办理竣工验收与结算的风险

建设工程竣工验收合格后，发包人往往催促交付工程。但其实际占有建设工程后，却以种种理由故意拖延结算，这样就给承包人带来一系列风险。

一、法律合规风险点描述

1. 发包人拖延办理结算

承包方及时提交了结算报告，但发包人只接收却不签字盖章；有的发包人收到承包方的结算报告后，派人假装与承包方对账，但故意拉长对账过程，不给承包方任何书面答复。发包人未在约定的工程结算期间内及时审核或委托审价，可能导致工程结算被延误，进而延误收取工程款，甚至导致工程款难以收回。这也是发包人拖延办理竣工结算给承包人带来的主要风险。

2. 法院裁判态度不统一

在目前司法实务中对在建设工程合同中没有约定竣工结算审查期限及发包人逾期不答复即视为认可结算文件的情形下，是否可将承包人提交的竣工结算文件作为结算工程价款的依据，各法院的裁判观点也不统一，给承包人的进一步维权带来了不确定性。

二、法律合规风险防范措施

1. 完善竣工结算的合同条款

《最高人民法院关于审理建设工程施工合同纠纷案件适用法律问题的解释（一）》（法释〔2020〕25 号）第二十一条规定："当事人约定，发包人收到竣工结算文件后，在约定期限内不予答复，视为认可竣工结算文件的，按照约定处理。承包人请求按照竣工结算文件结算工程价款的，人民法院应予支持。"在合同签约阶段，完善关于竣工结算文件交接、审查和答复的条款约定，可以最大程度避免结算争议的发生。

一方面，明确双方交接竣工结算文件的程序，包括交接人员姓名、联系电话、接收文件的地址。可以在合同开始或者结尾处填写发包人指定联系人姓名、联系电话、接收文件的地址、电子邮箱、微信等，为今后结算文件的送达减少不必要的障碍。另一方面，明确发包人对竣工结算文件进行审查的期限，明确发包人未在约定期限内予以答复，视为认可结算文件。例如《建设工程施工合同（示范文本）》（GF—2017—0201）中竣工结算审核的规定："发包人在收到承包人提交竣工结算申请书后28天内未完成审批且未提出异议的，视为发包人认可承包人提交的竣工结算申请单，并自发包人收到承包人提交的竣工结算申请单后第29天起视为已签发竣工付款证书。"如发包人较排斥此类条款，也可笼统地约定"双方在合同中未约定的，执行《建设工程施工合同（示范文本）》（GF—2017—0201）中通用合同条款或者约定执行《建设工程价款结算暂行办法》"。

2. 及时报送齐全的竣工结算资料

承包人应严格按照合同约定的程序，以承包人自己的名义向发包人提交竣工结算材料。采取邮寄、电子邮件、公证等留痕的方式向发包人提交竣工结算文件，并注意备注结算文件的内容大纲及文件是否为原件。报送后，需注意发包人对竣工结算材料的回复意见并及时复函。如发包人回复要求补充材料，应及时复函要求发包人明确补充材料具体内容。承包人发送给发包人的结算文件应当齐全，送审的结算文件应包括以下内容：（1）招标投标文件有关资料；（2）工程合同及补充协议；（3）全套竣工图纸；（4）签证单；（5）施工组织设计；（6）工程预（结）算书；（7）甲供材料清单；（8）主材分析表；（9）工程进度月报表等。需要特别注意的是，结算文件之间应保持一致，不应有自相矛盾之处；竣工图应加盖承包人图章；工程预（结）算书应加盖承包人图章同时要有预算编制单位及预算员的签章。

3. 加强竣工结算资料的签收管理

送审的结算文件应有发包人的签收并保留证据。送审的结算文件应由发包人签收，即发包人盖章或者发包人的有权代表签收确认已收到送审资料。实践中，发包人为了拖延审价、付款，往往会拒签，这种情况下，建议承包人采取邮寄快递方式送达，并对邮寄快递过程进行公证，或以录音录像等方式取证记录。签收单或快递单上应写明送审价而且应与实际送审价保持一致。例如，在签收单或者邮寄面单上务必写明"××工程结算造价×万元，送审资料齐全"。对于发包人不签收结算报告的情况，可以采用邮寄快递并进行公证的方式。此时应注意邮寄文件清单、邮寄送达回执的保存。

4. 加强施工过程中的结算管理

在施工过程中，承包人应及时向发包人报送工程进度结算材料，争取取得发包人对进度结算文件的认可，并争取取得发包人对竣工结算文件的认可。在工程完工后，按约定方式及时向发包人提交竣工结算文件，并函告发包人在一定期限内进行审查，并告知逾期答复的，视为认可结算文件。

三、典型案例：竣工结算恶意拖，结算文件视认可

【基本案情】

2013年11月22日，亚太安设备安装公司（承包人）与九源富春房地产公司（发包

人)签订建设工程施工合同,合同第一部分协议书约定:一、工程概况。工程名称:万德福广场B-43地块消防工程。工程地点:北京市平谷区平谷镇。工程内容:万德福广场B-43地块消防工程。资金来源:自筹。二、工程承包范围:万德福广场B-43地块施工图纸范围内的消防工程及工程规范和技术说明中规定的所有(除以下不包括内容)施工工程。三、合同工期。开工日期:2013年11月15日,竣工日期:2014年7月31日(包括消防专项验收),合同工期总日历天数258天。四、质量标准。工程质量标准:合格。五、合同价款(不包括发包人供应设备价格):9257872元。六、合同价款与支付……23.合同价款及调整……23.2本合同价款采用方式(1)确定。(1)采用固定价格合同,合同价款中包括的风险范围:①因承包方投标报价时数量有错、漏,导致报价不准确;②因市场变化、政策性调整导致人工、机械和材料价格变化;③因天气、地形、地质等自然条件的变化,采取的临时措施;④按合同工期完工所采取的赶工措施,为达到合同质量要求所采取的措施;⑤由于材料规格型号的变更对本材料安装人工费的影响。风险费用的计算方法:工程风险包干费用不限于以人工费、材料费、机械费、企业管理费和利润之和为基数。承包人已考虑上述风险因素并根据各自实力、施工经验、现场周边环境的要求,参照北京市建设主管部门颁布的工程预算定额消耗量标准及费用标准和依据企业定额、市场价格,进行综合后与发包人核定的合同价款。本合同价款已包含了承包人自主确定的风险包干系数,风险包干费用已包括在本合同价款中。施工中对风险范围内的工程造价包干,施工过程和竣工结算时不再调整包干造价。26.工程款(进度款)支付。26.1双方约定的工程款(进度款)支付的方式和时间:①次月10日前,按监理和发包人核准的已完成上月工程量的70%支付工程款;②全部工程完成并经验收合格后10日内支付至合同总价85%;③竣工结算完成后15日内,累计支付至结算价的95%;④剩余结算价的5%作为保修款,4个月保修期满后,支付应付保修款(不计息),具体保修条款见附件3;⑤对于发包人的每次付款,以承包人已经向发包人开具了同等金额的北京市建筑业统一发票为前提。九、竣工验收与结算。33.竣工结算。33.1工程经竣工验收合格后,承包人应在45日内向发包人提交竣工图和结算报告等结算资料,承包人应该保证竣工图和结算报告资料的真实有效性、完整性和准确性。33.2发包人在收到承包人提交的完整的竣工图和结算报告等结算资料后的120日内予以审定。33.3如果因承包人提交结算资料不完整或者存在错误等原因,造成发包人审核期限延期的,责任由承包人自行承担。承包人应在发包人约定时间内核对工程结算,承包人不配合造成结算时间延长的,由承包人承担责任。33.4如承包人提交的竣工结算经发包人审核后的核减率超过6%,承包人将承担核减超过6%的部分金额的10%作为结算审核费用,在工程结算时,由发包人直接从工程价款中扣除。33.5本工程施工过程中发生的洽商(若有),只作为工程施工依据,不作为结算价款计算的依据,若有费用发生,由承包人承担。设计变更按实际发生工程量结算。33.6结算依据:施工合同;施工图;有效的设计变更、工程洽商、发包人出具的签证、北京20××定额及取费。

2014年9月5日、9月8日,2015年7月20日对案涉工程进行了工程量确认。九源富春房地产公司支付了除质量保证金之外的工程款,但九源富春房地产公司没有确认洽商变更的工程款。2015年12月3日,亚太安设备安装公司向九源富春房地产公司出具了关于万德福广场B-43地块商业、办公楼消防工程竣工决算函,决算函载明:合同价款

9257872 元，已付工程款项 7887600.57 元，未付工程款项 1370271.43 元，洽商增加部分 1606748.53 元。2015 年 12 月 3 日，九源富春房地产公司现场负责人刘保华签收。九源富春房地产公司至今没有支付该款亦未作出答复。

关于亚太安设备安装公司提出的支付洽商变更工程款利息的请求，根据合同约定，对于洽商变更的工程款数额，亚太安设备安装公司应提前 14 日向九源富春房地产公司工程师提交报告，由九源富春房地产公司工程师在收到 14 日内作出答复，逾期不答复视为确认。亚太安设备安装公司向九源富春房地产公司提交的工程决算函列明了增加的事项及工程款，相关人员签收后，九源富春房地产公司至今未支付该款也未作出答复，故认定九源富春房地产公司对亚太安设备安装公司洽商部分的费用无异议，九源富春房地产公司除应支付洽商增加的工程款，还应支付该款合理期间的利息。

关于结算问题，双方在合同通用条款竣工验收与结算第 33.3 条中约定："发包人收到竣工结算报告及结算资料后 28 天内无正当理由不支付工程竣工结算价款，从第 29 天起按承包人同期银行贷款利率支付拖欠工程价款的利息，并承担违约责任"；在专用条款第 33.2 条中约定："发包人在收到承包人提交的完整的竣工图和结算报告等结算资料后的 120 日内予以审定"。双方的结算应适用专用条款第 33.2 条的约定。2015 年 12 月 3 日亚太安设备安装公司向九源富春房地产公司发送关于万德福广场 B-43 地块商业、办公楼消防工程竣工结算函，该结算函由刘保华签收，因九源富春房地产公司在诉讼中认可刘保华系其公司员工，且涉诉合同亦约定刘保华系发包人派驻的工程师在任职期间作为发包人的代表，故刘保华有权代表九源富春房地产公司签收有关结算资料并提交九源富春房地产公司审定。九源富春房地产公司已收到该竣工结算函。

【裁判结果】

法院认为，依照《最高人民法院关于审理建设工程施工合同纠纷案件适用法律问题的解释》第二十一条"当事人约定，发包人收到竣工结算文件后，在约定期限内不予答复，视为认可竣工结算文件的，按照约定处理。承包人请求按照竣工结算文件结算工程价款的，应予支持"[1] 的规定，九源富春房地产公司在收到工程竣工决算函后 120 日后未对结算文件提出异议，应视为其认可工程竣工决算函的内容，在现有证据表明涉诉工程已实际交付，且双方对结算事宜有明确约定的情况下，九源富春房地产公司应向亚太安设备安装公司支付洽商变更工程款并支付相应利息。因此，法院裁判九源富春房地产公司应向亚太安设备安装公司支付洽商变更工程款并支付相应利息。

【案例评析】

在该案件中，双方在合同中明确约定："发包人收到竣工结算报告及结算资料后 28 天内无正当理由不支付工程竣工结算价款，从第 29 天起按承包人同期银行贷款利率支付拖欠工程价款的利息，并承担违约责任"；在专用条款第 33.2 条中约定："发包人在收到承包人提交的完整的竣工图和结算报告等结算资料后的 120 日内予以审定"。九源富春房地产公司在收到工程竣工决算函后 120 日后未对结算文件提出异议，应视为其认可工程竣工决算函的内

---

[1] 该司法解释已废止，该条已被《最高人民法院关于审理建设工程施工合同纠纷案件适用法律问题的解释（一）》（法释〔2020〕25 号）第二十一条替代。

容，在现有证据表明涉诉工程已实际交付，且双方对结算事宜有明确约定的情况下，九源富春房地产公司应向亚太安设备安装公司支付洽商变更工程款并支付相应利息。

在发包人与承包人明确约定"发包人在约定期限内不予答复，视为认可竣工结算文件"的认可条款的情形下，承包人可以请求按照提交的竣工结算文件结算工程价款，但需要满足以下的条件：

第一，必须是合同中有明确约定审查期限及认可条款。发包人和承包人在合同中应明确约定审查期限并约定发包人在约定期限内不予答复，视为认可竣工结算文件。

第二，必须是发包人已收到竣工结算文件。此条件要求承包人举证证实，已按约向发包人提交竣工结算文件且发包人收到了该竣工结算文件。承包方须证明业主方或总承包方收到竣工结算文件。一则承包方在结算阶段需提交完整的竣工结算文件，否则业主方或总承包方可能拒收或以结算资料不全为由拖延审价。二则承包方在递交时需注意将发包人的签收证明文件予以妥善保存，如快递签收单上须写明递交的是竣工结算文件；若当面提交，则需要提前制作签收文件，在提交给业主方或总承包方后由其当面签署签收文件。

第三，必须是发包人在约定期限内未予答复。如发包人在约定期限内予以答复，即使答复内容是不认可承包人的结算文件，认可条款也无法适用。只有在发包人在约定期限内未予答复的情形下，才能视为发包人认可竣工结算文件。

审价期限届满，承包方应当向发包人发出"工程造价以送审价为准"的函件。承包方在向业主方或总承包方递交工程竣工结算文件后，如业主方或总承包方在约定额审核期限届满时，仍不予明确答复的，承包方可以向业主方或总承包方发函，明确表示将根据合同的约定以自己的送审价为工程的总造价，并根据合同约定的合同价款支付，催促业主方或总承包方支付工程款。此时，承包方无须再以函件的方式催促业主方或总承包方及时完成送审资料的审核，或允许业主方或总承包方在延展的期限内完成审核。

第五节　发包人要求办理结算审计的风险

在办理工程款结算时，发包人时常会要求对结算金额予以审计，并以审计确认金额作为最终结算金额，包括国家审计机构进行的审计、财政机关的财政评审、发包人内部审计或第三方审计等。不管是哪类审计，如果在施工合同没有明确约定以相应审计结论作为工程款结算依据的情况下，发包人单方面要求以审计结论作为结算依据，其本质均为发包人假借审计之名以改变原有的民事权利义务关系，最终将造成工程款被审减以及长期无法得到支付的风险。

一、法律合规风险点描述

1. 国家审计机构进行的审计

该类审计是依据《中华人民共和国审计法》（以下简称《审计法》）、《中华人民共和国审计法实施条例》等有关法律法规规定，对工程概算、预算、结算在执行中是否超支，是否合法合规等进行监督检查的一种手段，其本质上属于行政行为。根据《最高人民法院关于建设工程承包合同案件中双方当事人已确认的工程决算价款与审计部门审计的工程决算价款不一致时如何适用法律问题的电话答复意见》（〔2001〕民一他字第2号），审计机关对工程项目的造价审计，是对工程建设单位（即发包人）的一种行政监督，通常对承包人没有直接的法律约束力。只有在合同明确约定以审计结论作为结算依据或者合同约定不明确、合同约定无效的情况下，才能将审计结论作为判决的依据。

2. 财政机关的财政评审

根据《最高人民法院关于人民法院在审理建设工程施工合同纠纷案件中如何认定财政评审中心出具的审核结论问题的答复》（〔2008〕民一他字第4号复函），财政部门对财政投资的评定审核是国家建设单位与承建单位基本建设资金的监督管理，不影响建设单位与承建单位的合同效力及履行。同样，只有在建设合同中明确约定以财政投资审核结论作为结算依据的情况下，审核结论才应当作为结算的依据。

3. 发包人内部审计或第三方审计

该类审计为发包人按其内部文件规定或内部要求而进行的内部审计或委托第三方进行的审计，如果施工合同中没有进行明确约定，且根据合同约定有权办理结算的单位已出具相应结算文件，那么该类审计对承包人应不具有约束力。

二、法律合规风险防范措施

发包人要求对结算金额进行审计的原因有很多，有的是合同中确实有相关的约定，明确以审计结论作为最终结算的依据，但也有的是发包人利用其强势地位，不顾合同约定，迫使施工单位接受审计结果。在此，建议从以下角度予以防控：

一是审计一般只会审减，很少审增，特别是业主聘请的第三方审计，基本是按审减金额来收费的，所以，在签订施工合同时，尽量不要加入审计条款，不要以审计结论作为最终结算的依据。

二是如果业主要求以审计结论作为结算依据，那么就应该去查合同条款，看是否有相关约定。如果合同没有明确约定审计结论作为最终结算的依据，不管是政府审计，还是业主内部审计、业主聘请的第三方审计机构的审计，其审计结论对承包人应没有约束力。

三是政府审计机关审计结论的适用也存在例外情况，即使合同中没有明确约定审计结论作为最终结算依据，但如果合同结算条款约定不明确或结算条款无效，也可能导致政府审计机关审计结论作为最终结算的依据。因此，我们不但要确保施工合同的合法有效，而且要将合同中的结算条款约定明确。

四是如果发包人以地方性法规或规定、政策等为由，在合同没有相关约定的情况下，强行要求以审计结论作为结算依据，承包人可以依据全国人大常委会法工委《关于对地方性法规中以审计结果作为政府投资建设项目竣工结算依据有关规定提出的审查建议的复函》（法工备函〔2017〕22号）进行反驳，即"地方性法规中直接以审计结果作为竣工结算依据和应当在招标文件中载明或者在合同中约定以审计结果作为竣工结算依据的规定，限制了民事权利，超越了地方立法权限，应当予以纠正。"

五是如果施工合同明确约定以审计结论作为结算依据，作为承包人应及时报送审计所需的结算资料，避免因自身原因导致审计单位无法出具审计意见，从而在诉讼过程中丧失申请司法造价鉴定权利的风险。相应地，如因发包人原因或审计单位原因未能及时出具审计意见的，承包人为维护自身权益，可在诉讼过程中向法院申请通过司法鉴定的方式确定工程造价。

三、典型案例：以审计代结算，合理与否要分辨

【基本案情】

2003年，八建公司与水利公司签订某水利枢纽工程机电设备安装工程合同协议书及补充协议，协议书主要内容：八建公司负责某水利枢纽工程机电设备安装工程施工，从2003年10月开始安装，到2005年12月全部竣工，提前或推迟由监理工程师提前30天通知乙方。合同总价人民币7081903元（含通风系统安装费，但不包括通风系统的零件制作费、材料费、设备费），此工程合同价为一次性承包竣工结算价。补充协议主要内容：本机电设备安装工程合同的总价为人民币7081903元，此工程安装合同总价为一次性承包不变价，不管本标工程量增加或减少，合同总承包价按协议书规定执行不变，但必须保证使用的材料、设备及安装质量达到优良。合同签订后，八建公司按合同约定进行设备安装工程施工，于2006年11月完成工程。

2006年11月，双方及监理单位代表参加机电设备安装完工结算的会议，形成会议纪要，主要内容为：某水利枢纽工程的机电设备施工与安装已经完工，安装的机电设备已通过验收并移交运行单位，八建公司通过投标中标后，认真履行合同，施工质量良好，通过验收，符合设计要求，会议同意主合同、补充协议书及新增工程施工内容的完工结算价为834.31万元。竣工结算时要通过审计，如审计完工时审计认为金额要调整，施工安装方要服从审计要求。

2007年10月，八建公司向工程监理部门发函，内容为"按照合同要求，付合同内质量保证金464339.81元、付合同外质量保证金36641.74元，本次结算工程款的质量保证金总额为500981.55元"。监理意见为："合同内1号、2号、3号机保证期满一年多，共计付质量保证金464356.18元，合同外应付质量保证金36641.74元，扣代做资料归档费1000元，应付款共计499981.55元。"2012年9月，八建公司向水利公司发出《关于尽快支付某水利枢纽工程机电设备安装工程质量保证金的函》，要求支付质量保证金500981.55元。2013年12月，八建公司先后两次向水利公司发出书面往来询证函，询证函内容为截至本年度底，水利公司尚欠八建公司款项500981.55元，水利公司财务科于2014年1月在询证函上注明"账面数据相符，实际数额最终以审计部门审计结论为准"。

2015年6月，因向水利公司索要剩余工程款未果，八建公司向法院提起诉讼，要求水利公司支付质量保证金500981.55元及利息。

【裁判结果】

一审法院认为，八建公司已经按合同要求完成机电设备安装工程，并经过水利公司验收，其有权要求按合同约定支付相应工程款。案涉工程于2006年底经验收合格，并已交付使用。水利公司对双方按合同约定结算的工程款已经确认，但提出案涉工程系政府投资项目，工程款应当通过政府相关部门审计，并以此为由拒绝支付剩余工程款（质量保证金）。《最高人民法院关于审理建设工程施工合同纠纷案件适用法律问题的解释》第十六条规定，"当事人对建设工程的计价标准或计价方法有约定的，按照约定结算工程价款。"[1]

---

[1] 该司法解释已废止，该条已被《最高人民法院关于审理建设工程施工合同纠纷案件适用法律问题的解释（一）》（法释〔2020〕25号）第十九条替代。

政府审计是国家对建设单位财政收支的一种行政监督管理行为，该行政行为不能影响平等民事主体之间签订的合同效力。双方签订的合同中并未约定以政府审计价格来支付工程款，因此，对双方按合同结算的尚欠工程款500981.55元予以确认。扣除八建公司应当缴纳的防洪保安资金7088.22元、工程验收资料费600元，水利公司尚应支付剩余工程款（质量保证金）493293.33元，并应承担相应逾期付款利息。因此一审判决水利公司向八建公司支付工程款（质量保证金）人民币493293.33元及逾期利息。

后水利公司不服一审判决，提出上诉。其认为，黄某某作为八建公司的项目经理，于2006年11月20日参加了完工结算会议，并在会议纪要上签字，该会议纪要第6条明确约定："竣工结算时要通过审计，如审计完工时审计认为金额要调整，施工安装方要服从审计要求。"因此，双方明确约定了工程竣工决算要通过部门审计，一审法院判决认定"双方签订的合同中并未约定以政府设计价格来支付工程款"与事实和证据不符。本案中的机电设备安装工程，是政府全额投资的大型水利枢纽工程。《审计法》第二十三条规定"审计机关对政府投资和以政府投资为主的建设项目的预算执行情况和决算，对其他关系国家利益和公共利益的重大公共工程项目的资金管理使用和建设运营情况，进行审计监督"。这一条款不仅是对建设单位财政收支的一种监督管理，而且还是对政府投资为主的建设项目的决算进行审计。因此，一审判决认定"政府审计是国家对建设单位财政收支的一种行政监督管理行为，该行政行为不能影响平等民事主体之间签订的合同效力"，是对该法律条文的片面理解。无论是双方的约定还是法律的规定，在审计部门没有完成审计的情况下，都无法确定工程价款总额。

二审法院认为，本案双方当事人已经对工程价款的确定方式和方法进行了约定，合同中有关工程结算内容的约定明确具体。双方签订的合同合法有效，且水利公司已依约支付了大部分工程款，仅剩工程质量保证金未支付，合同已基本履行完毕，表明双方对工程结算方式和应付工程款数额并无争议，依法应予保护。《最高人民法院关于建设工程承包合同案件中双方当事人已确认的工程决算价款与审计部门审计的工程决算价款不一致时如何适用法律问题的电话答复意见》（〔2001〕民一他字第2号）指出："审计是国家对建设单位的一种行政监督，不影响建设单位与承建单位的合同效力。建设工程承包合同案件应以当事人的约定作为法院判决的依据。只有在合同明确约定以审计结论作为结算依据或者合同约定不明确、合同约定无效的情况下，才能将审计结论作为判决的依据"。黄某某虽然是项目经理，但是其并未得到八建公司授权可以对外签订合同，其不具有改变本案工程结算依据的权利，机电设备安装完工结算会议纪要不属于某水利枢纽工程机电设备安装工程合同协议书的组成部分。双方当事人并未在合同中约定，将审计结果作为计算案涉工程款的依据。在双方当事人对于合同价款已有明确约定的情况下，上诉人水利公司以审计部门没有完成审计之前不能支付工程质量保证金的主张不能得到支持。因此二审判决驳回上诉，维持原判。

【案例评析】

本案承包人八建公司之所以胜诉，法院主要是基于以下几点考虑：

一是八建公司已经按合同要求完成机电设备安装工程，并经过水利公司验收并交付使用，八建公司有权要求其按合同约定支付相应工程款。

二是水利公司已按合同约定办理结算并支付了大部分工程款，仅剩质量保证金未支付，也表明双方已实际认可工程结算方式和应付工程款数额。

三是虽然会议纪要有关于进行审计的要求，但因审计是国家对建设单位的一种行政监督，并不能影响建设单位与承建单位的合同效力，而建设工程合同中并未约定审计结论作为结算依据。黄某某虽作为八建公司代表签署了《会议纪要》，但也不足以推翻双方建设工程合同的效力。

通过以上案例及相关法律法规规定可知，对于施工工程价款的确认，属于发包人与承包人履行合同的行为，本质上属于平等主体之间的民事法律行为，无论何种审计，均应坚持合同主体意思自治的原则。但当前建筑市场属于甲方市场，发包人整体处于强势地位，作为承包人要采取有效的应对方式，以防范发包人假借审计之名、行砍减工程款之实的风险。

第六节　施工单位未及时履行保修义务的风险

工程质量纠纷案件是建设工程案件类型最为常见的案件类型之一，由于工程质量纠纷案件涉及大量的专业性问题，因此存在审理处置难度大、裁判尺度不统一等突出问题。根据《民法典》《建筑法》《建设工程质量管理条例》等相关法律法规的规定，因施工单位的原因致使建设工程质量不符合约定的，发包人有权请求施工单位在合理期限内无偿修理或者返工、改建，建设工程在保修范围和保修期限内发生质量问题的，施工单位应当履行保修义务，并对造成的损失承担赔偿责任。实务中，施工单位因保修义务履行的问题与建设单位发生纠纷的情况也极为常见。

一、法律合规风险点描述

对于施工单位来说，未及时履行保修义务将带来以下几个方面的风险：

1. 被拒付或者少付工程价款的风险

根据《最高人民法院关于审理建设工程施工合同纠纷案件适用法律问题的解释（一）》（法释〔2020〕25号）第十二条规定，"因承包人的原因造成建设工程质量不符合约定，承包人拒绝修理、返工或者改建，发包人请求减少支付工程价款的，人民法院应予支持。"可见，工程质量合格是发包人支付工程款的重要前提条件，一旦工程存在质量问题，则施工单位要求支付工程款的主张极有可能被驳回或被限制。

2. 被扣除工程质量保证金的风险

根据《建设工程质量保证金管理办法》第九条规定，"缺陷责任期内，由承包人原因造成的缺陷，承包人应负责维修，并承担鉴定及维修费用。如承包人不维修也不承担费用，发包人可按合同约定从保证金或银行保函中扣除，费用超出保证金额的，发包人可按合同约定向承包人进行索赔。承包人维修并承担相应费用后，不免除对工程的损失赔偿责任。"此类情况最为常见，在工程存在质量问题时，发包人必然采取扣留质量保证金的方式维护自身权益。实务中，部分发包人为免除退还质量保证金的义务，即使工程质量不存在明显瑕疵、不存在质量问题或质量问题非因施工单位所引起，发包人也常常会以工程存在质量问题为由对抗施工单位要求返还质量保证金的主张。

3. 承担其他违约责任的风险

根据《民法典》第五百七十七条规定，"当事人一方不履行合同义务或者履行合同义务不符合约定的，应当承担继续履行、采取补救措施或者赔偿损失等违约责任。"另根据《民法典》第八百零一条规定，"因施工人的原因致使建设工程质量不符合约定的，发包人有权请求施工人在合理期限内无偿修理或者返工、改建。经过修理或者返工、改建后，造成逾期交付的，施工人应当承担违约责任。"建设工程合同中，工程质量合同是施工单位的主要合同义务之一，若工程因施工单位的原因而存在质量问题，施工单位需承担相应的违约责任。事实上，建设工程施工合同中往往也会就工程质量进行严格的约定，所对应的质量违约责任也极重，由此可能给施工单位造成较大风险。

4. 承担损害赔偿责任的风险

根据《最高人民法院关于审理建设工程施工合同纠纷案件适用法律问题的解释（一）》（法释〔2020〕25号）第十八条规定，"因保修人未及时履行保修义务，导致建筑物毁损或者造成人身损害、财产损失的，保修人应当承担赔偿责任。"

5. 被行政处罚的风险

根据《建筑法》第七十五条规定，"建筑施工企业违反本法规定，不履行保修义务或者拖延履行保修义务的，责令改正，可以处以罚款，并对在保修期内因屋顶、墙面渗漏、开裂等质量缺陷造成的损失，承担赔偿责任。"

二、法律合规风险防范措施

1. 严格按图施工

施工单位应当严格按照工程设计图纸和施工技术标准施工，不擅自修改工程设计；对没有建设单位提供设计图纸或者书面设计变更签证的，不能施工，如建设单位一再口头要求变更又不出具书面证明，应通过录音、录像等方式记录指示变更事实；施工单位在施工过程中发现设计文件和图纸有差错的，应当及时以书面形式向建设单位提出意见和建议。

2. 严格开展工程检验检测工作

施工单位应当严格按照工程设计要求、施工技术标准和合同约定，对建筑材料、建筑构配件、设备和商品混凝土进行检验，检验应当有书面记录和专人签字；不使用未经检验或者检验不合格的材料；对涉及结构安全的试块、试件以及有关材料，应当在建设单位或者工程监理单位监督下现场取样，并送具有相应资质等级的质量检测单位进行检测；建立健全施工质量的检验制度，严格工序管理，做好隐蔽工程的质量检查和记录。隐蔽工程在隐蔽前，施工单位应当通知建设单位和建设工程质量监督机构。

3. 合同合理约定

在招标投标及合同签订时，应根据项目工程实际情况合理约定工程质量标准、质保缺陷责任期、保修期、保修响应方式等条款，避免合同履行期间发包人随意以工程质量问题或保修问题为由增加施工单位义务。

4. 及时履行保修义务

发现工程质量问题后或接到建设单位的修复通知后，及时了解问题情况，积极收集相关证据材料，根据质量问题产生于施工阶段、验收阶段、保修阶段、超出保修阶段，准确适用合同与法律规定，厘清责任，行使权利。若属于因施工单位原因造成的问题，应当及时履行保修义务，并妥善收集和留存好履行保修义务的证据材料，避免发包人随意否定保修行为的存在。

5. 加强分包管理

合同履行期间加强对分包单位的管理,降低因分包单位原因引发质量问题导致我方需对建设单位承担质量责任的风险。

6. 及时开展工程验收

施工结束后及时协调建设单位完成竣工验收工作,若建设单位不予办理竣工结算或要求在验收前直接使用建设工程,施工单位应当及时留存好相关证据材料,详细记录明确工程交付时间及状况,避免建设单位后续再以未进行竣工验收为由主张责任。

三、典型案例:维保义务需重视,拒不修复责任大

【基本案情】

2014年初,卡塔公司与智科公司签订《建设工程施工合同》约定,卡塔公司将其位于"科天水性科技产业园项目"总承包给智科公司承建,工程质量标准达到国家现行的《工程质量验收规范》、甘肃省和兰州市有关验收规范及程序要求,质量等级为合格。合同签订后智科公司进场施工。2014年11月25日,双方协商解除合同,智科公司施工至2014年11月30日。后双方对工程是否存在施工质量问题发生争议,卡塔公司向一审法院提出诉讼请求:1. 判令智科公司支付工程返修费用10809.82万元;2. 本案诉讼费及鉴定费由智科公司承担。

法庭审理中,各方当事人围绕"案涉工程是否存在施工质量问题,如存在质量问题,智科公司应否承担维修费用"展开激烈的辩论交锋,智科公司辩称工程不存在施工质量问题,主张对非地基基础和主体结构部分不承担责任,认为工程未经竣工验收卡塔公司已实际使用,该公司不应再承担责任,并辩称卡塔公司未拆除及维修缺陷工程,未实际产生修复费用,无须进行赔偿。一审法院根据卡塔公司申请委托甘肃省建筑科学研究院对案涉工程进行质量检测。甘肃省建筑科学研究院经过现场勘验作出《检测报告》,显示共计29个部分工程内容主要存在施工不合格、不满足设计要求的质量问题,并根据上述问题对29个单体工程作出相应的《维修方案》。一审法院委托甘肃荣诚工程造价咨询有限责任公司针对上述《维修方案》进行造价预算。荣诚公司作出29份工程维修造价《预算书》,合计金额为145592833.99元。后卡塔公司申请追加诉讼请求共计145592833.99元。

【裁判结果】

一审法院经审查认为,本案卡塔公司与智科公司签订的《建设工程施工合同》是双方当事人的真实意思表示,内容不违反法律、行政法规的强制性规定,为有效合同,双方均应依约履行义务。《建设工程施工合同》第四条约定:"工程质量标准达到国家现行的《工程质量验收规范》、甘肃省和兰州市有关验收规范及程序要求,质量等级为合格。"根据甘肃省建筑科学研究院的《检测报告》显示,案涉工程存在诸多质量问题,智科公司和卡塔公司对上述《检测报告》经过质证,并提出了异议,甘肃省建筑科学研究院对双方的异议进行了书面答复,鉴定人员也出庭接受了双方当事人的质询。甘肃省建筑科学研究院作出的《检测报告》和《维修方案》程序合法,结果并无不当之处,能够作为认定本案的依据。因此,智科公司辩称工程不存在施工质量问题的辩解无事实依据,不能成立。

根据《合同法》第一百零七条规定:"当事人一方不履行合同义务或者履行合同义务

不符合约定的，应当承担继续履行、采取补救措施或者赔偿损失等违约责任。"[1]《建筑法》第七十四条规定："建筑施工企业在施工中偷工减料的，使用不合格的建筑材料、建筑构配件和设备的，或者有其他不按照工程设计图纸或者施工技术标准施工的行为的，责令改正，处以罚款；情节严重的，责令停业整顿，降低资质等级或者吊销资质证书；造成建筑工程质量不符合规定的质量标准的，负责返工、修理，并赔偿因此造成的损失；构成犯罪的，依法追究刑事责任。"双方合同专用条款第10条约定："若因承包人原因工程达不到合格，由承包人承担返修费用，直到达到合格。"而案涉工程根据上述《检测报告》显示，确实存在施工质量问题，不符合双方合同约定的质量标准。卡塔公司给智科公司出具的《工程联系单》证明，卡塔公司已向智科公司提出对质量问题进行维修的要求，但智科公司并未履行其维修义务。现双方已失去信任基础，不宜再由智科公司维修。因此，卡塔公司主张智科公司承担维修费用的诉讼请求有事实和法律依据，应予支持。

本案中双方于2014年11月25日协商解除合同，11月30日智科公司撤场。卡塔公司2015年6月9日提起本案诉讼时案涉工程仍在工程质保期内。根据《建筑法》第七十五条规定："建筑施工企业违反本法规定，不履行保修义务或者拖延履行保修义务的，对在保修期内因屋顶、墙面渗漏、开裂等质量缺陷造成的损失，承担赔偿责任。"该规定说明施工人在质保期内对工程整体承担质保责任。因此，智科公司提出对非地基基础和主体结构部分不承担责任的理由于法无据，不能成立。关于智科公司以《最高人民法院关于审理建设工程施工合同纠纷案件适用法律问题的解释》第十三条规定[2]为由，辩称工程未经竣工验收卡塔公司已实际使用，其不再承担责任的问题，一审法院认为，该条规定的实质是指因擅自使用后工程质量问题的责任和原因难以判断。而本案工程质量问题的原因，根据甘肃省建筑科学研究院的《检测报告》证明是智科公司施工不规范，没有按照合同约定和规定标准施工所致；原因和责任清晰，不存在无法判定的情形。所以，智科公司以工程实际使用为由主张不承担责任的理由不能成立，不予支持。

根据甘肃荣诚工程造价咨询有限责任公司做出的29份工程维修造价《预算书》，案涉工程的维修造价预算合计为145592833.99元。一审法院认为，甘肃荣诚工程造价咨询有限责任公司做出的29份工程维修《预算书》是根据甘肃省建筑科学研究院的29个独立单体工程《维修方案》所做的预算，每个单体工程的预算并没有超出其资质范围。两名造价预算人员也均为国家注册造价工程师，具有工程造价预算的资格。故智科公司提出甘肃荣诚工程造价咨询有限责任公司超出资质范围作出的预算无效的异议不能成立，不予支持。卡塔公司并未提供相关应当按照12.5km计算垃圾处理运距的依据，故其提出的垃圾处理运距计算错误的异议不能成立，不予支持。甘肃荣诚工程造价咨询有限责任公司对其他异议也书面进行了答复，鉴定人员当庭接受了双方当事人的质询，内容并无不当。因此，甘肃荣诚工程造价咨询有限责任公司作出的29份工程维修造价《预算书》应作为认定案涉工程维修费用的依据。智科公司施工工程的质量问题是客观存在并确定的，相应的维修费用也会必然产生并能够确定。至于卡塔公司是否拆除及维修，是其权利处分的范围，不能

---

[1] 《合同法》已废止，该条已变更为《民法典》第五百七十七条。
[2] 该司法解释已废止，该条已被《最高人民法院关于审理建设工程施工合同纠纷案件适用法律问题的解释（一）》（法释〔2020〕25号）第十四条替代。

以此免除智科公司应当承担的赔偿责任。因此，智科公司辩称工程并未实际拆除维修，卡塔公司的损失不能确定的理由不能成立，不予支持。

综上所述，一审法院判决如下：智科公司于判决生效之日起 30 日内支付卡塔公司工程维修费共计 145592833.99 元；驳回卡塔公司的其他诉讼请求。案件受理费 811564 元由智科公司负担，鉴定费 3711000 元由卡塔公司负担 711000 元，智科公司负担 3000000 元。

智科公司不服判决，向最高人民法院提起上诉。最高人民法院经审理后认为一审法院认定事实清楚，适用法律正确，依法驳回上诉，维持原判。

【案例评析】

本案是一起典型的因工程质量问题而引发的建设工程施工合同纠纷。智科公司在庭审中虽提出了卡塔公司擅自使用案涉工程、未通知智科公司履行维修义务、质量问题原因认定错误、维修费用未实际发生、不应采信鉴定报告等意见，但其主张未得到法院支持，综合本案情况，智科公司败诉的主要原因如下：

第一，在施工阶段，智科公司未严格按照双方合同约定的质量标准组织开展施工，导致工程存在检测超深换填部位混凝土抗压强度不满足设计要求、室内地面混凝土面层厚度均不满足设计要求、室内地面以下砂石垫层处理厚度不合格，室内地面以下 3∶7 灰土垫层的处理厚度不合格、未按设计要求涂刷沥青冷底子油、岩棉夹芯板的填充材质填充不完整、窗户气密性等级不满足设计要求等大量因施工而产生的质量问题，且智科公司也未提供证据证明双方是否在合同履行期间对合同约定的质量标准进行了变更，智科公司的行为严重违反双方合同约定，应当对工程质量缺陷承担质保责任。

第二，智科公司在施工结束后，未及时与卡塔公司对已完工程的质量进行共同验收确认，导致未能尽早发现工程质量问题，也影响了与退场后其他施工单位的质量责任划分。此外，在卡塔公司通知对工程质量问题进行修复后，智科公司虽与卡塔公司就质量问题的处理进行过沟通，但并未及时采取措施（如协商确定、鉴定）明确自身责任范围或实际组织开展修复工作，属于在卡塔公司合理催告后拒不履行自身义务，根据法律规定及双方合同约定应承担相应的违约责任。

第三，由于工程质量的专业性，此类案件中主要由法院指派或委托工程造价司法鉴定机构和鉴定人员，依据专业知识对案件所涉及的工程质量缺陷问题及缺陷修复费用进行分析、研究、鉴别和判断并提供鉴定意见，鉴定意见是法院对该部分专业事实认定的主要依据，因此法院直接推翻鉴定意见的可能性极低。

一般而言，影响建设工程质量一般有人、材、机、设计、环境等多个方面的因素，而导致建设工程质量问题的主体则包括施工单位、材料供应商、设计单位、使用单位、监理单位等，现实中这些因素及主体的行为亦往往相互交织。本案鉴定过程中，现有材料已足以证明工程质量问题与智科公司施工之间的关联性，且智科公司并无充分证据证明案涉工程的质量原因系因他方原因造成，加之鉴定过程中不存在明显的程序性瑕疵或事实认定问题，因此法院也直接采纳了鉴定意见认定智科公司的责任及修复费用。

第七节 施工单位质量保证金返还的风险

根据《建设工程质量保证金管理办法》的相关规定，建设工程质量保证金是指工程发包人与承包人在建设工程承包合同中约定,从应付的工程款中预留,用以保证承包人在缺陷责任期内对建设工程出现的缺陷进行维修的资金。缺陷是指建设工程质量不符合工程建设强制性标准、设计文件,以及承包合同的约定。缺陷责任期一般为1年,最长不超过2年,由发承包双方在合同中约定。缺陷责任期内,承包人认真履行合同约定的责任,到期后,承包人向发包人申请返还保证金。而根据《最高人民法院关于审理建设工程施工合同纠纷案件适用法律问题的解释(一)》(法释〔2020〕25号)第十七条规定,质量保证金的返还需满足以下条件之一:(一)当事人约定的工程质量保证金返还期限届满;(二)当事人未约定工程质量保证金返还期限的,自建设工程通过竣工验收之日起满二年;(三)因发包人原因建设工程未按约定期限进行竣工验收的,自承包人提交工程竣工验收报告九十日后当事人约定的工程质量保证金返还期限届满;当事人未约定工程质量保证金返还期限的,自承包人提交工程竣工验收报告九十日后起满二年。

对比可以看出,建设工程行政管理领域与司法实践领域对质量保证金的返还问题虽有类似之处,但口径并不完全统一。建设工程领域中,发包人一方往往占据强势地位,承包人质量保证金被拖欠、不予退还等情况屡见不鲜,质量保证金的返还问题往往成为合同双方当事人争议的焦点。

一、法律合规风险点描述

鉴于质量保证金返还问题上的司法适用差异,对于施工单位来说,质量保证金返还相关的风险也较为突出,一般表现为以下方面:

1. 合同约定的质量保证金扣留比例过高,资金占用成本高。根据《建设工程质量保证金管理办法》第七条规定,"发包人应按照合同约定方式预留保证金,保证金总预留比例不得高于工程价款结算总额的3%。合同约定由承包人以银行保函替代预留保证金的,保函金额不得高于工程价款结算总额的3%。"但实务中,超过该比例的情况经常发生,发包人也偏向于扣留更高比例的质量保证金来延后工程款的整体支付时间,由此直接增加了施工单位的工程款回款难度。部分施工单位以发包人扣留的质量保证金比例超过法定比例为由要求发包人退还,或主张施工合同无效,但绝大部分的主张法院未予以支持。即使质量保证金的扣留比例超过了3%的标准,法院一般也以双方意思自治为由认可该约定。

2. 合同未明确质量保证金的返还期限或返还期限过长,发包人以未达到期限为由拒绝退还质量保证金。实务中关于质量保证金返还期限的争议极为突出。根据《建设工程质量保证金管理办法》第二条规定:缺陷责任期一般为1年,最长不超过2年,即建设工程质量保证金返还期限最长不能超过工程通过竣工验收之日后2年。但实务中,双方约定的质量保证金返还期限与缺陷责任期不一致、缺陷责任期超过2年等与《建设工程质量保证金管理办法》的规定不同的情况较为常见,而法院事实上也更加偏向于按照合同的实际约定进行裁判。若施工单位未在合同中合理约定质量保证金返还期限,将直接影响质量保证金的及时返还。

3. 合同混淆质量保修期与缺陷责任期,影响质量保证金的正常返还。工程质量保修期是指工程竣工验收合格后承包人对建设工程承担质量瑕疵保修责任的期限。根据《房屋建筑工程质量保修办法》第七条规定,房屋建筑工程的最低保修期限为:(一)地基基础工程和主体结构工程,为设计文件规定的该工程的合理使用年限;(二)屋面防水工程、有防水要求的卫生间、房间和外墙面的防渗漏,为5年;(三)供热与供冷系统,为2个采暖期、供冷期;(四)电气系统、给水排水管道、设备安装为2年;(五)装修工程为2年。其他项目的保修期限由建设单位和施工单位约定。缺陷责任期是指承包人按照合同约定承担缺陷修复义务,且发包人预留质量保证金的期限,根据《建设工程质量保证金管理办法》第二条规定,缺陷责任期一般为1年,最长不超过2年,由发承包双方在合同中约定。可见,质量保修期与缺陷责任期两者在性质上既有重合又存在明显区别,若直接混同使用,尤其是以质量保修期代替缺陷责任期作为质量保证金的退还期限时,极有可能延长质量保证金的退还期限(如按照缺陷责任期,质量保证金在验收1年后退还,但按照质量保修期则可能需验收5年后退还),由此将对施工单位质量保证金的退还造成不利影响。

二、法律合规风险防范措施

1. 合同必须明确区分质量保修期与缺陷责任期,并约定具体的保修期和缺陷责任期的起算点、期限等内容,降低后续因期限约定不明发生争议的风险。

2. 合理约定质量保修期及质量保证金返还条款。合同应详细约定保证金预留比例、返还方式及期限,确保明确具体且有可操作性,如"缺陷责任期届满之日起3个工作日内返还";质量保证金是否计付利息,若计付利息,利息的计算方式;缺陷责任期的期限及计算方式;质量保证金预留、返还及工程维修质量、费用等争议的处理程序;缺陷责任期内出现缺陷的索赔方式;逾期返还质量保证金及违约责任。

3. 合理约定质量保证金比例。《建设工程质量保证金管理办法》对工程质量保证金进行合规性监管,规范其预留比例、返还时间、与缺陷责任期的关系等,不涉及金融安全、市场秩序;从交易安全保护因素上来看,工程质量保证金是在工程验收合格后,为确保在缺陷责任期内的维修义务,它不涉及建筑工程的安全问题,预留质量保证金是督促承包人提高施工水平,在出现维修情形时,及时予以维修。即便是加重了承包人的负担,也不涉及交易安全、公共利益问题;从社会影响上来看,工程质量保证金预留比例不超过3%,只涉及承包人的利益,不会涉及非特定多数市场主体的利益,影响范围较小。综上可见,即使双方约定的质量保证金比例超过《建设工程质量保证金管理办法》规定的3%比例,一般也会被认定有效。施工单位在签订合同的过程中,应当注意结合《建设工程质量保证金管理办法》的相关规定,尽最大可能与业主方协商,降低质量保证金比例,避免被扣留巨额质量保证金后难以返还。

4. 积极开展竣工验收工作。施工结束后,施工单位应积极协调建设单位完成竣工验收(合同签订及履行中均应避免使用"完工验收"等表述来代替"竣工验收")工作,及时确定竣工验收时间,为后续质量保证金退还奠定基础。若建设单位不予办理竣工结算或要求在竣工验收前直接使用建设工程,施工单位应当及时留存好相关证据材料,详细记录明确工程交付时间及状况,避免建设单位后续再以未进行竣工验收为由拒绝退还质量保证金。

5. 合理约定质量瑕疵条款。针对缺陷责任期/质量保修期内出现的工程质量问题,应当在合同中结合不同的质量问题情况进行合理约定,避免出现只要出现质量问题(无论大小、严重程度等),则缺陷责任期/质量保修期无条件重新起算的情况,而应当结合质量问题的严重程度合理考虑期限的调整,以免业主方借用细微质量问题拖延缺陷责任期/质量保修期，恶意加重施工单位质保责任。

6. 做好质量保证金的切割分项。若具备条件，合同中应结合工程情况，分部、分项对质量保证金比例、金额、期限、退还等相关条款进行约定，通过分割工程逐项退还质量保证金，降低质量保证金的整体退还难度，亦避免业主方以部分单项质量问题而拖延整体质量保证金的返还。

7. 以保函方式降低质量保证金占用成本。根据《建设工程质量保证金管理办法》第五条规定："推行银行保函制度，承包人可以银行保函替代预留保证金。"因此，在签订合同时，建议优先考虑以银行保函替代预留质量保证金，降低资金成本。

三、典型案例：缺陷责任期限满，质保金额及时返

【基本案情】

2018年11月26日，临平市棚户区改造安置房建设项目部（以下简称"临平棚改项目部"）作为招标人在互联网公示发布民电路四期建设工程招标项目。2018年12月18日，原告江西银河建设工程有限公司（以下简称"银河公司"）投递《投标文件》，2018年12月18日，经招标人委托的评标委员会评标，确定第一中标候选人为银河公司。2019年1月2日，临平棚改项目部向原告银河公司发出《中标通知书》。2019年2月22日，双方正式签订《建设工程施工合同》。其中合同关于质量保证金约定如下：第12.4.1条"付款周期：关于付款周期约定：当工程量完成至30%开始计量付款……余留5%作为工程的质量保证金"。第15.3.1条"承包人提供质量保证金的方式……（2）5%的工程款……"关于缺陷责任期约定如下：第15.2条"缺陷责任期：缺陷责任期的具体期限：两年，自工程竣工验收合格之日起计算。"第15.4.1条"保修责任：工程保修期：验收合格后一年。"随后，银河公司进场开始施工。

后银河公司因工程款结算支付等事宜与临平棚改项目部发生纠纷，并诉至江西省景德镇市中级人民法院，提出诉讼请求如下：要求确认《建设工程施工合同》中质量保证金数额（第12.4.1条、第15.3.1（2）条）、缺陷责任期期限（第15.2条）等约定无效。理由系招标文件第9.13.3条："保修期限执行《建设工程质量管理条例》（国务院令第279号）。保修费用执行《建设工程质量保证金管理办法》（建质〔2017〕138号）。按国家规定并在工程质量保修书中具体明确。"招标文件对缺陷责任期未作规定。而银河公司对于招标文件的响应与承诺应当为施工合同的组成内容。

银河公司认为，《建设工程施工合同》合同第12.4.1条、第15.3.1条约定5%的质量保证金与招标文件第9.13.3条指向的《建设工程质量保证金管理办法》第七条规定的质量保证金3%不符，应按招标文件及《建设工程质量保证金管理办法》规定的3%调整；合同第15.2条约定的缺陷责任期为两年，同时该合同第15.4.1条又约定保修期为一年，相互之间存在冲突，又因为招标文件约定适用《建设工程质量管理办法》，故缺陷责任期和保修期两者应一致调整为一年，因上述主要条款对合同的履行有严重影响，依据相关法律规定，与招标文件不一致的合同条款，应属无效条款。临平棚改项目部则认为：《建设工程施工合同》相关条款合法有效，合同经过双方协商一致自愿签订，并不违反该工程项目《招标文件》及法律法规的规定。原告提出诉请中"无效条款"内容，在"招标文件"

中均有明确告知内容，双方以此为依据形成的合同条款是合同双方自治行为，不是法律禁止行为，也不是法律可调整范围。

【裁判结果】

江西省景德镇市中级人民法院一审经审查认为，原告银河公司与被告临平棚改项目部于2019年2月22日签订的《建设工程施工合同》，是在临平棚改项目部在互联网上发布《招标文件》，通过公开招标投标的形式并经专家进行评标的基础上，双方自愿签订，系有效合同，对双方当事人均有约束力。原告银河公司主张该合同部分条款无效，主要涉及缺陷责任期、工程质量保证金问题。合同约定缺陷责任期为两年，符合《建设工程质量保证金管理办法》第二条的规定。根据《建设工程质量保证金管理办法》第十条"缺陷责任期内，承包人认真履行合同约定的责任，到期后，承包人向发包人申请返还保证金"的规定，承包人向发包人申请返还保证金的时间为缺陷责任期到期后，即工程竣工验收进入"缺陷责任期"两年后。本案合同约定的质量保证金返还时间为工程竣工验收后一年，对原告银河公司是有利的，即在工程竣工验收后一年期满，原告作为工程承包人可以取回质量保证金，而不是缺陷责任期两年。因此，双方关于质量保证金取回和缺陷责任期的约定没有损害其合法权益，原告银河公司主张合同约定的质量保证金取回时间与缺陷责任期不符，理由不能成立。因此，一审法院判决驳回了原告银河公司的诉讼请求。

银河公司不服一审判决上诉至江西省高级人民法院，江西省高级人民法院经审理后认为，本案二审争议焦点为上诉人银河公司请求确认《建设工程施工合同》中的部分专用条款无效是否有法律依据，应否支持？上诉人银河公司关于其应与临平棚改项目部重新签订《建设工程施工合同》的主张能否支持？关于工程质量保证金的问题。法院认为，《建设工程质量保证金管理办法》是部门规章，本案双方当事人自愿约定质量保证金为工程款的5%，并非《合同法》第五十二条关于"违反法律、行政法规的强制性规定"的合同无效情形[1]，而且合同约定质量保证金为工程款的5%也没有损害国家、集体或者他人的利益，故银河公司该点上诉主张，不予采纳。关于质保期和缺陷责任期的问题。本案《建设工程施工合同》约定的缺陷责任期为两年，质量保证金的返还时间为工程竣工验收后一年，上述约定系上诉人银河公司和被上诉人临平棚改项目部协商自愿的结果，且该约定实际上对上诉人银河公司有利，即银河公司无须等到缺陷责任期结束即可取回质量保证金，一审法院认定银河公司和临平棚改项目部在《建设工程施工合同》中关于质量保证金取回和缺陷责任期的约定没有损害其合法权益正确，上诉人银河公司关于《建设工程施工合同》的该项约定不符合逻辑及工程惯例，应确认合同条款无效的上诉主张不能成立。因此二审法院判决驳回上诉，维持原判。

银河公司向最高人民法院提起再审，最高人民法院认为，关于工程质量保证金的问题，《建设工程质量保证金管理办法》属于部门规章，《建设工程施工合同》关于质量保证金的约定与之不符，并未违反法律、行政法规的强制性规定，不会因此导致质量保证金条款无效。故银河公司主张《建设工程施工合同》质量保证金条款因与《招标文件》的规定不一致而无效，并无法律依据，不予支持。关于缺陷责任期的问题，首先，《招标文件》

1　现参见《民法典》第一百五十三条。

并未规定缺陷责任期,不存在银河公司所主张的《建设工程施工合同》与《招标文件》对缺陷责任期的规定不一致的情形。其次,《建设工程施工合同》第 15.4.1 条约定建设工程保修期为验收合格后一年,减轻了银河公司的保修义务,该约定有利于银河公司,没有损害其合法权益。因此,银河公司主张《建设工程施工合同》中实质性内容与《招标文件》不一致并无充分事实依据和法律依据。最高人民法院最终裁定驳回银河公司的再审申请。

【案例评析】

本案是一起典型的因工程质量保证金退还问题引发的建设工程施工合同纠纷,其中涉及两方面的核心内容:一是质量保证金的扣留比例问题,二是质量保证金的返还期限问题。案件审理过程中,原告银河公司提出合同内容违反《建设工程质量保证金管理办法》的相关规定而无效,但其主张未得到法院支持。

本案中,最高人民法院明确指出,《建设工程质量保证金管理办法》属于部门规章,合同关于质量保证金的约定即使与《建设工程质量保证金管理办法》不符,但也并未违反法律、行政法规的强制性规定,不会因此导致质量保证金条款无效。《建设工程质量保证金管理办法》作为住房和城乡建设部、财政部颁布的部门规章,不属于法律或行政法规,虽然《建设工程质量保证金管理办法》对质量保证金的比例、期限等进行了规定,但司法判决中依旧会优先考虑合同双方当事人的意思自治情况。

以此案为鉴,在建设工程施工过程中需要注意以下几个方面的问题:

1. 质量保证金比例约定的问题

本案中,《建设工程施工合同》约定的质量保证金比例为工程款的5%,已经超过《建设工程质量保证金管理办法》的规定,但各级法院均认可了合同扣留比例的约定,可见,在合同明确约定的情况下,若要直接依据《建设工程质量保证金管理办法》推翻合同约定较为困难。

2. 质量保证金返还期限约定的问题

本案中,双方合同约定的缺陷责任期为两年,并另行约定了质量保证金返还期限为一年,从形式上而言虽明显有违缺陷责任期即质量保证金返还的相关规定,但法院均未否认条款效力,可见,即使合同约定了缺陷责任期,施工单位也有必要对质量保证金的返还期限进行单独的表述和约定,在具备条件的情况下甚至可以争取约定比缺陷责任期更短的质量保证金返还期限。

在其他司法判例中,关于缺陷责任期及相关质量保证金返还问题引起的争议也极为常见,尤其是在约定的缺陷责任期超过两年时如何认定质量保证金返还期限的问题上,法院的判决结果也存在差异:部分判决认为超过两年的期限不能认为缺陷责任期,比如(2020)最高法民终483号浙江省三建建设集团有限公司、咸阳凯创置业有限责任公司建设工程施工合同纠纷案中,原一审陕西省高级人民法院认为:缺陷责任期是扣留工程质量保证金的期限,缺陷责任期内承包人承担的是质量缺陷修复义务,保修期内承包人承担的是保修义务。缺陷责任期满,发包人应当按照合同约定退还工程质量保证金。工程质量保证金的返还与保修期没有必然联系,发包人不能以保修期未届满为由拒绝向承包人返还工程质量保证金。对于缺陷责任期,《建设工程质量保证金管理办法》第二条规定:"缺陷责任期一般为1年,最长不超过2年,由发、承包双方在合同中约定。"虽然双方在质量保修书中对返还工程质量保证金约定按土建、安装、防水工程各自保修期限到期后，按造价比例乘以保修金分别无息退还承包人，但防水工程质量保证金约定部分违反了《建设工程质量保证金管理办法》第二条规定的缺陷责任期最长不得超过2年的规定，超过2年的期限不能认定为缺陷责任期。最高人民法院认为一审法院对质量保证金的处理正确。更多的判决则认为约定超过2年的期限期满后支付质量保证金的，该约定有效。如（2020）最高法民终191号江苏南通二建集团有限公司、长春万旌房地产开发有限公司建设工程施工合同纠纷案件中，最高人民法院认为，约定5年保修期期满后支付质量保证金的，该约定有效。（2020）最高法民终337号福建九鼎建设集团有限公司、云南佳鸿宇合实业有限公司建设工程施工合同纠纷案件中，最高人民法院认为"质量保证金条款属于结算条款，合同解除不影响质量保证金条款效力，因此在合同约定的条件满足时，工程质量保证金才应返还施工方。根据《建设工程施工合同》约定，工程质量保修金按实际完成工程结算总价款5%扣留5年，至今工程未竣工验收，也未交付使用，质量保修期尚未届满，故福建九鼎主张质量保证金不应扣除的理由不能成立。"与此相类似的案例还有很多，也更加接近一般司法实务观点。

综合上述判决结果也可以看出，质量保证金的返还时间主要需考虑建设工程合同双方当事人的真实意思表示，《建设工程质量保证金管理办法》仅为住房和城乡建设部和财政部联合发布的部门规范性文件[1]，并非法律、行政法规，合同约定的质量保证金返还期限超出其关于缺陷责任期的上限规定并非当然无效。

---

1 《建设工程质量保证金管理办法》应为部门规范性文件，各级法院将其认定为部门规章并不妥当。

第五章
分包采购合同法律合规风险防范

第一节　对分包商、供应商资信审查不严的风险

建设工程质量关乎公共利益和人身、财产安全，因此国家对于施工企业的资质等级、企业信誉有着较高的要求，企业应具备相应的资质、能力与信誉。建筑施工总承包单位在签订分包合同、采购合同时如果对分包商、供应商资信审查不严、不细致，与没有资质或资质不符合要求的分包商、供应商签订合同会导致一系列风险，例如涉嫌违法分包导致合同无效并可能遭受行政处罚，更严重的还可能导致工程出现严重质量问题和安全问题。

一、法律合规风险点描述

施工总承包单位对分包商、供应商资质审查不严主要表现在以下几个方面：

1. 分包商、供应商的资质等级或注册资金不符合招标要求，以劳务分包资质分包专业工程或实际施工人挂靠有资质的单位签订合同。

2. 分包商、供应商使用伪造的资信文件或资信文件变更、到期但未及时更新，有的甚至名称已经变更，但仍以原名称（印章）签订合同。

3. 分包商、供应商签字代表未提供授权委托书或者提供的授权委托书格式不规范、不完善、内容不明确，或者资信文件未经公证机关公证。

4. 分包商、供应商启用项目公章，但没有提供印章启用文件、印模、授权委托书、证明文件等；分包商、供应商使用多枚未在公安机关备案的印章。

二、法律合规风险防范措施

1. 建立合格分包商、供应商库，从合格库中选取适宜主体，严禁与资质不符合要求的分包商、供应商签订合同。

2. 严格分包商、供应商资质审核，通过国家企业信用信息公示系统、中国裁判文书网、中国执行信息公开网、信用中国、第三方企业信用查询平台等方式核实分包商、供应商的资信状况。

3. 要求分包商、供应商签字代表必须提供所在企业授权委托书、缴纳社保记录，对相关资信文件进行公证，做出对其真实性负责的书面承诺，并经公证机关公证。

4. 要求分包商、供应商使用在公安机关备案的印章，如分包商、供应商启用项目印章，需提交启用证明文件，并做出对其真实性负责的书面承诺。

5. 对分包商、供应商资信实施动态管理，对于变更、到期的相关资信文件，应及时

提醒其更新。

三、典型案例：资质审查要细致，稍有不慎酿风险

【基本案情】

2011年，某建筑工程局中标中国某集团发包的"××水电站公路Ⅰ标段"工程后，将该标段的路基、路面、涵洞及隧道分包给四川某建设公司，双方签订《工程分包合同》。另外，四川某建设公司与黄某某签订《内部承包合同》，约定由黄某某负责工程实际施工。上述两份合同均系四川某建设公司驻某地办事处负责人白某代表四川某建设集团公司签订。工程建设开始后，由于该建设公司未对施工现场进行有效管理，而黄某某个人又缺乏施工和管理能力，导致工程管理混乱，且拖欠大量农民工工资，在此情况下，黄某某中途退场。退场时，黄某某结算金额为5785余万元，而某建筑工程局付款金额为6491余万元。退场后，黄某某以某建筑工程局尚欠付其工程款和材料款等为由组织了多次暴力阻工事件，给某建筑工程局造成巨大经济损失。之后，黄某某又向法院提起诉讼，要求某建筑工程局支付工程款等9017万元及利息，并要求发包人中国某集团承担连带责任。

法庭审理中，各方当事人围绕着"黄某某与四川某建设公司之间是否系挂靠关系"和"某建筑工程局是否尚欠付工程款、窝工损失、成本损失以及剩余材料款"展开激烈的辩论交锋。

针对"黄某某与四川某建设公司之间是否系挂靠的关系"这一问题，四川某建设公司辩称对案涉工程及合同不知情，合同上加盖的印章系白某和黄某某伪造，并提交了载明"案涉合同上加盖的印章与四川某建设公司的备案印章不是同一枚印章"的《鉴定报告》。

黄某某和某建筑工程局均主张黄某某与四川某建设公司是挂靠关系，四川某建设公司对案涉合同是知情并允许挂靠的，提交了《某市外地企业入南从事建筑活动登记证书》证明签字的白某系四川某建设公司驻某地办事处负责人；白某与四川某建设公司总部员工张某等人的聊天和转账记录；公安机关对四川某建设公司工作人员李某、夏某所做的"讯问笔录"：李某、夏某某均陈述白某系四川某建设公司驻某地办事处负责人，白某每年向四川某建设公司总部缴纳20万元管理费，就可以在一定区域内借用四川某建设公司的资质去承揽工程，如有工程再单独缴纳一笔工程总价款0.5%的管理费，其中就包含案涉工程；同时还提交了四川某建设公司董事长一行与某建筑工程局就处理案涉项目遗留问题进行协商的会议签到表等证据。

针对"某建筑工程局是否尚欠付工程款、窝工损失、成本损失以及剩余材料款"这一问题，黄某某认为，某建筑工程局尚欠其工程款等9017万元。但某建筑工程局否认欠付黄某某任何款项，并提交了黄某某退场时双方办理结算签订的《分包工程完工工程量审核表》，载明结算金额为57851431.03元，并提供支付明细显示其共计已支付黄某某64913489.36元，甚至存在工程款超付的情形。黄某某认可收到某建筑工程局的工程款为6000多万元。另外，一审、二审法院均向黄某某释明其是否要求做工程鉴定，黄某某均明确表示不申请。

【裁判结果】

法院经审查认为，四川某建设公司与黄某某各执一词，二者是否成立挂靠关系的关键

在于四川某建设公司是否允许或授权黄某某在案涉工程上使用自己的名义承建工程。四川某建设公司以《鉴定报告》所称"案涉合同上加盖的印章与四川某建设公司的备案印章不是同一枚印章"为由主张不成立挂靠关系,但该鉴定结论不能得出司法机关已认定黄某某私刻四川某建设公司印章的结论,更不能推定四川某建设公司并未授权或准许黄某某使用其名义施工。相反,案涉《分包合同》、《内部承包合同》、公安机关对四川某建设公司工作人员李某、夏某某所做的"讯问笔录"等证据形成了证据链,能相互印证四川某建设公司允许或授权黄某某以四川某建设公司名义签订合同、进行施工。故四川某建设公司主张其与黄某某之间无挂靠关系不能成立。

《分包合同》中约定"实际工程量以业主、监理和某建筑工程局认定的工程量为准",《分包工程完工工程量审核表》约定"结算计量时,扣除无施工依据和有质量问题的工程量,包括前期已结算和未办理计量的工程量",双方依据该审核表确定了结算金额为5785.14万元,某建筑工程局已支付6491.35万元,黄某某认可已收工程款6000多万元,因此,无法证明某建筑工程局尚欠工程款。另外,经一审、二审法院多次释明,黄某某均不申请鉴定,系自行放弃了举证的权利,根据"谁主张、谁举证"的原则,黄某某应承担举证不能的后果。

综上所述,四川省高级法院审理后查明,四川某建设公司主张对案涉工程不知情的理由不成立,黄某某挂靠四川某建设公司进行实际施工属实,但黄某某无证据证明某建筑工程局尚欠其工程款及其他损失,遂依法驳回黄某某全部诉讼请求。黄某某和四川某建设公司均不服判决,向最高人民法院提起上诉。最高人民法院经审理后认为一审法院认定事实清楚,适用法律正确,依法维持原判。

【案例评析】

本案是一起因挂靠问题引发的建设工程施工合同纠纷。四川某建设公司否认其签订了案涉合同,提出案涉印章是黄某某和白某伪造,并提交《鉴定报告》证明案涉合同所盖印章不是其备案印章。但是为什么四川某建设公司的主张没有得到法院的支持呢?原因如下:

一是每个公司不排除存在多枚印章的事实,法律不能强求相对人在任一交易活动中都去核查印章的真伪,这不符合交易便捷原则,因此,相对人不应负有审核某一印章是否为备案印章的义务。故在使用非备案印章时,法院不能以相对人未尽印章审核义务为由就认定该枚印章为假印章,除非能够举证证明该枚印章确实是伪造的印章。因此,四川某建设公司提交《鉴定报告》证明案涉合同加盖的印章不是其备案印章,并不能由此就认定案涉合同所盖印章系假印章。

二是民商事审判领域"看人不看章"的裁判思路。民商事审判中,主张合同成立与否,并不单纯执着于印章真伪这一件事,更看重的是签字盖章的人是否具有代理权或是否让相对人足以信赖其具有代理权,以及被代理的当事人对该事实是否是明知和默认的。四川某建设公司称对案涉工程不知情,但是根据黄某某及某建筑工程局提交的多份证据,均证明代表四川某建设公司签订合同的白某系该公司驻某地办事处负责人,其以每年交管理费的形式借用四川某建设公司的名义在外承揽工程,其中就包括案涉工程。而且,四川某建设公司的董事长等人还与某建筑工程局就处理案涉工程的相关问题进行过协商。因此,一系列的证据已形成完整的证据链，均能相互印证证明四川某建设公司知情并允许黄某某挂靠在其名下签订合同，进行施工。

黄某某要求某建筑工程局支付工程款的诉讼请求，虽因其未能提供真实有效证据证明其主张，法院经审理后依法不予支持，未能给某建筑工程局造成较大经济损失，但该案系由对分包商资质审核把关不严所导致，具有典型性。如果资质审核人员没有把好入口关，一旦实际施工人出现亏损和纠纷，部分挂靠分包商就力图以印章和授权瑕疵撇清和自己的关系，当甩手掌柜。部分项目极少数承包人涉嫌私刻其他公司印章、伪造授权委托书、冒用资质证件到项目部承揽工程，这都给建筑施工企业自身埋下严重的法律风险隐患。要杜绝这种法律风险，就要扎扎实实做好对分包商、供应商的资信审核工作。

第二节　违法分包、转包的风险

在建设工程施工过程中，工程分包是一种常见的市场行为。合法分包能够通过将工程分包给具备专业技术能力或施工能力的单位，达到资源和劳务的优化、集聚和有效利用，实现工程施工的经济与效率。但由于我国当前建筑行业的管理尚有不完善之处，建设工程承包人往往将承包的建设工程违法分包甚至转包，不仅导致建设工程施工合同纠纷频发、严重影响建筑市场秩序，而且极大危害了人民的生命和财产安全，故而我国现行法律、法规明令禁止违法分包、转包行为，并规定了对该类行为的相应处罚。

一、法律合规风险点描述

1. 被认定为违法分包的风险

《房屋建筑和市政基础设施工程施工分包管理办法》（2019年修正）第四条规定："本办法所称施工分包，是指建筑业企业将其所承包的房屋建筑和市政基础设施工程中的专业工程或者劳务作业发包给其他建筑业企业完成的活动。"《建设工程质量管理条例》第七十八条第二款规定："本条例所称违法分包，是指下列行为：（一）总承包单位将建设工程分包给不具备相应资质条件的单位的；（二）建设工程总承包合同中未有约定，又未经建设单位认可，承包单位将其承包的部分建设工程交由其他单位完成的；（三）施工总承包单位将建设工程主体结构的施工分包给其他单位的；（四）分包单位将其承包的建设工程再分包的。"

根据《建筑工程施工发包与承包违法行为认定查处管理办法》第十二条规定，以下几种情形通常会被认定为违法分包行为：

（1）承包单位将其承包的工程分包给个人的；

（2）施工总承包单位或专业承包单位将工程分包给不具备相应资质单位的；

（3）施工总承包单位将施工总承包合同范围内工程主体结构的施工分包给其他单位的，钢结构工程除外；

（4）专业分包单位将其承包的专业工程中非劳务作业部分再分包的；

（5）专业作业承包人将其承包的劳务再分包的；

（6）专业作业承包人除计取劳务作业费用外，还计取主要建筑材料款和大中型施工机械设备、主要周转材料费用的。

在实务操作中，需要正确区分专业工程分包与劳务作业分包的区别。专业工程分包单位可以将专业工程中的劳务作业部分再分包，但不可以将非劳务作业部分再分包；劳务分包单位不能将其承接的劳务作业再分包。也就是说，如果专业工程分包单位将其所承接工程中劳务作业部分分包给具有相应资质的劳务作业单位的，不属于违法分包行为。

2. 被认定为转包的风险

《建设工程质量管理条例》第七十八条第三款规定："本条例所称转包，是指承包单位承包建设工程后，不履行合同约定的责任和义务，将其承包的全部建设工程转给他人或者将其承包的全部建设工程肢解以后以分包的名义分别转给其他单位承包的行为。"根据《建筑工程施工发包与承包违法行为认定查处管理办法》第八条的规定，以下几种情形通常会被认定为转包行为（但有证据证明属于挂靠或者其他违法行为的除外）：

（1）承包单位将其承包的全部工程转给其他单位（包括母公司承接建筑工程后将所承接工程交由具有独立法人资格的子公司施工的情形）或个人施工的；

（2）承包单位将其承包的全部工程肢解以后，以分包的名义分别转给其他单位或个人施工的；

（3）施工总承包单位或专业承包单位未派驻项目负责人、技术负责人、质量管理负责人、安全管理负责人等主要管理人员，或派驻的项目负责人、技术负责人、质量管理负责人、安全管理负责人中一人及以上与施工单位没有订立劳动合同且没有建立劳动工资和社会养老保险关系，或派驻的项目负责人未对该工程的施工活动进行组织管理，又不能进行合理解释并提供相应证明的；

（4）合同约定由承包单位负责采购的主要建筑材料、构配件及工程设备或租赁的施工机械设备，由其他单位或个人采购、租赁，或施工单位不能提供有关采购、租赁合同及发票等证明，又不能进行合理解释并提供相应证明的；

（5）专业作业承包人承包的范围是承包单位承包的全部工程，专业作业承包人计取的是除上缴给承包单位"管理费"之外的全部工程价款的；

（6）承包单位通过采取合作、联营、个人承包等形式或名义，直接或变相将其承包的全部工程转给其他单位或个人施工的；

（7）专业工程的发包单位不是该工程的施工总承包或专业承包单位的，但建设单位依约作为发包单位的除外；

（8）专业作业的发包单位不是该工程承包单位的；

（9）施工合同主体之间没有工程款收付关系，或者承包单位收到款项后又将款项转拨给其他单位和个人，又不能进行合理解释并提供材料证明的。

在实务操作中应注意区分转包与内部承包的区别。内部承包在司法实践中是被认可的合法行为，不同于转包，一般表现为建设工程施工合同的承包人将其承包的全部或部分工程交由其下属的分支机构或在册的项目经理等企业职工个人承包施工，承包人通过日常监管、制度建设管控等对工程施工过程及质量、安全进行统一管理，对外承担施工合同义务。发包人以内部承包人缺乏施工资质为由主张施工合同无效的，享有施工合同权利，难以获得支持。

3. 工期延误的风险

建设项目往往对工期有较为严格的要求。在施工过程中，计划外的因素越多，就越有可能造成工期延误。当违法分包、转包甚至层层分包、转包出现在同一个建设工程中，不可控因素增加所带来的各种风险将极大增加，因各方协调或监管不力等也极容易造成工期延误。

4. 工程质量难以保障的风险

质量和安全是建设项目成功与否的关键，同时也是施工中最大的风险。在违法分包、转包中，实际施工人员良莠不齐，对安全和质量的重视程度不够，规章制度欠缺，安全防护设备不足或者工人安全意识不够，没有经过安全培训就上岗作业等原因引发的安全、质量事故屡见不鲜。在违法分包、转包中，承包人将工程违法分包后，很难对分包人的施工管理、施工技术水平以及持证上岗人数进行监督管理，对项目的质量及安全也难以保证。

5. 农民工工资难以保障的风险

建筑工程施工实践中存在较多劳务分包单位将其承包的劳务再分包的现象，经过层层分包，实际投入到项目施工中的施工资金相对于发包人给付的中标金额大幅减少，且存在中间违法分包人诚信风险，实际施工单位在完成施工后难以按时按量获得工程款项，产生农民工工资无法得到保障的风险。

6. 扰乱正常分包秩序的风险

违法分包、转包现象导致我国建筑领域出现了一种不良现象：资质能力一流的施工队伍参与投标，资质能力二流的施工队伍进场，而真正进行实际施工作业的是资质能力三流的施工队伍。违法分包行为严重扰乱了建筑市场的公平竞争，也造成了所谓的牌子大的施工队伍实际施工能力却很弱的尴尬局面。

7. 面临行政处罚的风险

《建设工程质量管理条例》第六十二条规定了对违法分包、转包的行政处罚：承包单位将承包的工程转包或者违法分包的，责令改正，没收违法所得，对勘察、设计单位处合同约定的勘察费、设计费25%以上50%以下的罚款；对施工单位处工程合同价款0.5%以上1%以下的罚款；可以责令停业整顿，降低资质等级；情节严重的，吊销资质证书。《建筑法》第六十七条规定："承包部门有前款规定的违法行为的，对因转包工程或者违法分包的工程不符合规定的质量标准造成的损失，与接受转包或者分包的单位承担连带赔偿责任。"此外，《招标投标法》规定：中标人将中标项目转让给他人的，将中标项目肢解后分别转让给他人的，违反本法规定将中标项目的部分主体、关键性工作分包给他人的，或者分包人再次分包的，转让、分包无效，处转让、分包项目金额千分之五以上千分之十以下的罚款；有违法所得的，并处没收违法所得；可以责令停业整顿；情节严重的，由工商行政管理机关吊销营业执照。

根据《建筑工程施工发包与承包违法行为认定查处管理办法》，住房城乡建设主管部门对有违法分包等违法行为的单位和个人，除上述行政处罚外，还可以采取以下行政管理措施：对认定有转包、违法分包等违法行为的施工单位，可依法限制其参加工程投标活动、承揽新的工程项目，并对其企业资质是否满足资质标准条件进行核查，对达不到资质标准的要求限期整改，整改后仍达不到要求的，资质审批机关撤回其资质证书。对2年内发生2次及以上转包、违法分包等违法行为的施工单位，应当依法按照情节严重情形给予处罚。因违法发包、转包、违法分包、挂靠等违法行为导致发生质量安全事故的，应当依法按照情节严重情形给予处罚。

8. 承担民事法律责任的风险

《最高人民法院关于审理建设工程施工合同纠纷案件适用法律问题的解释（一）》（法释〔2020〕25号）第一条规定："建设工程施工合同具有下列情形之一的，应当依据民法典第一百五十三条第一款的规定，认定无效：（一）承包人未取得建筑业企业资质或者超越资质等级的；（二）没有资质的实际施工人借用有资质的建筑施工企业名义的；（三）建设工程必须进行招标而未招标或者中标无效的。承包人因转包、违法分包建设工程与他人签订的建设工程施工合同，应当依据民法典第一百五十三条第一款及第七百九十一条第二款、第三款的规定，认定无效。"第六条规定："建设工程施工合同无效，一方当事人请求对方赔偿损失的，应当就对方过错、损失大小、过错与损失之间的因果关系承担举证责任。损失大小无法确定，一方当事人请求参照合同约定的质量标准、建设工期、工程价款支付时间等内容确定损失大小的，人民法院可以结合双方过错程度、过错与损失之间的因果关系等因素作出裁判。"第十五条规定："因建设工程质量发生争议的，发包人可以以总承包人、分包人和实际施工人为共同被告提起诉讼。"第四十三条规定："实际施工人以转包人、违法分包人为被告起诉的，人民法院应当依法受理。实际施工人以发包人为被告主张权利的，人民法院应当追加转包人或者违法分包人为本案第三人，在查明发包人欠付转包人或者违法分包人建设工程价款的数额后，判决发包人在欠付建设工程价款范围内对实际施工人承担责任。"第四十四条规定："实际施工人依据民法典第五百三十五条规定，以转包人或者违法分包人怠于向发包人行使到期债权或者与该债权有关的从权利，影响其到期债权实现，提起代位权诉讼的，人民法院应予支持。"

《民法典》第八百零六条对建设工程转包、违法分包情形赋予了发包人单方解除权：承包人将建设工程转包、违法分包的，发包人可以解除合同。合同解除后，已经完成的建设工程质量合格的，发包人应当按照约定支付相应的工程价款；已经完成的建设工程质量不合格的，按照以下情形处理：（1）修复后的建设工程经验收合格的，发包人可以请求承包人承担修复费用；（2）修复后的建设工程经验收不合格的，承包人无权请求参照合同关于工程价款的约定折价补偿；发包人对因建设工程不合格造成的损失有过错的，应当承担相应的责任。

《建筑法》规定了承包人责任，在合法分包中，建筑工程承包人应按照合同约定对发包人负责，分包人按照分包合同约定对承包人负责，承包人和分包人就分包工程对发包人承担连带责任。在违法分包中，承包人对因违法分包的工程不符合规定的质量标准造成的损失，与分包人承担连带赔偿责任。与实际施工人追索权相关的规则也可适用于违法分包情形中。

二、法律合规风险防范措施

1. 做好工程项目分包策划，慎重使用专业分包方式组织施工，合理组织和筹划劳务作业、材料采购及设备租赁等环节。

2. 严格筛选分包单位，确保分包单位资质符合施工内容，严禁将工程发包给个人。

3. 杜绝劳务分包"专业化"。部分劳务合同表面上是劳务合同，但合同中的内容除劳务作业外，还将主要建筑材料的采购和大中型施工机械设备的租赁放在劳务分包中，为法律所禁止。

4. 谨慎对待与发包人签订的建设工程施工合同中有关分包的约定，特别是涉及特定分包的相关内容。

5. 拒绝签订"大包提点"形式的合同。住建部《建筑工程施工发包与承包违法行为认定查处管理办法》第八条规定，专业作业承包人承包的范围是承包单位承包的全部工程，专业作业承包人计取的是除上缴给承包单位"管理费"之外的全部工程价款的，应当认定为转包，但有证据证明属于挂靠或者其他违法行为的除外。

三、典型案例：工程分包要合法，违法分包需担责

【基本案情】

2017年4月，中国铁建港航局集团有限公司（以下简称中铁建公司）与大唐东营发电有限公司（以下简称"大唐东营公司"）签订《大唐东营2×1000MW新建工程海水取排水工程施工合同》，约定该工程发包人为大唐东营公司，承包人为中铁建公司。2017年7月，中铁建公司与青岛第一市政工程有限公司（以下简称"市政公司"）签订《工程分包合同》，约定市政公司承担海水取排水工程海域取水堤及陆域抛石挤淤项目的施工（实际上将前合同工程全部转包），同时在《工程分包合同》中约定禁止市政公司将分包工程进行再分包或转包。而后，市政公司与青岛国恩建设管理有限公司（以下简称"国恩公司"）签订了《工程施工分（承）包合同》，将工程部分分包给国恩公司。2018年4月，国恩公司与青岛北舰工大海洋工程有限公司（以下简称"北舰公司"）签订《工程施工分包合同》，约定将案涉挖泥、清淤项目交由北舰公司组织施工。2018年4月26日，北舰公司组织了"蓝海1号"等船舶进行了挖运、吹填清淤施工。后上述工程结束但未经竣工验收，施工区域之上已由中铁建公司进行覆盖性施工。2019年1月17日，经北舰公司与国恩公司结算，确认北舰公司完成合同约定工程量。后因国恩公司欠付大部分款项，北舰公司提起诉讼，并要求法院判令市政公司对国恩公司的给付义务承担连带责任，中铁建公司在其未付国恩公司和市政公司的工程款范围内承担连带责任，以及解除《工程施工分包合同》。

【裁判结果】

一审法院经审理认为，中铁建公司与市政公司签订《工程分包合同》、国恩公司主张其与市政公司签订《工程施工分（承）包合同》、北舰公司与国恩公司签订《工程施工分包合同》，以上三合同均为非法转包和违法分包。依据《合同法》第二百七十二条[1]禁止承包人将工程分包给不具备相应资质条件的单位以及禁止分包单位将其承包的工程再分包的规定和合同关于禁止再分包转包的约定，以上三合同均为无效合同。《最高人民法院关于审理建设工程施工合同纠纷案件适用法律问题的解释》第二条规定：建设工程施工合同无效，但建设工程经竣工验收合格，承包人请求参照合同约定支付工程价款的，应予支持。[2] 案涉工程虽未经竣工验收，但国恩公司未提交证据证明质量不合格，中铁建公司也未对工程质量提出异议，且在该工程上进行了覆盖施工，因此北舰公司关于国恩公司应支

---

[1] 《合同法》已废止，该条已被《民法典》第七百九十一条替代。
[2] 该司法解释已废止，该条核心内容已被纳入《民法典》第七百九十三条。

付工程价款的请求有事实依据和法律依据。关于连带责任，市政公司与中铁建公司签订的《工程分包合同》中约定禁止市政公司将分包工程进行再分包或转包，本案争议工程因市政公司非法转包，应当对工程欠款在未付款范围内承担连带责任；中铁建公司自认发包人已经履行付款义务，其已经收到发包人工程款，中铁建公司违法分包行为既违反合同约定又违反法律规定，北舰公司作为实际施工人主张中铁建公司在其欠付建设工程价款范围内承担连带责任的请求应当予以支持。二审法院对一审法院的认定予以认可，判决维持原判。

【案例评析】

《最高人民法院关于审理建设工程施工合同纠纷案件适用法律问题的解释（一）》第四十三条规定，"实际施工人以转包人、违法分包人为被告起诉的，人民法院应当依法受理。"前手转包人、违法分包人举证证明其已付清工程款的，可以相应免除其给付义务。总承包人若主张发包人已全部付清工程款，则其应承继发包人的付款义务，实际施工人据此主张总承包人应在未付工程款范围内承担连带责任的，法院应予以支持。

由于建设工程具有施工周期长、施工难度大、专业要求高、施工人数多等特点，在工程施工过程中难免会因专业技术、人员欠缺，追求利益或情势变更等原因产生大量分包需求。但实践中大量存在的违法分包、转包常常导致发包人项目无法按期竣工，承包人利益受损，实际施工人维权困难等多重窘境。对于发包人来说，在订立建设工程施工合同之时即应与承包人充分协商，如确有分包需求，可在达成一致的基础上在承包合同中对分包范围进行约定，并约定对分包人的资质等要求，以及出现违法分包的违约责任。对于承包人来说，应避免违法分包、转包，严格按照分包要求进行工程分包，在发包人同意的基础上分包，并尽到对分包人的监管责任。

第三节 挂靠施工的风险

实践中，建筑施工企业向外出借资质"被挂靠"、承接工程后自身不施工，进行转包、违法分包等情形仍然存在。被挂靠单位除订立总承包合同、与建设单位进行必要对接以及收付工程款资金外，基本不参与工程管理，对外付款仅凭挂靠方、转包及违法分包方的签字确认，而不进行严格审查，造成极大风险隐患。企业因此频繁涉诉、被采取保全措施、影响资金流动及新项目投标、影响已有优质项目建设等情形亦不少见。

住房和城乡建设部印发的《建筑工程施工发包与承包违法行为认定查处管理办法》第九条、第十条对挂靠行为的认定如下：

1. 没有资质的单位或个人借用其他施工单位的资质承揽工程的（包括参与投标、订立合同、办理有关施工手续、从事施工等活动）；

2. 有资质的施工单位相互借用资质承揽工程的，包括资质等级低的借用资质等级高的，资质等级高的借用资质等级低的，相同资质等级相互借用的；

3. 有证据证明属于挂靠的以下几种情形：

（1）施工总承包单位或专业承包单位未派驻项目负责人、技术负责人、质量管理负责人、安全管理负责人等主要管理人员，或派驻的项目负责人、技术负责人、质量管理负责人、安全管理负责人中一人及以上与施工单位没有订立劳动合同且没有建立劳动工资和社会养老保险关系，或派驻的项目负责人未对该工程的施工活动进行组织管理，又不能进行合理解释并提供相应证明的；

（2）合同约定由承包单位负责采购的主要建筑材料、构配件及工程设备或租赁的施工机械设备，由其他单位或个人采购、租赁，或施工单位不能提供有关采购、租赁合同及发票等证明，又不能进行合理解释并提供相应证明的；

（3）专业作业承包人承包的范围是承包单位承包的全部工程，专业作业承包人计取的是除上缴给承包单位"管理费"之外的全部工程价款的；

（4）承包单位通过采取合作、联营、个人承包等形式或名义，直接或变相将其承包的全部工程转给其他单位或个人施工的；

（5）专业工程的发包单位不是该工程的施工总承包或专业承包单位的，但建设单位依约作为发包单位的除外；

（6）专业作业的发包单位不是该工程承包单位的；

（7）施工合同主体之间没有工程款收付关系，或者承包单位收到款项后又将款项转拨给其他单位和个人，又不能进行合理解释并提供材料证明的。

一、法律合规风险点描述

1. 行政处罚风险。《建筑法》第六十六条规定，"建筑施工企业转让、出借资质证书或者以其他方式允许他人以本企业的名义承揽工程的，责令改正，没收违法所得，并处罚款，可以责令停业整顿，降低资质等级；情节严重的，吊销资质证书。"《建筑工程施工发包与承包违法行为认定查处管理办法》第十七条规定，违法挂靠行为和处罚结果记入单位信用档案，同时县级以上人民政府和城乡建设主管部门向社会公示，并逐级上报至住房和城乡建设部，在全国建筑市场监管公共服务平台公示。根据公示结果，可能会限制市场准入。

2. 税务成本风险。建筑施工企业作为备案的施工方，依法负有纳税义务。在挂靠、转包、违法分包施工情形下，一旦双方对于税务成本负担约定不明，挂靠、转包、违法分包人收款后未开具发票，或者挂靠、转包、违法分包人从建设单位直接取得工程款后未开具发票，均可能导致建筑施工企业最终需承担高额的税务成本。

3. 民事责任风险。施工质量难以保障从而引发与建设单位的工程质量纠纷。

4. 施工安全缺乏监督导致安全生产事故，引发提供劳务者受害责任或工伤保险待遇纠纷。

5. 工程资金缺乏监管，引发因欠付材料款、人工费产生的买卖合同、劳动争议纠纷，或者因付过款项（如垫付农民工工资）引发与实际施工人之间的返还超付工程款、追偿权等纠纷。

6. 印章等资料授权、管理不当，引发因项目部对外借款、欠材料款而债权人起诉建筑施工企业纠纷。

7. 对施工过程缺乏监督管理，导致层层转包、违法分包及挂靠的失控状态，引发实际施工人向建筑施工企业主张工程款纠纷，或者项目部雇请人员主张确认劳动关系纠纷。

8. 以内部承包、设立分公司形式进行挂靠、转包或者违法分包，建筑施工企业对分公司的设立、资金及人事缺乏管控，各分公司内部管理混乱，随意刻制公章、出借公章对外缔约、举债、担保，债务无法清偿时分公司负责人注销分公司，从而将债务转嫁于建筑施工企业。

二、法律合规风险防范措施

1. 建筑施工企业应增强法律意识，严格遵守法律法规，杜绝挂靠，不应以内部承包为名行出借资质"挂靠"之实，更不应以出借资质或者利用资质承接工程后转包、违法分包并收取管理费作为主营主业。

2. 切实保障施工人员权益，强化实名制管理，依法参保工伤保险或者商业意外险。加强对施工人员的管理，对工期及质量进行监管，避免出现工期延误或质量不合格等情形；要求施工人员严格按照安全规范施工，避免发生安全责任事故；对材料、设备款项支付进行跟踪，避免出现逾期付款的行为；对农民工工资的支付进行监督，避免发生欠薪、农民工上访等事件。

3. 从设计、施工、质量、安全、工期及材料采购进行全过程管理，特别是项目部重点加强对公章、财务、用工及社保的监督，强化施工过程监管，施工中应定期或者不定期对工程进行巡查，全面掌握现场真实情况，及时收集施工资料。项目部对外订立合同须向公司备案，印章上可注明授权范围，防范公章滥用。建立合同管理台账，对工程项目合同签订、履行、索赔等全过程实行动态监督。项目付款时应说明款项用途并提供付款依据，工程款保证专款专用，加强对工程款收支账户管理，防止出现体外循环。

4. 严格控制分公司设立。对确有必要设立分公司的，应加强管理，通过实行财务委派制、加强内部审计等方式管理分公司人事、财务等核心事务，对分公司申请注销的，应严格审查其债权债务情况，防止分公司负责人滥用权利。

三、典型案例：挂靠施工不合法，产生纠纷难认定

【基本案情】

2019年3月1日，广元公司对其投资的设备安装工程进行公开招标，华夏公司出具授权委托书，授权杨某以华夏公司的名义参加投标。华夏公司在投标书中承诺的主要人员为：项目经理王某、技术负责人曹某、质量负责人刘某、安全负责人石某。华夏公司中标后，双方于2019年3月31日签订《建设工程施工合同》，约定华夏公司承包广元公司的设备安装工程，计划开工日期2019年4月21日，计划竣工日期2020年4月20日，合同工期365天，签约合同价为8800万元。华夏公司在合同中约定的主要人员为：项目经理王某、技术负责人张某、质量负责人李某、安全负责人赵某。合同签订后，华夏公司实际派驻施工现场的主要人员为：项目经理王某、技术负责人孙某、质量负责人刘某、安全负责人袁某。由于施工现场管理混乱，工程进度严重拖延。直到2021年1月30日，案涉工程才交工验收，但现场施工人员拒不交付竣工资料。现场施工人员以广元公司必须为其先行签署索赔材料相胁迫，拒不提供竣工资料，导致广元公司无法进行验收备案，无法投入生产，每天都有较大经济损失。广元公司被逼无奈，只好违背真实意思，违心给其事先准备好的索赔资料签字。直至2021年5月30日，现场施工人员才勉强向广元公司移交了工程竣工资料。华夏公司的不诚信行为，导致合同工期严重拖延，致使广元公司遭受重大经济损失。承包人不及时发放农民工工资，导致大量农民工多次向当地政府主管部门上访，给广元公司造成不良社会影响。2021年9月16日，华夏公司向项目所在地人民法院起诉，请求人民法院判决广元公司向其支付工程尾款3500万元及利息。

【裁判结果】

法院经过开庭审理，认为挂靠人杨某为达到承揽工程的目的，借用有资质的建筑施工企业华夏公司的名义进行投标，中标后再由实际施工人宁巴公司具体施工的行为，违反了《建筑法》第二十六条的强制性规定。根据《最高人民法院关于审理建设工程施工合同纠纷案件适用法律问题的解释（一）》（法释〔2020〕25号）第一条规定，华夏公司与广元公司签订的《建设工程施工合同》无效。

由于被借用资质的名义承包人华夏公司未实际施工，其主张是案涉工程的施工主体，主张由发包人广元公司支付工程款及利息的诉讼请求，没有事实和法律依据。因华夏公司与广元公司签订的《建设工程施工合同》无效，且华夏公司未实际施工，不是案涉工程的施工主体，其与案涉工程没有直接利害关系，故华夏公司作为本案原告主体不适格，其诉讼请求依法不予支持。根据《中华人民共和国民事诉讼法》第一百二十二条的规定，驳回华夏公司的起诉。

【案例评析】

在实践中，转包和挂靠有很多相似之处，有时不易区别，但对二者进行有效区分，对于厘清法律关系很重要。

一是介入的时间点不同。挂靠人是在工程中标之前就已经介入投标活动，多表现为挂靠人通过各种活动、运作致使被挂靠人中标。也就是说工程的中标，是挂靠人隐藏在被挂靠人身后，主动地、有实际投入地获取被挂靠人的中标结果。被挂靠人是相对地被动付出，没有太多甚至没有实际投入。而转包介入工程的时间基本上是发包人中标后，工程已经实际由发包人承包，转包人未参与前期投标活动，更谈不上对投标活动的运作和投入。

二是是否具备相适应的工程资格。挂靠人之所以要借用他人的资质，根本原因就是自身不具备相应的资质要求或不符合其他条件，如果自身具备满足条件的资质，就不需要借用他人的，自己直接参与投标就可以了。因此，可以知道，挂靠人是不具备相应的工程资格的。而转包，具备与不具备资质都有可能，转包是发包人中标后将工程全部权利义务转手给他人的行为，而接受方有可能是具有资质的，也有可能是不具有资质的，都有可能。

三是获取盈利的方式不同。被挂靠人一般是以收取固定比例的挂靠费或管理费作为盈利方式，将对业主结算的金额扣除管理费后直接对下结算，不参与工程本身的盈亏商业风险。而转包则不同，转包是按双方签订的施工（转包）合同来结算工程款，转包人要自负商业风险。

四是建设施工合同关系建立的主体不同。在挂靠情形里，被挂靠人未参与实际施工和管理，只是将资质借用给挂靠人，因此挂靠人与被挂靠人之间仅仅是挂靠关系，不成立建设工程施工合同关系。名义承包人与发包人之间也并不成立真正的建设工程施工合同关系。而在转包的情形里，发包人与承包人之间，承包人与转包人之间，分别成立真正的建设工程施工合同关系。

在挂靠关系下，实际施工人的工程价款结算有着不同的处理方式。

第一，挂靠情形下实际施工人不能突破合同相对性原则请求发包人在欠付工程款范围内承担责任。《最高人民法院关于审理建设工程施工合同纠纷案件适用法律问题的解释（一）》（法释〔2020〕25号）第四十三条规定："实际施工人以转包人、违法分包人为被告起诉的，人民法院应当依法受理。实际施工人以发包人为被告主张权利的，人民法院应当追加转包人或者违法分包人为本案第三人，在查明发包人欠付转包人或者违法分包人建设工程价款的数额后，判决发包人在欠付建设工程价款范围内对实际施工人承担责任。"本条解释涉及三方当事人两种法律关系：一是发包人与承包人之间的建设工程施工合同关系；二是承包人与实际施工人之间的转包或者违法分包关系。原则上，当事人应当依据各自的法律关系，请求各自的债务人承担责任。本条解释为保护农民工等建筑工人的利益，突破合同相对性原则，允许实际施工人请求发包人在欠付工程款范围内承担责任。对该条解释的适用应当从严把握。该条解释只规范转包和违法分包两种关系，未规定借用资质的实际施工人以及多层转包和违法分包关系中的实际施工人有权请求发包人在欠付工程款范围内承担责任。因此，可以依据《最高人民法院关于审理建设工程施工合同纠纷案件适用法律问题的解释（一）》第四十三条的规定突破合同相对性原则请求发包人在欠付工程款范围内承担责任的实际施工人不包括借用资质及多层转包和违法分包关系中的实际施工人。

第二，借用资质的实际施工人与发包人形成事实上的建设工程施工合同关系且工程经验收合格的，可以请求发包人参照合同约定折价补偿。没有资质的实际施工人借用有资质的建筑施工企业名义与发包人签订建设工程施工合同，在发包人知道或者应当知道系借用资质的实际施工人进行施工的情况下，发包人与借用资质的实际施工人之间形成事实上的建设工程施工合同关系。该建设工程施工合同因违反法律的强制性规定而无效。《民法典》第七百九十三条规定："建设工程施工合同无效，但是建设工程经验收合格的，可以参照合同关于工程价款的约定折价补偿承包人。"因此，在借用资质的实际施工人与发包人之间形成事实上的建设工程施工合同关系且建设工程经验收合格的情况下，借用资质的实际施工人有权请求发包人参照合同关于工程价款的约定折价补偿。

第三，借用资质的实际施工人与发包人未形成事实上的建设工程施工合同关系且工程经验收合格的，可以向发包人主张不当得利返还《民法典》第九百八十五条规定："得利人没有法律根据取得不当利益的，受损失的人可以请求得利人返还取得的利益，但是有下列情形之一的除外：（一）为履行道德义务进行的给付；（二）债务到期之前的清偿；（三）明知无给付义务而进行的债务清偿。"《民法典》第一百二十二条规定："因他人没有法律根据，取得不当利益，受损失的人有权请求其返还不当利益。"结合本条的规定，不当得利的构成要件包括以下四个方面：一方取得利益；另一方受到损失；获益与受损之间存在因果关系；一方获益无法律根据。在借用资质的实际施工人与发包人未形成事实上的建设工程施工合同关系的情况下，实际施工人投入工程施工中的人、材、机等费用，已经物化为发包人的建设工程。当建设工程经验收合格时，发包人的合同目的已经实现，取得建设工程；而实际施工人却无法依据被挂靠人与发包人签订的建设工程施工合同主张工程价款。发包人取得的建设工程是实际施工人物化到建设工程中的损失，符合不当得利的构成要件，实际施工人可向发包人主张不当得利返还。返还的范围应区分发包人善意和恶意来确定。所谓善意是指发包人不知道其取得利益没有法律根据，恶意是指明知没有法律根据而取得利益。善意发包人的不当得利返还范围原则上以现存利益为限，现存利益丧失的，免除善意发包人的返还义务。现存利益的确定时点以实际施工人请求返还时现存的利益为准。恶意得利根据发包人知道取得利益没有法律根据的时间，分为自始恶意与嗣后恶意。自始恶意是指发包人从取得利益一开始就知道没有法律根据而受益。嗣后恶意是指发包人取得利益时并不知道没有法律根据，而是在取得利益之后知道或应当知道获益没有法律根据。对于自始恶意，原则上恶意发包人的返还范围为取得的全部利益及因此利益产生的孳息，无论该所受利益是否存在；对于嗣后恶意，则以知情的时间为节点，知情前为善意，对不当得利的返还范围同善意受领人；知情后为恶意，对不当得利的返还范围同自始恶意受领人。

本案中，广元公司是在华夏公司起诉之后才知道事实真相，故广元公司是善意发包人，返还范围原则上以现存利益为限，现存利益的确定时点以实际施工人请求返还时现存的利益为准。

此外，挂靠人与被挂靠人对承揽工程不符合规定的质量标准造成的损失应承担连带赔偿责任。《建筑法》第六十六条规定："建筑施工企业转让、出借资质证书或者以其他方式允许他人以本企业的名义承揽工程的，责令改正，没收违法所得，并处罚款，可以责令停业整顿，降低资质等级；情节严重的，吊销资质证书。对因该项承揽工程不符合规定的质量标准造成的损失，建筑施工企业与使用本企业名义的单位或者个人承担连带赔偿责任。"本案中，虽然华夏公司无权向发包人广元公司主张工程款，但是，如果实际施工人宁巴公司施工的工程不符合国家规定的质量标准，给广元公司造成经济损失，华夏公司仍然要和宁巴公司承担连带赔偿责任。

第四节　未签订书面合同的风险

《民法典》第一百三十五条规定，"民事法律行为可以采用书面形式、口头形式或者其他形式；法律、行政法规规定或者当事人约定采用特定形式的，应当采用特定形式。"书面形式是指合同书、信件、电报、传真等可以有形地表现所载内容的形式。以电子数据交换、电子邮件等方式能够有形地表现所载内容，并可以随时调取查用的数据电文，视为书面形式。《最高人民法院关于适用〈中华人民共和国民法典〉总则编若干问题的解释》（法释〔2022〕6号）第十八条规定，"当事人未采用书面形式或者口头形式，但是实施的行为本身表明已经作出相应意思表示，并符合民事法律行为成立条件的，人民法院可以认定为民法典第一百三十五条规定的采用其他形式实施的民事法律行为。"

企业在日常经营过程中一般有要求签订书面合同的规定，但实践中，有些业务人员为了快速推进业务，或因业务金额小、与对方交易频率高或基于私人之信任等原因，存在买卖交易过程中不签订书面合同的情况，一旦产生争议导致后期维权难度增加。

一、法律合规风险点描述

1. 承担缔约过失法律风险。当事人若假借订立合同，恶意进行磋商；故意隐瞒与订立合同有关的重要事实或提供虚假情况；有其他违背诚实信用原则的行为，造成对方损失的，应当承担赔偿责任。

2. 违约责任受到限制。对违约责任没有约定或约定不明确，当事人无权要求支付违约金，受损害方可以选择请求对方承担修理、重做、更换、退货、减少价款或者报酬等责任。

3. 增加诉讼成本。作为采购方，主要义务是支付货款，违约概率较低；作为供应商其应当承担的义务较多，违约概率较高。因未约定管辖权，若采购方起诉，根据原告就被告原则，一般会由供应商住所地人民法院管辖。

4. 增加合同履行中的不确定性。市场瞬息万变，随着物料价格波动、工程量变化等因素影响，对方可能会抬高物价或拒绝履行。由此导致采购成本增加，此时采购方将处于非常被动的地位。

5. 一旦产生争议，举证形成障碍。由于未签订书面合同，一旦产生争议将面临合同主体不确定，货物规格、材质等不确定，合同价款、付款方式不确定，交付与验收条款不确定，质保与售后条款不确定等因素，无形中增加了举证困难。

6. 企业数据失真，不利于施工企业作出准确决策。一般来说企业经营数据来源于书面合同的具体约定，例如，付款时间、欠款时间、款项金额等，若数据失真，会影响资金利用率。

二、法律合规风险防范措施

1. 提高合同风险意识，尽量避免事后补（倒）签合同。确因某些正当理由暂时不能签订合同的，则应当以录音、录像、意向书、备忘录等形式明确合同内容。

2. 对公司业务进行梳理，发现未签订书面合同的，应当尽快补正。补正的日期应与实际业务发生日期一致。对合同签订前双方约定的事项进行确认，后期发生的重要变更事项，应当及时留存证据或者签订书面补充协议。

3. 对方不愿意补（倒）签合同的应尽早收集证据，获得有利材料。可以通过出厂证、合格证、质保书、使用说明书、订货单、送货单、对账单等凭证进行补正。补充凭证上要尽量体现对方公章或法定代表人签字，否则凭证法律效力存在瑕疵。

4. 发现问题积极沟通，保留证据原始载体。当发现货物有瑕疵时，应当及时通过微信、电子邮件、录音录像对货物进行拍照、留存、封样。微信聊天记录、电子邮件、录音录像等证据注意保留原始载体。

三、典型案例：合同形式很关键，口头协议举证难

【基本案情】

2010年至2015年期间，王大某从李大某处承包大理石外挂工程，其中，主体工程部分包括阳光嘉城一期、二期、三期、四期和乘风新城的围墙、楼体及大门的外挂大理石工

程，零星工程部分包括阳光馨园电梯口和室外踏步、东安阳光商都电梯口、新东风外挂大理石等工程。施工过程中，李大某提供大理石、槽钢及角钢，王大某组织施工并自备理石胶、干挂件、焊条、切割片等辅材和工具，上述工程双方均未签订书面承包合同。2016年1月1日，王大某与李大某对主体工程已付款项进行核对，王大某为李大某出具收据一份，内容为"收人民币壹仟肆佰捌拾陆万陆仟陆佰元整：14866600元，原先所有收据作废：以上是阳光嘉城一期、二期、三期、四期人工费，干挂工资，不包括亚美东安工资，亚美、东安付款不在内"。2016年2月6日，李大某向王大某支付100.5万元人工费，王大某为李大某出具收据一份，2016年4月，李大某以阳光嘉城二期CD-2-106号及CD-3-66号两处车库抵顶王大某人工费44万元，王大某为李大某出具收据一份，内容为"今收人民币肆拾肆万元整：440000元。此款是阳光嘉城二期CD-2-106号车库及CD-3-66号车库给王大某阳光嘉城干挂人工费，李大某和王大某人工费一次性全部结清。阳光嘉城一期、二期、三期、乘风庄石材干挂包括亚美、东安市场所有项目全部清算完毕"。2017年初，李大某与王大某对王大某施工的主体工程面积进行了核对，李大某出具《工程面积清单》（1～5页），李大某、王大某分别签字确认。经双方核对，王大某施工的外挂大理石主体工程面积，楼体127148.25m²，围墙15958.12m²，共计143106.37m²。双方还确认主体工程包括一期电梯口1496套、责任牌300个，门卫房墙面80m²、花瓶494个。另外，《工程面积清单》（第6页）由王大某书写，李大某对于王大某施工的零星工程部分的项目名称均予确认，但双方对于工程量未予核对。后期王大某提出与李大某提出完工工程量确认和完工结算，要求李大某支付尾款，李大某予以拒绝，称双方已全部结算完毕。王大某遂诉至法院，请求李大某给付工程款12230652元，最终金额以鉴定后的工程造价为准；李大某给付施工款利息，自2015年12月31日开始按照同期银行贷款利率计算至实际给付之日；诉讼费等费用由李大某承担。

【裁判结果】

一审法院审理认为，虽然双方收条有"所有项目全部清算完毕"的字样，但从王大某举示的其与李大某在2017年初的多份录音证据内容，可以体现双方对于施工面积单价存在争议，且王大某多次要求李大某测量施工面积、清算工程款，同时，结合王大某于2016年12月24日为李大某出具的97500元收据及双方于2017年1月仍在进行主体工程面积核对的事实，可以认定，王大某于2016年4月为李大某出具44万元工程款的收据后，双方仍然继续对施工面积及工程价款进行核对，尚未结算完毕。李大某称清算完毕与实际履行情况不符，依法不予支持。因王大某未举示相关证据证实工程面积单价，故对李大某自认的外挂大理石围墙90元/m²，楼体120元/m²（包括辅料和小型机械），一期电梯口150元/套，责任牌50元/个，门卫房墙面120元/m²，花瓶30元/个予以确认，并以此作为案涉工程款的单价。王大某施工的主体部分工程价款共计16957840.8元，李大某已付工程款16408500元，尚欠工程款549340.8元未付。关于王大某施工的零星工程部分。因王大某对此亦未能举示相关证据证实工程量及工程价款，故对李大某自认的零星工程价款591969.4元予以确认。同时，李大某主张通过银行转账及以房顶账的方式支付零星工程价款804186元，因其未提交充分证据证实，且王大某不予认可，故对李大某零星工程款项给付完毕的抗辩主张不予采纳。综上所述，王大某从李大某处承包外挂大理石的主体工程和零星工程价款共计

17549810.2 元，李大某已向王大某支付工程款 16408500 元，李大某尚应给付王大某工程款 1141310.2 元，并自起诉之日起按照同期银行贷款利率计算欠付工程款利息。判决：李大某于本判决生效之日起 10 日内一次给付王大某工程款 1141310.2 元，并以 1141310.2 元为基数，自 2019 年 2 月 15 日起按照同期银行贷款利率支付工程款利息至实际给付之日止。王大某不服提起上诉，二审法院改判为李大某于本判决生效之日起 10 日内给付王大某工程款 1141310.2 元及利息（自 2016 年 1 月 1 日起至实际给付之日止，2019 年 8 月 20 日前的利率按照中国人民银行同期同类贷款基准利率计算，2019 年 8 月 20 日之后的利率按照全国银行间同业拆借中心公布的贷款市场报价利率计算）。

【案例评析】

本案系建设工程施工合同纠纷，王大某从李大某处承包外挂大理石劳务工程，双方虽未签订书面合同，但王大某均已实际施工完毕，并交付使用，李大某理应向王大某支付工程款。根据《建筑法》第二十六条关于"承包建筑工程的单位应当持有依法取得的资质证书，并在其资质等级许可的业务范围内承揽工程"的规定，以及《最高人民法院关于审理建设工程施工合同纠纷案件适用法律问题的解释》（法释〔2004〕14 号）第一条的规定，由于王大某系不具备建筑施工企业资质的自然人，应认定双方所形成的建筑施工合同关系无效。[1] 当事人对自己提出的诉讼请求所依据的事实或者反驳对方诉讼请求所依据的事实，应当提供证据加以证明，但法律另有规定的除外。在作出判决前，当事人未能提供证据或者证据不足以证明其事实主张的，由负有举证证明责任的当事人承担不利的后果。王大某作为一审原告主张的曾口头约定的上述结算单价及冬期施工价格调整，由于王大某举示的与单价相关的证据未能证实双方曾作出该口头约定，即未达到证明待证事实的程度，人民法院不能据此认定其诉讼请求所依据的事实成立，故一审法院认定其承担相应的不利后果正确。

关于双方是否达成变更工程款结算标准的协议和如何认定案涉工程款的结算数额。无论按照王大某所称的单价抑或李大某所称的单价，均可以计算出最终的工程总造价，而电话对话属于仍需进一步协商相关情况，方可确定工程总造价的情形，亦应视为变更的内容约定不明，推定为未变更。又因双方已经口头约定固定单价结算，根据《最高人民法院关于审理建设工程施工合同纠纷案件适用法律问题的解释》（法释〔2004〕14 号）第二十二条规定[2]，在王大某主张已经变更口头合同不能成立的情况下，一审法院驳回王大某的鉴定申请，并无不当。王大某向一审法院申请对案涉工程造价进行司法鉴定，并以鉴定意见作为结算依据主张李大某给付剩余工程款。由于王大某未完成双方已经变更工程款结算方式的举证证明责任，其鉴定申请不予准许，而其陈述的双方曾约定不含辅料的固定单价 135 元/m^2 及 145 元/m^2，亦未完成举证证明责任，故不能按照上述数额结算工程款。但是，李大某认可按照围墙 90 元/m^2、楼体 120 元/m^2 的单价结算工程款，依据该单价，结合双方当事人已经认可的施工面积所计算的工程总造价，其数额高于双方认可的已付款数

---

[1] 本案适用当时的司法解释，现司法解释参见《最高人民法院关于审理建设工程施工合同纠纷案件适用法律问题的解释（一）》（法释〔2020〕25 号）第一条。
[2] 本案适用当时的司法解释，现司法解释参见《最高人民法院关于审理建设工程施工合同纠纷案件适用法律问题的解释（一）》（法释〔2020〕25 号）第二十八条。

额，李大某认可的工程总造价及尚欠工程款的数额，属于对方当事人无须举证证明的自认事实，一审法院综合全案情况，认定承包人王大某应承担举证不能的法律后果，又认定了发包人李大某的自认情况，衡平了双方当事人的利益，据此认定主体部分工程价款共计16957840.8元，尚欠工程款549340.8元并无不当。

第五节 指定分包的风险

指定分包是指由发包人选定项目的具体分包人，再由总承包人与该分包人签订分包合同，并由分包人实际进行项目施工的一种分包模式。该分包模式具有以下特征：一是分包人由发包方指定，而非总承包人确定；二是指定分包的工程属于总承包合同约定的施工范围；三是由总承包人与分包人签订分包合同，建立分包合同关系；四是总承包人仅就工程进行名义管理，收取一定比例的管理费，并不参与工程实际施工。

我国建筑市场是典型的甲方市场，指定分包在建筑施工领域较为常见，但法律法规规定却存在空白或认定不一致的地方。目前，《工程建设项目施工招标投标办法》第六十六条、《房屋建筑和市政基础设施工程施工分包管理办法》第七条以及某些地方性法规明确禁止指定分包，而《建筑法》《建设工程质量管理条例》《最高人民法院关于审理建设工程施工合同纠纷案件适用法律问题的解释（一）》等法律、行政法规、司法解释并未否定指定分包的效力。因此，虽然指定分包有可能因违反部门规章或者地方性法规面临行政处罚风险，但并不必然导致相应合同无效。

一、法律合规风险点描述

因指定分包的分包人由发包人选择，鉴于其与发包人的特殊关系，总承包人对指定分包工程的管理往往难以落到实处，但又要承担相应责任，故存在较大风险：

1. 工程款支付风险

实践中，对指定分包人工程款的支付一般采取"背靠背"支付，即由发包人支付总承包人后，再由总承包人支付给分包人。一般认为指定分包也是分包，从合同相对性的角度，总承包人不能免除分包合同约定的工程款支付责任。

2. 工程质量及工期逾期风险

根据《最高人民法院关于审理建设工程施工合同纠纷案件适用法律问题的解释（一）》第十三条规定，"发包人具有下列情形之一，造成建设工程质量缺陷，应当承担过错责任：（一）提供的设计有缺陷；（二）提供或者指定购买的建筑材料、建筑构配件、设备不符合强制性标准；（三）直接指定分包人分包专业工程。承包人有过错的，也应当承担相应的过错责任。"综上所述，如指定分包单位造成建设工程质量缺陷，除其自身应承担责任外，发包人、总承包人都应根据过错承担相应责任。

另外，关于指定分包工程工期逾期情况下应如何承担责任，法律法规及司法解释暂未作出明确规定，但实践中有可能会参照工程质量缺陷的处理规定，由各方按过错大小承担责任。

3. 施工安全风险

根据《建设工程安全生产管理条例》第二十四条规定，"建设工程实行施工总承包的，由总承包单位对施工现场的安全生产负总责……总承包单位和分包单位对分包工程的安全生产承担连带责任。"因总承包人对指定分包工程的安全管理程度有限,而分包人自身的安全管理力量又较为薄弱,对此总承包人存在较大的安全责任风险。

二、法律合规风险防范措施

1. 尽量协调发包人与分包人直接签订合同,涉及总包合同范围的内容,可以由发包人与总承包人另行作出约定,对总包合同内容予以变更。

2. 如发包人与分包人无法直接签订合同,则协调发包人、总承包人、指定分包人签订三方协议,对各自权利义务进行明确,如总承包人仅承担协调、配合管理的责任,不承担工程款支付、工期及工程质量、安全等方面的责任;分包工程款的结算支付由发包人负责,工期、工程质量、安全等由分包人直接负责。

3. 如指定分包合同只能由总承包人与分包人签订。首先,应通过会议纪要、往来函件等形式明确发包人指定分包的情形。其次,应对分包合同条款严格把关,如结算支付条款,应明确发包人对总承包人办理结算,并将相应工程款支付到总承包人账户后,分包人的工程款才满足结算支付条件。再次,可要求分包人提供有效的履约担保。最后,如指定分包方违约,应及时进行索赔,避免因其违约给自身造成损失;如发包人未按约定支付工程款,也应及时向发包人主张权利,避免分包人以总承包人怠于行使权利为由进行抗辩,从而要求总承包人承担付款义务。

4. 除发包人与分包人直接签订合同外,指定分包模式下,仍不能忽视对工程质量、安全、工期等各个方面的管理,应根据合同约定履行管理责任。

5. 指定分包模式下,更加要提升证据意识,加强发包人指定分包、发包人对分包人直接进行管理、分包人直接与发包人对接等方面证据的收集。

三、典型案例:指定分包要警惕,稍有不慎就背锅

【基本案情】

2007年11月,振江管委会以"振江工业园区主干道工程项目管理处"的名义与三建公司签订一份《建设工程施工合同》,将振江工业园区主干道工程发包给三建公司,合同对承包范围、合同价款及支付、质量保修责任等进行了约定。同日,三建公司与二铁公司签订了一份《工程分包协议书》,约定:经业主同意,三建公司将振江工业园区主干道工程项目跨京广铁路立交桥工程分包给二铁公司;二铁公司必须按照总包合同条款履行一切应尽义务,服从三建公司、监理、业主的管理,并随工程计量向三建公司支付结算价款10%税金及总包单位管理费。该协议上鉴证方处加盖了"振江工业园区主干道工程项目管理处"印章。

上述合同签订后,二铁公司于2008年2月进场施工,2009年8月完工。工程完工后,二铁公司制作了一份《振江工业园区主干道工程项目跨京广铁路立交桥项目施工总结》,称完成总造价12708555元,工程质量评定合格。该报告上加盖了三建公司项目部的印章。2011年12月,案涉工程发包人、总包人、分包人、审计单位、监理单位等进行交工验收,制作《公路工程交工验收证书》,明确本合同段实际价款86605483元,并指出部分遗留问题及缺陷。2015年8月,二铁公司向三建公司发出《询证函》,称截至2015年7月31日,

三建公司欠二铁公司应收账款 701433 元，三建公司工作人员"张三"在该函件中"相符"一栏上签名。至今，振江管委会就振江工业园区主干道工程已向三建公司支付工程款 8500余万元。二铁公司因主张剩余工程款无果，遂将三建工程、振江管委会诉至法院。

诉讼中，三建公司认为二铁公司承建跨京广铁路立交桥项目是振江管委会指定的，三建公司只是履行代收代付工程款的职能，振江管委会才是相应工程款的支付主体。即便管委会认为案涉工程存在质量缺陷，主张拒付剩余工程款，三建公司也无须支付剩余工程款。因为在此情况下，主要涉及二铁公司是否有权主张工程款的问题。而振江管委会认为其没有将案涉工程指定分包给二铁公司，因工程质量存在瑕疵需要扣减工程款。作为原告的二铁公司则认可三建公司关于案涉工程指定分包、工程款支付的情况，但认为振江管委会主张的工程质量瑕疵不在其施工范围内。

【裁判结果】

一审法院经审查认为：经发包人同意，三建公司与二铁公司签订的《工程分包协议书》，是双方真实意思表示，合法有效，双方均应当按照合同约定履行各自的合同义务。二铁公司进场施工后，已经完成了合同约定的工程项目，该工程已验收合格，三建公司则应当支付相应的工程价款。三建公司的工作人员"张三"在二铁公司制作的询证函"相符"一栏上签名的行为已表明三建公司确定二铁公司的应收账款为 701433 元，三建公司在庭审中亦认可该欠款数额，因此，二铁公司要求三建公司支付工程价款 701433 元，理由充分，予以支持。三建公司认为其在涉诉工程中仅是代收代付工程款，不应承担合同义务，但从其分别与振江管委会、二铁公司签订的工程建设合同的内容及合同履行的情况来看，其行为不限于代收代付工程款，而是广泛参与到工程建设各阶段的各项工作中，故三建公司该项主张没有事实和法律依据，不予采纳。

另外二铁公司作为案涉工程的实际施工人可以向发包人（即振江管委会）主张权利，但应限于发包人欠付工程价款范围内。该案中，振江管委会发包的总工程约定合同价为 86605483 元，除未支付部分质量保留金外，已经完成了付款义务。而根据参建各方的交工验收证书，工程交付时确实有多处遗留及缺陷，证明工程存在质量问题，振江管委会有权要求三建公司对质量不符合约定的部分工程进行修理、返工、改建等，三建公司一直未履行上述义务，振江管委会可以根据合同的约定从质量保证金内扣减工程款。目前，振江管委会没有支付的工程价款远低于合同约定的质量保证金的金额（合同总价的 5%），故根据现有的证据尚不能确定振江管委会有欠付工程款。因此，二铁公司要求振江管委会对三建公司拖欠的工程款承担连带责任，没有事实和法律依据，不予支持。因此一审法院判决三建公司给付二铁公司工程款 701433 元及利息。

后三建公司不服，提起上诉。二审过程中，三建公司向法院提交了一份由李四作为证明人签名、署名为原产业园财务王五认可"以上情况均属实"的《情况说明》，内容为："我于 2004 年 11 月至 2011 年 8 月任振江工业园管理委员会法定代表人。2006 年 5 月，市政府召开专题会议，研究工业园主干道跨京广铁路立交桥建设施工问题。后市公路局建议，因为京广铁路的特殊性，跨京广铁路立交桥需要同铁路部门协调，故由在当地建设高速铁路的二铁公司施工为宜，有关铁路各机段手续也由其办理。振江工业园区主干道工程由三建公司中标承建后，按市公路局的建议将跨京广铁路立交桥工程分包给二铁公司。二铁公司担心资金被三建公司截留，要求振江管委会直接同二铁公司结算，振江管委会同意其要求，并一直按此方法进行操作。跨京广铁路立交桥工程款项由振江管委会同二铁公司直接结算进度款，拨款后再通过三建公司的账户过账支付给二铁公司。"拟证明二铁公司是振江管委会指定的承包人，只是工程款支付方式需通过三建公司支付。

但二审法院认为，三建公司仅提供了一份《情况说明》作为证据佐证，而《情况说明》所涉及人员未出庭作证，其出具的《情况说明》不具有证据效力。因此，三建公司上诉称"振江管委会是直接承担合同权利义务的主体"的意见缺乏事实和合同依据，不予采纳。最终二审法院驳回上诉，维持原判。

【案例评析】

本案是一起典型的名义上由总承包人与分包人签订分包合同，实际由发包人指定分包，并最终由总承包人承担了分包工程款支付责任的案件。总承包人三建公司虽然一直坚持案涉工程分包人二铁公司由发包人振江管委会指定，应由振江管委会承担工程款支付责任，但终究因证据不足，未获得法院支持。当然，从目前的司法实践来看，关于指定分包中工程款支付主体问题，因具体案情有所不同，各地法院理解不一，裁判结果也不尽相同。但就本案而言，三建公司至少在以下几个方面的管理还未达到其预期目标：

一是在发包人与其签订的《建设工程施工合同》对工程分包约定有"跨铁路立交桥工程、下穿铁路桥工程两项工程由发包人发包给铁路部门具有相应资质的勘察设计及施工单位"的情况下，并未争取到由发包人与分包人就案涉工程直接签订合同。

二是在其与分包人签订的《工程分包协议书》中，发包人也仅作为鉴证方予以签章，并未争取到由发包人直接承担分包工程款的结算、支付责任，或者约定相应的免除自身责任的条款。

三是在签订分包协议前以及案涉工程施工过程中，并未及时收集到发包人指定分包、发包人与分包人直接履行合同等方面的证据。

就建设工程而言，发包人整体处于强势地位，加之指定分包的特殊性，将给总承包人带来很大的风险。涉及需指定分包的工程时，应全力固定发包人指定分包以及由发包人与分包人实际履行合同等方面的证据。

第六节　分包商赶工索赔的风险

工程建设过程中经常发生建设赶工的情形。赶工是指工程合同中约定的全部或部分工作比计划时间提前完成，包括发包人指示赶工和承包人建设赶工。赶工的责任包括发包人责任、承包人责任或者两者责任交叉在一起。赶工带来的费用变化也包括费用增加或费用减少的情形，但通常情况下会导致费用增加。具体要视赶工发生的阶段、赶工所采取的措施而定，一般情况下为了赶工而增加的资源包括增加管理资源、增加设备使用、增加周转性材料、增加劳动力等，但由于进度提前也会带来部分成本的节省，主要包括管理费节省与部分租赁设备费用的节省。赶工往往会带来施工组织方案的调整及部分成本的增加。而现有建设合同示范文本只对工期延误有明确约定，但对赶工的识别及费用计取原则均没有明确约定，发承包双方在施工阶段通常对赶工的指令与费用变化的关联性问题不太重视，导致结算阶段因为赶工问题发生争议时责任认定难，费用计算难。

一、法律合规风险点描述

1. 发包人指示赶工的风险

对于发包人指示赶工而言，责任通常直接而明确，一般是发包人为了提前交付或者局部提前交付而要求承包人进行赶工。如果因此导致费用的增加，承包人有权就增加的费用请求损失补偿。在住房和城乡建设部《建设工程施工合同（示范文本）》GF—2017—0201中并没有针对赶工的责任及补偿原则条款，只是在不可抗力部分第17.3.2条中约定"因不可抗力引起或将引起工期延误，发包人要求赶工的，由此增加的赶工费用由发包人承担"。对于发包人指示赶工承包人可以依据《民法典》及合同中相关索赔条款请示损失补偿。

发包人通常特别重视设计变更及工程洽商的审批与管理，但对于赶工通知有时口头表示，有时通过会议纪要明确，有时正式发函通知。但经常未意识到此项通知会带来与工程变更相类似的费用变化。因此，从发包人的视角来分析，发包人在发出赶工通知的同时应该对此项赶工要求所带来的施工组织方案变化进行预判，如果确实导致费用发生较大变化，应该要求承包人提供变更的方案及价格变化测算，并与承包人就赶工费用计算原则进行协商确认。从承包人的视角来分析，如果发包人发出赶工的指示确实会导致成本的增加，承包人有义务提交赶工方案并说明因此增加的费用，提请发包人注意并确认增加的费用。在采取任何赶工措施之前，双方应处理好赶工与费用之间的关系，避免事后产生争议。

2. 承包人建设赶工的风险

承包人建设赶工的原因及责任往往比较复杂，通常存在多种情况，可能涉及的原因包括：发包人未明确指示赶工，承包人采取赶工措施保证按原计划完工；承包人要求延长工期，发包人拒绝请求并要求承包人按原计划完工，承包人采取赶工措施；发包人原因导致工期延误，承包人未能获得工期顺延的权利，承包人采取赶工措施；发包人未批准可免责的延误，顺延工期，承包人采取赶工措施，避免违约赔偿金等。

在承包人建设赶工的上述情况中，承包人对于因发包人原因导致的被迫赶工应该保留相关证据，并及时提出因此导致的费用变化说明及确认请求。在实践中，承包人建设赶工往往是在工期顺延申请未被批准的情况下为避免工期延误被罚款而采取的一种补救措施。

对于建设赶工，如果建设赶工的指令已经确定，承包人可能要承担发包人拒绝补偿的延误或不可抗力导致的延误，但与正常的不可抗力事件有关的损害赔偿规则不同，不可抗力事件给承包人顺延工期的权利但是不涉及经济补偿。

二、法律合规风险防范措施

1. 承包人应始终将安全生产、工程质量放在第一位，必要时要求发包人组织专家进行论证。确实可能对施工安全或工程质量产生不利影响的，应当明确拒绝发包人的不合理赶工要求。

2. 承包人应要求发包人或监理人发出明确的赶工指令；根据赶工目标要求，编制专项赶工方案或调整整体施工计划，并附实施赶工措施的具体费用明细；在施工合同约定的期限内(如有)将专项赶工方案或调整后的施工计划报发包人批准,或发承包人双方协商签订赶工协议;执行赶工方案并按发包人的赶工目标完工。

3. 从工程变更的角度理解赶工行为,以工程变更的程序标准规范赶工方案及赶工费用的申请时限和申请流程,要求发包人明确赶工原因,并以书面形式固化赶工指令、赶工方案和赶工费用,同时自身也要注意妥善保存赶工措施投入的相关证据。

4. 即便因种种原因发包人未严格按变更流程下达赶工指令,承包人也要从自身角度做好过程管理,至少应注意在合同约定期限内上报赶工方案和赶工费用,并收集和妥善留存实际发生的赶工措施投入凭证。

三、典型案例:赶工费用要留痕,当心索赔无人应

【基本案情】

2013年4月30日,汇丰祥公司作为发包人与承包人四建公司(原四川省第四建筑工程公司)在宁夏银川市兴庆区签订一份《中国某某国际商贸城批发市场二期1某—3某公寓楼工程施工合同》,2013年8月19日,汇丰祥公司与四建公司签订一份《备忘录》,约定:1. 乙方承包甲方发包的中国某某国际商贸城副食百货批发市场二期一标段(1某—3某批发零售楼及D1地下车库)工程,双方签订了施工合同(合同号:HFX-813),合同约定暂定每平方米单价3100元,暂定面积75293m^2,暂定总价为233408300元。本次投标单价每平方米1291.33元仅作为双方招标投标走外围流程所用,不作为双方结算的依据,最终按照2013年4月30日签订的施工合同(合同号:HFX-813)据实结算。另为了办理政府相关备案手续,需要重新签订一份备案合同。2. 基于上述事实,双方特达成协议如下:双方签订的政府备案合同,只作为政府部门备案使用,不作为双方实际履行合同的依据,此备案合同他用无效,双方实际履行的合同仍按施工合同(合同号:HFX-813)为准。合同签订后,四建公司组织人员自2013年9月1日起开始正式施工。2016年5月5日2某楼及D1地下车库经建设、监理、施工、设计、勘察五家单位竣工验收合格,同年5月16日完成备案;2016年6月16日1某楼经建设、监理、施工、设计、勘察五家单位竣工验收合格,同年6月26日完成备案;2016年9月1日3某楼经建设、监理、施工、设计、勘察五家单位竣工验收合格,同年9月28日完成备案。上述工程竣工验收合格后,四建公司于2016年9月1日前陆续将案涉工程交付汇丰祥公司使用。2015年12月8日、2016年3月28日、6月24日及11月24日,四建公司分别向汇丰祥公司报送了案涉工程竣工图纸、竣工结算书等竣工结算资料。

合同履行过程中,四建公司多次向汇丰祥公司发出《报告》《紧急催款函》《批发市场二期1某—3某楼工程催款函》《关于承建项目竣工验收催告函的回函》《关于遗留问题解决的报告》等,要求汇丰祥公司尽快解决进度款支付不及时、停窝工损失、商品混凝土运输距离费用、赶工费、相关建设项目验收资料等问题。因停窝工问题,2014年4月8日,四建公司向汇丰祥公司发出《工作联系单》1份,事由为停工损失明细,载明因汇丰祥公司领导要求对在建工程主体进行调整而暂停施工,造成其停工47天,导致人员窝工、管理、机械租赁费用增加,要求汇丰祥公司确认各项赔偿费用,汇丰祥公司以及监理工程师在该《工作联系单》以及所附《进场人员窝工费用、机械周转料具租赁费用清单》上签字

或盖章。2014年5月6日，四建公司向汇丰祥公司发出《工作联系单》1份，事由为无后续施工图纸，现场停工损失，载明因1某、2某楼的部分后续施工图纸不全，造成四建公司人员、材料、机械窝工，项目管理成本增加，汇丰祥公司以及监理工程师在该《工作联系单》以及所附《进场人员窝工费用、机械周转料具租赁费用清单》上签字或盖章。2014年5月30日，四建公司向汇丰祥公司以及监理单位发出《工程延期报审表》，提出索赔工期84天，汇丰祥公司以及监理单位经过审核，同意延长工期77天。2014年11月18日，四建公司向汇丰祥公司发出《工作联系单》1份，事由为3某楼暂停施工问题，载明的内容为汇丰祥公司于2014年11月3日口头通知四建公司3某楼由于功能改变，需暂停施工，四建公司要求汇丰祥公司出具正式通知，监理工程师予以签字盖章，汇丰祥公司未签字盖章。之后就四建公司提出的停窝工损失问题，双方经过几次协商沟通，均未能达成一致。四建公司向法院起诉，诉请汇丰祥公司赔偿四建公司停工、窝工、赶工损失费467894067元。

【裁判结果】

经法院审理查明，汇丰祥公司与四建公司签订的案涉两份建设工程施工合同，违反了法律、司法解释的规定，依法应当认定为无效。双方签订的《备忘录》亦属无效协议。造成合同无效，四建公司及汇丰祥公司均有过错，应各自承担相应的责任。另外，双方签订的合同中关于"5. 工期管理"的约定内容为：暂定开工日期为2013年5月1日，竣工日期为2016年5月1日；其中第5.6.1条约定：因以下原因在施工关键线路（按乙方提交，并经甲方、监理确认的施工网络图中关键线路）造成工期延误，经甲方确认，工期相应顺延；但甲方不再承担包括乙方窝工、停工费等在内的任何费用（已经由乙方在增加的措施费中包干考虑），其中包括甲方引起的工程延期开工、停建、缓建、暂停施工。双方对于赶工费用在合同中未做任何约定，综合以上情况，一审法院驳回了四建公司的诉讼请求，四建公司不服提起上诉，二审法院经审理维持了原判。

【案例评析】

关于停、窝工损失以及由此产生的贷款利息、同期银行透支利息等损失，案涉建设工程施工合同虽属无效，但合同中关于工期约定的内容是与计算工程价款数额有关的内容，且是双方当事人签订合同时的真实意思表示，应当予以参照适用。案涉建设工程施工合同中关于工期条款的约定，其中第5.6.1条约定："因以下原因在施工关键线路（按乙方提交，并经甲方、监理确认的施工网络图中关键线路）造成工期延误，经甲方确认，工期相应顺延；但甲方不再承担包括乙方窝工、停工费等在内的任何费用（已经由乙方在增加的措施费中包干考虑），其中包括甲方引起的工程延期开工、停建、缓建、暂停施工"，参照上述约定内容，因汇丰祥公司原因造成的工期延误，汇丰祥公司给予顺延工期，但不承担四建公司的停窝工损失。本案中，关于四建公司主张的1某、2某、3某楼因建设方案调整原因，致使其停工造成的损失问题，四建公司曾于2014年4月8日及2014年5月6日向汇丰祥公司发出2份《工作联系单》，写明案涉工程因汇丰祥公司原因造成停、窝工，汇丰祥公司以及监理工程师在该《工作联系单》以及所附《进场人员窝工费用、机械周转料具租赁费用清单》上签字或盖章，后汇丰祥公司按照四建公司发出的《工程延期报审表》，经过审核，同意延长工期77天。之后，对四建公司的停、窝工损失，尽管双方也予以了协调、磋商，但最终未能达成一致意见，无法认定双方对停、窝工损失问题达成了新的处理意见，故仍应当参照合同约定处理该问题。关于四建公司主张的案涉工程 3 某楼因功能调整致其停工所造成的损失问题，因其提供的证据不足以证明其主张，且亦应当参照合同约定处理该问题。故对四建公司要求汇丰祥公司承担停、窝工损失以及由此产生的贷款利息、同期银行透支利息的诉讼请求不予支持。

关于赶工费损失。虽然四建公司称其为配合汇丰祥公司抢工期增加赶工费用应当由汇丰祥公司承担，并提交《批发市场二期 1 某—3 某楼停工、抢工、窝工解决意见》及报告用以证明该项主张。但该两份证据系四建公司单方制作，四建公司未提交其他证据用以证明赶工费的实际支出，该费用亦未得到汇丰祥公司认可，上述证据不足以证明赶工费用实际发生，另外，四建公司与汇丰祥公司也未在合同中约定赶工费用，也无相关证据证明是因为汇丰祥公司的指令进行的赶工。故四建公司的主张依据不足，不能成立，法院未予以支持是正确的。

第七节　分包商违约证据缺失的风险

打官司就是打证据，"巧妇难为无米之炊"，法官判案是以事实为依据、以法律为准绳，所谓"事实"，是指合法证据能够证明了的事实，这就存在着有理但没有证据或证据形式和取得方式不合法的情况，这就是导致有理输掉官司的根源。证据在诉讼中起着举足轻重的作用，当事人明白相关的证据规则对司法实践也具有重要的意义。

证据是能够证明案件真实情况的客观事实，是人民法院认定案件事实的依据。我国三大诉讼法对证据种类的规定略有差别，基本包含：当事人陈述；书证；物证；视听资料；电子数据；证人证言；鉴定意见；勘验笔录等几类。法律上的证据具有客观性、关联性、合法性三大属性。客观性是指证据必须是伴随着案件的发生、发展而遗留下来的，不以人的主观意志为转移的事实。关联性是指证据必须同案件事实存在某种联系，并因此对证明案情具有实质意义。合法性是指证据只能由司法机关按照法律规定的诉讼程序进行收集、固定、保全和审查认定，即采集证据的主体合法、证据来源和形式合法以及产生和使用证据的形式合法。

一、法律合规风险点描述

在民事案件审理中，证据是最重要也是最基础的诉讼材料，只有依据证据材料才能认定案件的基本事实，只有案件事实认定准确，法律适用正确，才能做出合法公正的裁判。而案件事实认定是否准确，很大程度取决于案件证据的认定是否充分、正确。根据《民事诉讼法》和《最高人民法院关于民事诉讼证据的若干规定》的相关规定，民事案件采取"谁主张、谁举证"的举证规则，人民法院要求当事人在举证期限内提交证据，组织当事人进行证据交换，从而对证据作出认定采信。然而在审判实务中，存在当事人诉讼能力及举证能力不足，对案件起到决定性作用的证据因由对方当事人掌握，存在当事人举证困难的情况，在掌握关键证据的当事人不主动出具证据且有意规避法院调查的情况下，导致对案件起到决定作用的证据缺失，对案件事实的认定和法院裁判造成消极的影响。

二、法律合规风险防范措施

1. 提高项目部全员证据意识，有效提高项目履约过程中变更索赔和违约赔偿水平。施工企业要认真做好合同履约过程中各类书面证据的搜集固定、分类和保管的管理，及时办理书面确认签证，妥善保存、记录证据及时收集，包括招标文件、往来函件、现场记录、会议纪要、财务记录、工程中的各种检查验收报告和各种技术鉴定报告、交接记录、建筑材料和设备全面的记录、凭证和报表、市场信息等证据，并做详细的分类。

2. 对于分包商和供应商的一些违约行为，及时借助公证、政府部门、业主、监理等第三方做好违约确认证据，为企业自己的权益保护做好充分的证据准备。

三、典型案例：权利主张靠证据，证据缺失难胜诉

【基本案情】

2016年4月19日，经国家电网公司招标，机电公司与安徽绩溪抽水蓄能有限公司签订《机电安装施工合同》，同年12月24日机电公司与远海公司签订了《土建分包合同》，远海公司在签订《土建分包合同》后，又将该工程违法转包给董鹏飞个人施工，后董鹏飞又与他人合伙承包。由于工程人力资源和机械设备投入不足，以及个人承包内部存在诸多问题等，致工程施工现场管理混乱，施工工艺质量存在问题，造成项目工期滞后，不能按照预定工期完工，且多个合同节点目标未能按照指定要求进行改进和实现，安徽绩溪抽水蓄能有限公司多次对机电公司予以警告并罚款。为解决工期延误问题，机电公司与远海公司于2017年8月29日召开安徽绩溪抽水蓄能电站土建分包项目专题会，双方协商达成远海公司退场协议。后因远海公司内部管理问题以及与实际施工人之间产生纠纷，致实际施工人占据机电公司的钢筋加工厂和职工生活营地不同意退场。同年9月13日，机电公司、远海公司又召开协调会，并形成《关于远海建工绩蓄EM3标土建项目部退场工作推进协调会会议纪要》。同年9月18日，机电公司向远海公司送达《关于移交场地的通知》，要求远海公司移交钢筋加工厂和职工生活营地。同年9月25日，机电公司书面通知远海公司解除《土建分包合同》，同时函告远海公司"务必于2017年9月30日前退出施工现场"，并保留依法追究远海公司违约责任的权利。同年10月20日，机电公司与远海公司办理结算并签署《已完工工程量结算支付表》。

由于双方始终无法达成一致意见，2017年12月，机电公司起诉远海公司，要求确认机电公司与远海公司签订的《土建分包合同》已解除；确认机电公司对远海公司提交的529万元履约保证金有权不予退还；判令远海公司承担各项违约金、赔偿机电公司赶工费、窝工费等经济损失合计22020367.52元。远海公司向一审法院提出反诉请求确认机电公司、远海公司于2016年12月24日签订的《土建分包合同》无效；判令机电公司立即返还其收取的远海公司履约保证金529万元；判令机电公司赔偿远海公司经济损失500万元。

【裁判结果】

一审、二审法院均对案涉《土建分包合同》的效力；机电公司是否超付工程款，如超付，其数额是多少；机电公司应否向远海公司返还履约保证金529万元；远海公司应否支

付工期延误违约金及经济损失，如应支付，其数额是多少等争议焦点做了归纳总结和分析。作出判决确认机电公司、远海公司于 2016 年 12 月 24 日签订的《土建分包合同》无效；机电公司返还远海公司履约保证金 529 万元；远海公司向机电公司返还超付的工程款 1909664.95 元；驳回机电公司的其他诉讼请求；驳回远海公司的其他诉讼请求。

【案例评析】

法院审理中认定案涉《土建分包合同》无效。法院认为《土建分包合同》中约定的地下厂房等地下洞室群的混凝土或钢筋混凝土工程属主体结构工程，机电公司违法将其承建的主体结构工程分包给远海公司实际施工，依照《建筑法》第二十九条的规定，应属违法分包，一审法院依照《最高人民法院关于审理建设工程施工合同纠纷案件适用法律问题的解释》第四条"承包人非法转包、违法分包建设工程或者没有资质的实际施工人借用有资质的建筑施工企业名义与他人签订建设工程施工合同的行为无效"的规定[1]，认定案涉《土建分包合同》无效，并无不当。因案涉《土建分包合同》无效，机电公司应将依据无效合同收取的履约保证金 529 万元予以返还；因《土建分包合同》无效，机电公司依据无效的《土建分包合同》中关于工期延误违约责任的约定，要求远海公司支付工期违约金 112 万元的主张，无依据。机电公司主张的经济损失包括：赔偿因远海公司违章导致业主对机电公司罚款 38200 元，机电公司对远海公司施工质量罚款 24950 元、施工进度罚款 44500 元，共计 107650 元；赔偿新建钢筋加工厂及购买职工生活营地费用损失 295855 元；赔偿因占据机电公司钢筋加工厂和职工生活营地损失 100 万元；赔偿赶工费 15115299 元、窝工损失 4381563.52 元。

关于机电公司主张的罚款 107650 元。机电公司举证了加盖有监理单位印章的罚款通知单，但机电公司未能举证证明其实际向安徽绩溪抽水蓄能有限公司支付的罚款数额；机电公司虽举证了其对远海公司的罚款通知单，但机电公司不仅未举证证明其已将相关罚款通知单实际送达给远海公司，且相关罚款通知单均系其单方制作，相关罚款内容依据不足，依据现有证据，仅能视为机电公司在施工过程中履行监督职能的一种督促方式与手段。因此，机电公司要求远海公司支付罚款 107650 元的主张，依据不足。

关于赔偿新建钢筋加工厂及购买职工生活营地费用损失 295855 元。机电公司虽举证了门式起重机发票、门式起重机轨道及辅助材料发票、活动板房转让协议等证据，但不足以证明机电公司因新建钢筋加工厂及购买职工生活营地产生费用 295855 元，即便确实产生费用 295855 元，亦不足以证明该费用是因远海公司的原因导致，且机电公司在一审庭审中自称，远海公司已于 2017 年 12 月移交了占用的生活营地及其他设备设施，因此，机电公司要求远海公司赔偿新建钢筋加工厂及购买职工生活营地费用损失 295855 元的主张，依据不足。

关于占据钢筋加工厂和职工生活营地损失 100 万元，机电公司未能举证予以证明其实际损失数额，应不予支持。

关于赔偿赶工费 15115299 元、窝工损失 4381563.52 元。机电公司所举证据仅为其根据施工进度单方测算分析及可能采取的赶工措施而制作的费用计算表等，对因远海公司的

1　该司法解释已废止，该条已被《最高人民法院关于审理建设工程施工合同纠纷案件适用法律问题的解释（一）》（法释〔2020〕25 号）第一条替代。

原因导致其实际增加支出的窝工、赶工费用未能予以举证证明，即便其申请对窝工费、赶工费进行鉴定，亦未提交已实际支出相关费用或必定将要支出相关费用的证明材料以供鉴定，且考虑到《土建分包合同》约定的工期为 2016 年 12 月 25 日至 2019 年 12 月 31 日，而远海公司早已于 2017 年底退出工地的实际情况，故机电公司要求远海公司赔偿赶工费 15115299 元、窝工损失 4381563.52 元的主张，依据不足。

之所以机电公司的大部分主张未得到支持，主要是因为其未提供充分的证据。

第八节 代分包商签订采购合同的风险

在民商事活动中，他人代当事人在合同上签字或盖章的情形时有发生。在一些情况下，当事人出于地理、时间、效率、发票等考虑而委托他人合法代签。但有时，签字人为牟取不正当利益而擅自代签、冒签。从法律角度看，代签的合同往往引发关于合同真伪、成立、效力等方面的争议。合同当事人事后可能以非本人签名或者盖章为由，主张合同对其不具有约束力。在司法实践中，如合同一方否认合同系其亲笔签署或者印章，合同相对方未能妥当应对，则法院将可能直接通过对签名或印章进行司法鉴定，判断合同是否成立。他人代签合同成立的关键是签字人取得本人的授意或者是否为真实印章。涉及代签时，我们建议合同相对方在缔约过程中注意保留代签的书面证据。如果由此产生争议甚至诉讼，也不必仅因合同系"代签"而盲目否认合同的成立或效力。我们相信，理解法律规则、善用诉讼技巧，最终有助于促进交易、维护商事活动的稳定和市场效率。

一、法律合规风险点描述

依法成立的合同受法律保护且遵循合同相对性原则。合同成立后即在当事人之间产生了法律效力，当事人必须受到合同的约束。如果当事人在合同依法成立后，不履行合同义务，或者不完全履行合同义务，法律将强制其履行，并承担违约责任。同时，法律约束力是有限度的，即只对合同当事人发生，对合同以外的当事人不发生法律约束力，这就是合同的相对性原则。

1. 当事人一方不履行合同义务或者履行合同义务不符合约定的，应当承担继续履行、采取补救措施或者赔偿损失等违约责任。

2. 行为人没有代理权，超越代理权或者代理权终止后，仍然实施代理行为，相对人有理由相信行为人有代理权限的，代理行为有效。相对人在主观上是善意的，无过失的。所谓善意是相对人不知道或者不应该知道行为人实际上无权代理，所谓无过失是指相对人的这种不知道不是因为疏忽大意造成的。

3. 代签合同中，授权人以自己的名义，在委托人的授权范围内与第三人订立的合同，第三人在订立合同时知道受托人与委托人之间的代理关系的，该合同直接约束委托人和第三人。但若是订立合同时受托人未向第三人披露委托人和受托人之间的代理关系的，第三人属于善意第三人，该合同只约束受托人和第三人。

二、法律合规风险防范措施

1. 项目管理人应提高法律风险意识，项目部应严格按照合同开展分包管理，禁止代分包商对外签订合同；

2. 若特殊情形下，需要代签合同，代签合同时要明确告知第三人系接受委托签订的合同；

3. 代签合同后，应全程监管供货、验收、结算和支付，同时应及时扣除委托代签人的款项。

三、典型案例：代签合同惹麻烦，有口难辩损失重

【基本案情】

某项目六标为合作标段，合作方为北建筑公司，根据分包合同约定，材料采购应由合作方自行购买。2015年4月，某项目部代北建筑公司与南钢材公司签订了《物资采购合同》（编号：××机物G2014-001），验货人、收货人均为北建筑公司的人员，采购钢材共计694余万元，受合作方北建筑公司的委托，某项目部代北建筑公司支付货款322万元。因北建筑公司未付清余款372万元，2019年3月，南钢材公司向长沙市高新区人民法院提起诉讼，要求飞腾公司支付余款及其资金占用利息。

【裁判结果】

长沙市高新区人民法院认为南钢材公司与某项目部签订了买卖合同，合同合法并已产生法律效力，根据《民法典》第四百六十五条"依法成立的合同，受法律保护。依法成立的合同，仅对当事人具有法律约束力，但是法律另有规定的除外"。该合同也仅于签约的原、被告之间产生法律约束力，原告南钢材公司按约将总价值694余万元的钢材交付至指定工程施工现场，根据合同相对性原则飞腾公司应当承担相应的钢材价款支付义务，而不得基于其与被告北建筑公司之间存在的内在关系，对抗其按照买卖合同的约定所应承担的义务，故依照《民法典》第五百八十三条"当事人一方不履行合同义务或者履行合同义务不符合约定的，在履行义务或者采取补救措施后，对方还有其他损失的，应当赔偿损失"的规定，因此，对南钢材公司要求被告飞腾公司给付货款并承担相应资金占用费的合理请求予以支持。一审法院判决飞腾公司向南钢材公司支付货款372万元，资金占用费32万元，合计404万元。飞腾公司不服，提起上诉，二审长沙市中级人民法院驳回飞腾公司的上诉请求，维持原判。

【案例评析】

本案最初南钢材公司只起诉了飞腾，为了查明案件真相，让真正购买者和实际使用人承担付款责任，诉讼过程中，飞腾申请追加北建筑公司为本案共同被告。买卖合同主体为飞腾公司项目部与南钢材公司，根据合同相对性原则，飞腾公司项目部应该承担合同支付义务，无法突破合同相对性让北建筑公司承担支付责任，且飞腾公司项目部无法提供证据证明，南钢材公司是知道或者应该知道飞腾公司项目部是基于北建筑公司的委托与南钢材公司签订了采购合同。本案中，南钢材公司的发票直接开给了飞腾公司，发票上载明的购买方为飞腾公司项目部，进而证明了买卖关系的成立。另外，南钢材公司前期已收的货款均是由飞腾公司项目部直接支付的，虽然有北建筑公司的委托支付手续，但不足以否定飞腾公司项目部和南钢材公司是买卖合同的主体。

第六章
劳动（劳务）用工法律合规风险防范

第一节　分包单位未与农民工签订劳动合同的风险

建设工程是一个大量使用农民工的领域，工程总承包单位将专业工程或劳务分包给分包单位后，由分包单位雇用农民工进行劳务施工。这种用工相对比较零散、临时用工比较多，流动性大，加之分包商为了降低缴纳社保等管理成本，一般不愿意和所雇用的农民工签订书面的劳动合同，而农民工为了获得更多的到手工资，因此同意不签订劳动合同且不缴纳相关社保。分包单位用工模式不规范，给总承包单位带来诸多风险隐患。

一、法律合规风险点描述

1. 垫付及追偿困难的风险

当分包单位未按时足额向农民工支付工资时，农民工向劳动监察部门投诉，劳动监察部门将会要求总承包单位先行清偿农民工工资。分包单位抗风险能力较弱，若分包单位出现了拖欠农民工工资且需要总承包单位垫付时，总承包单位很难再向分包单位追偿，只能自己承担相应损失。

2. 被确认存在劳动关系的风险

农民工在劳务过程中受伤后，往往会通过工伤认定、劳动仲裁等程序要求确定与总承包单位存在劳动关系，以享受工伤待遇及解除合同的相关补偿。

3. 面临行政处罚的风险

在接受劳动监管部门的检查时，如果总承包单位无法提供本项目农民工的劳动合同等实名制管理资料，将面临遭受行政处罚的风险。

二、法律合规风险防范措施

为有效规避分包单位对农民工管控不到位从而给总承包单位带来风险和损失，建议采取以下措施：

1. 施工总承包单位应当落实农民工实名制管理，监督分包单位的劳务用工情况，按要求留存农民工劳动合同、考勤记录、工资发放表等资料。

2. 施工总承包单位在代发农民工工资前，应当确保分包单位已出具加盖公章的授权委托书、代发名单、代发银行卡等材料；代发工资时，则应当注明系代分包单位发放工资。

3. 发生农民工受伤的情况时，尽量避免以总承包单位作为用人单位申请工伤认定，如确需享受总承包单位所购买的项目工伤保险，应要求分包单位和农民工本人出具相应的说明，免除总承包单位的责任和风险。

三、典型案例：农民工使用要规范，用工主体需明确

【基本案情】

某建筑集团系某省公路项目的施工总承包单位。2017年，某建筑集团与分包单位长行公司签订《劳务分包合同书》，约定原告将本工程劳务分包给中行公司。张立在合同尾部第三人授权代表处签字。2019年，张良在施工过程中，不慎从模板上摔下，被送往医院进行治疗，住院24天，出院时被诊断为：左胫腓骨多段粉碎性骨折；多处软组织挫伤；左膝关节半月板损伤；左外侧副韧带损伤；前交叉韧带损伤。2019年3月20日，某市人力资源和社会保障局作出《认定工伤决定书》，认定被告张良构成工伤。2020年7月6日，某市劳动能力鉴定委员会作出《劳动能力鉴定结论书》，认定张良构成八级伤残。《认定工伤决定书》及《劳动能力鉴定结论书》中载明张良的用人单位均系某建筑集团项目部。2021年2月21日，张良向某建筑集团项目部邮寄《解除劳动关系通知书》。后张良向劳动人事争议仲裁委员会申请仲裁，要求确认与某建筑集团之间的劳动关系于2020年1月21日解除，并要求某建筑集团向其支付一次性伤残就业补助金127440元，停工留薪期工资109200元，住院伙食补助费3600元，护理费7200元，交通费5000元。该仲裁委员会于2021年4月15日作出《裁决书》，裁决双方劳动关系于2021年2月22日解除，原告某建筑集团向张良支付一次性伤残就业补助金127440元、停工留薪期工资56640元。某建筑集团不服仲裁，提起诉讼。

某建筑集团提交1份《农民工劳动合同》，证明张良与长行公司于2018年签订《农民工劳动合同》，约定自2018年11月1日起，张良入职第三人处从事涵洞及临建工作。张良及长行公司对该合同均不予认可，称并未签订劳动合同。

法院遂当庭向张华核实，张华陈述其与儿子张立和长行公司口头约定，挂靠在长行公司对外承包工程，向长行公司交纳1.5%的挂靠费。案涉《施工劳务分包合同书》系张立代表长行公司与某建筑集团所签订，工程款由某建筑集团先支付至长行公司，长行公司在扣除管理费后将剩余款项转账支付给张立。张华还陈述，案涉项目的农民工均系其雇请到项目上做事，张良系2018年中秋节过后受其聘请进入案涉工地做事，工资由张华本人以现金方式向张良发放，张良的工作亦由张华安排。

长行公司对张华、张立挂靠在其公司承接案涉项目的事实予以认可，亦认可《施工劳务分包合同书》中加盖的公章系长行公司的印章，但长行公司辩称，其仅收取张华、张立1%的挂靠管理费。

【裁判情况】

法院审理后认为，本案争议焦点系某建筑集团与张良之间是否存在劳动关系。根据《人力资源和社会保障部关于确立劳动关系有关事项的通知》（劳社部发〔2005〕12号）规定："一、用人单位招用劳动者未订立书面劳动合同，但同时具备下列情形的，劳动关系成立。（一）用人单位和劳动者符合法律、法规规定的主体资格；（二）用人单位依法制定的各项劳动规章制度适用于劳动者，劳动者受用人单位的劳动管理，从事用人单位安排的有报酬的劳动；（三）劳动者提供的劳动是用人单位业务的组成部分。"本案中，虽然

原、被告具备法律规定的劳动者、用人单位的主体资格，张良确系在案涉项目工作，但张良未举证证实某建筑集团对其具有工作时间、工作任务、工作标准、工作纪律等管理性要求，也未举证证实其接受某建筑集团制定的相关规章、制度的约束，结合张良提交的《劳务分包合同书》以及庭审中张华的陈述意见和长行公司的陈述意见，可以证实某建筑集团将案涉项目的劳务工程发包给长行公司以及案外人张立挂靠在长行公司名下实际承包案涉项目的劳务工程的事实，张良等人系接受张立的父亲张华的雇请进行施工，故张良和某建筑集团之间不构成劳动关系，某建筑集团也无须向被告张良承担用工主体责任，张良要求原告支付一次性伤残就业补助金 127440 元、停工留薪期工资 56640 元，无事实依据，张良可另行向长行公司、案外人张华或张立主张权利。

【案例评析】

目前，对于建设工程领域农民工的劳动关系认定存在一定的争议，各地法院在适用法律以及裁判方面并没有统一的尺度。人力资源社会保障部《关于确立劳动关系有关事项的通知》规定，"建筑施工、矿山企业等用人单位将工程（业务）或经营权发包给不具备用工主体资格的组织或自然人，对该组织或自然人招用的劳动者，由具备用工主体资格的发包方承担用工主体责任"。但最高人民法院《全国民事审判工作会议纪要》第五十九条规定，"建设单位将工程发包给承包人，承包人又非法转包或者违法分包给实际施工人，实际施工人招用的劳动者请求确认与具有用工主体资格的发包人之间存在劳动关系的，不予支持。"

本案劳动仲裁机构仅以劳动者从事的工作系该企业的业务组成部分，而《认定工伤决定书》上明确记载某建筑集团为用人单位且该建筑集团对此并未提出异议为由认定双方存在劳动关系是不妥当的。法院则从"劳动者受用人单位的劳动管理，从事用人单位安排的有报酬的劳动""用人单位依法制定的各项劳动规章制度适用于劳动者"等实质问题上对双方是否符合劳动关系进行了审查。经审查，某建筑集团并未直接对张良指派工作任务，发放劳动报酬，也未对张良的工作纪律等进行管理，不符合成立劳动关系特征，据此驳回了张良的诉讼请求。分包单位对农民工管控不到位给总承包单位带来的风险不言而喻，因此，监督分包单位与农民工签订劳动合同、做好安全教育、按月据实代发农民工工资等工作尤为重要。

第二节　使用劳务派遣用工模式的风险

劳务派遣是市场经济体制下打破传统劳动关系的一种新型人力资源配置方式，具有提供弹性用人机制、节约人力资源成本、转移风险等优势。建筑企业中，也经常为了控制成本和降低风险而选择劳务派遣的用工模式。但劳务派遣也存在很多风险，如果未能有效防范这些风险，不仅会使整个建筑用工市场的发展受到阻碍，还会使施工企业面临较大的法律风险，可能受到上级监管部门或行政机关的追责处罚。

一、法律合规风险点描述

1. 被认定存在劳动关系的风险

如果派遣员工与实际用工单位之间存在实质性的劳动关系，法律上可能认定该派遣员工与实际用工单位之间存在劳动关系，从而导致用工单位承担劳动关系带来的各项责任。

2. 用工单位过度控制派遣员工工作内容带来的风险

如果用工单位对派遣员工的工作内容、工作时间、工作地点等方面过度控制，可能被认定为劳动关系存在，使用工单位承担劳动关系所带来的各项责任。

3. 不符合派遣工作岗位资格要求的风险

派遣员工不符合派遣工作岗位的资格要求，可能无法胜任工作，从而引发用工单位的法律风险。

4. 法律责任分担的风险

在派遣员工受到工伤或者患职业病的情况下，用工单位和劳务派遣公司之间可能存在法律责任分担问题，如果没有明确的约定和规定，可能导致争议和纠纷。

5. 劳务派遣单位缺乏资质的风险

某些企业选择的劳务派遣单位不符合《中华人民共和国劳动合同法》（以下简称《劳动合同法》）第五十七条对劳务派遣单位资质要求的规定。一旦派遣员工与实际用工单位之间发生争议，在大多数情况下，劳动仲裁庭或法院会认定派遣员工与实际用工单位之间存在劳动关系。

二、法律合规风险防范措施

1. 与劳务派遣单位依法签订明确的劳务派遣协议明确双方的权利义务关系。

2. 用工单位对派遣员工的工作内容、工作时间、工作地点等方面要进行合理控制。除临时性、辅助性或替代性工作岗位外，不得使用被派遣劳动者。项目部应当定期检查劳务派遣人员具体用工名册、用工时长，以规范劳务派遣用工行为，避免违规使用劳务派遣人员造成风险。

3. 严格按照国家有关法律法规和行业标准，确保派遣员工具备从事派遣工作所需的资格和技能。

4. 明确法律责任分担问题，建立完善的保险制度，确保在派遣员工受到工伤或患职业病的情况下，用工单位和劳务派遣公司之间的法律责任分担清晰明确。

5. 选择具备合法劳务派遣资质的劳务派遣单位，以劳务承揽、劳务外包等名义，按劳务派遣用工形式使用劳动者的，也应当依照劳务派遣的要求对相应单位资质情况进行审查。

6. 严格审查劳务派遣人员劳动合同签订情况，在劳务派遣人员未与劳务派遣单位签订劳动合同前，不得以企业或项目部名义进行直接工作管理和指挥，防止后期发生纠纷后施工企业被直接认定事实劳动关系或被要求承担连带责任。

7. 规范劳务派遣人员（劳务外包人员）工资发放制度的实施和监督管理。若采取工资代付形式，在劳务派遣单位出具合法合规的授权委托手续前，不得对劳务派遣人员支付相应款项。

三、典型案例：劳务派遣非万能，适用条件要牢记

【基本案情】

1986 年 7 月，王某丽到某水电公司工作，根据工作安排，1991 年 3 月至 2000 年 5 月

在某水电公司李家峡浇筑队、棉花滩浇筑一队从事库工工作；2000年5月至2006年1月在某水电公司直岗、康扬项目生产办从事库工工作；2006年1月至2008年10月在某水电公司团坡电站浇筑一队从事库工工作。自2007年4月1日始，王某丽与利丰公司建立劳动关系，2008年4月以后，王某丽数次与利丰公司签订劳动合同，最后一次签订劳动合同的时间是2014年4月1日，合同期限为2014年4月1日至2016年3月31日。王某丽与利丰公司建立劳动关系后，以劳务派遣的方式被安排到某水电公司处工作。2014年9月，某水电公司某项目部人事专员杨某忠代王某丽提交了辞职申请，利丰公司依据该份辞职申请解除了与王某丽之间的劳动关系。2015年5月，王某丽到利丰公司处理了社保关系转移手续。另查明，2007年4月至2014年8月期间，利丰公司依法为王某丽缴纳社会保险，2014年9月至2015年3月期间的社会保险，已由王某丽自行缴纳。某水电公司在2008年要求王某丽与利丰公司签订劳动合同，工作岗位均未发生变化。因利丰公司未依法给王某丽缴纳相关社会保险，故王某丽提起劳动仲裁并诉至法院。

2017年6月，王某丽不服判决，上诉至西宁市中级人民法院。2017年11月，利丰公司及某水电公司不服西宁市中级人民法院判决，向青海省高级人民法院申请再审。

【裁判结果】

西宁市城东区人民法院一审认为，关于王某丽提出要求两被告支付335460元的经济赔偿金的诉讼请求，首先，王某丽虽自1986年至2008年4月期间在被告某水电公司工作，存在事实劳动关系，但王某丽自2008年4月1日与被告利丰公司签订劳动合同，此时王某丽与被告某水电公司之间劳动关系即已解除，王某丽应当知道其权利受到侵害，根据《中华人民共和国劳动争议调解仲裁法》（以下简称《劳动争议调解仲裁法》）第二十七条规定，王某丽申请仲裁时已经超过仲裁时效，故被告某水电公司提出的时效抗辩理由成立，对于王某丽主张被告某水电公司支付经济赔偿金的诉求，本院不予支持；其次，王某丽自2008年4月1日至2015年4月期间与被告利丰公司存在劳动合同关系，被告某水电公司在此期间仅为用工单位，被告利丰公司依据用工单位转交的由杨某忠代王某丽书写的辞职申请，事后亦未进行必要的审查手续，即与王某丽解除劳动关系，属违法解除劳动合同，理应向王某丽支付经济赔偿金。经济赔偿金计算依据应为王某丽劳动合同解除前12个月的平均工资，即2015年4月前12个月的平均工资。被告利丰公司于2014年9月至2015年4月期间未安排王某丽工作，根据《劳动合同法》第五十八条第（二）款及《青海省人民政府关于调整全省最低工资标准的通知》的规定，王某丽在此期间的月工资应为1250元，加之王某丽提交的证据显示其在2014年5～8月工资总收入为21850.80元，王某丽在劳动合同解除前12个月的平均工资应为2654.23元，而王某丽自2008年4月1日至2015年4月期间与被告利丰公司存在7年劳动合同关系，经济赔偿金应为：2654.23元×7×2＝37159.22元；被告利丰公司以超过仲裁时效为由提出抗辩，无事实和法律依据，不予采信。

西宁市中级人民法院二审认为，依据《最高人民法院关于审理劳动争议案件适用法律若干问题的解释（四）》（法释〔2013〕4号）第五条"劳动者非因本人原因从原用人单位被安排到新用人单位工作，原用人单位未支付经济补偿，劳动者依照劳动合同法第三十八条规定与新用人单位解除劳动合同，或者新用人单位向劳动者提出解除、终止劳动合同，在计算支付经济补偿或赔偿金的工作年限时，劳动者请求把在原用人单位的工作年限合并计算为新用人单位工作年限的，人民法院应予支持。用人单位符合下列情形之一的，应当认定属于'劳动者非因本人原因从原用人单位被安排到新用人单位工作'：（一）劳动者仍在原工作场所、工作岗位工作，劳动合同主体由原用人单位变更为新用人单位"的规定，王某丽自 1986 年 7 月至 2008 年 3 月在某水电公司从事水工、库工等工作，2008 年 4 月 1 日和利丰公司签订劳动合同后，仍被派遣至某水电公司工作且仍从事水工、库工工作，属于劳动者非因本人原因从原用人单位被安排到新用人单位工作的情形，利丰公司亦未提交证据证明原用人单位某水电公司已向王某丽支付经济补偿金。为此在计算支付经济补偿金的工作年限时，应将原用人单位的工作年限合并计算为新用人单位工作年限，即王某丽工作年限自 1986 年 7 月至 2015 年 4 月为 28 年 10 个月；根据《劳动合同法》关于"经济补偿按劳动者在本单位工作的年限，每满一年支付一个月工资的标准向劳动者支付，六个月以上不满一年的，按一年计算"的规定，利丰公司应当向王某丽支付 29 个月的经济补偿金，同时利丰公司违法解除劳动合同，依据《劳动合同法》关于"用人单位违反本法规定解除或者终止劳动合同的，应当依照本法第四十七条规定的经济补偿标准的二倍向劳动者支付赔偿金"的规定，利丰公司应当向王某丽支付经济补偿金标准二倍的经济赔偿金，同时原审法院认定王某丽在劳动合同解除前 12 个月即 2014 年 9 月至 2015 年 4 月的平均工资为 2654.23 元并无不当，予以确认。故经济赔偿金为 2654.23 元×29×2＝153945.34 元较合理。王某丽主张依据 2013 年 9 月至 2014 年 8 月的工资计算劳动合同解除前 12 个月平均工资 5591 元不符合《劳动合同法》的相关规定，不予采信。《劳动合同法》第六十六条规定："劳动合同用工是我国的企业基本用工形式。劳务派遣用工是补充形式，只能是临时性、辅助性或者替代性的工作岗位上实施。"结合本案事实，某水电公司通过设立劳务派遣的形式，试图规避王某丽在与利丰公司签订劳动合同之前已经在某水电公司工作多年的事实，王某丽与利丰公司建立劳动关系后被利丰公司派遣至某水电公司后仍从事水工、库工工作，并非临时性、辅助性、替代性岗位。故某水电公司违反《劳动合同法》规定，损害了王某丽的合法权益，根据《劳动合同法》相关规定，应当就利丰公司给付王某丽经济赔偿金承担连带责任。综上所述，王某丽部分上诉理由成立，法院予以支持。原审法院认定事实不清，适用法律有误，应予纠正。

青海省高级人民法院认为，本案再审的争议焦点为王某丽申请劳动仲裁是否超出仲裁时效及经济赔偿金的确定和承担。关于仲裁时效问题。《劳动争议调解仲裁法》第二十七条规定："劳动争议申请仲裁的时效期间为一年。仲裁时效期间从当事人知道或者应当知道其权利被侵害之日起计算。前款规定的仲裁时效，因当事人一方向对方当事人主张权利，或者向有关部门请求权利救济，或者对方当事人同意履行义务而中断。从中断时起，仲裁时效期间重新计算。因不可抗力或者有其他正当理由，当事人不能在本条第一款规定的仲裁时效期间申请仲裁的，仲裁时效中止。从中止时效的原因消除之日起，仲裁时效期间继续计算。劳动关系存续期间因拖欠劳动报酬发生争议的，劳动者申请仲裁不受本条第一款规定的仲裁时效期间的限制；但是，劳动关系终止的，应当自劳动关系终止之日起一年内提出。"依据该条规定，申请劳动争议仲裁，除该条外，一般情形下均受仲裁时效限制。仲裁时效非除斥期间，如当事人一方向对方当事人主张权利，或者向有关部门请求权利救济，或者对方当事人同意履行义务，均会导致仲裁时效中断。2008 年 4 月，王某丽与利丰公司建立劳动关系后被派遣至某水电公司仍从事水工、库工工作,工作场所、工作岗位均未变化。2015 年 5 月 6 日,王某丽与利丰公司办理社保关系转续手续时,始知其权利受到侵害。2015 年 8 月 13 日,王某丽向青海省西宁市劳动争议仲裁委员会申请确认其与利丰公司、某水电公司存在劳动关系并于 2015 年 10 月 20 日向青海省西宁市城东区人民法院提起诉讼,符合《劳动争议调解仲裁法》第二十七条第二款规定的仲裁时效中断的情形,仲裁时效应重新计算。2016 年 5 月 31 日,王某丽向青海省西宁市城东区劳动人事争议仲裁委员会请求利丰公司、某水电公司支付经济赔偿金的仲裁申请,未超过仲裁时效。利丰公司、某水电公司关于王某丽申请劳动仲裁超出仲裁时效的再审理由,不能成立,不予支持。原一审判决关于某水电公司提出王某丽申请劳动仲裁超出仲裁时效的抗辩理由成立的认定错误,应予纠正。原二审判决此节认定正确,应予维持。关于经济赔偿金的确定及承担问题。1986 年 7 月至 2008 年 3 月,王某丽在某水电公司从事水工、库工等工作,双方未签订书面劳动合同,形成事实劳动关系。2008 年 4 月 1 日,王某丽与利丰公司签订劳动合同后,被派遣至某水电公司工作,仍从事水工、库工工作。《最高人民法院关于审理劳动争议案件适用法律若干问题的解释(四)》第五条规定:"劳动者非因本人原因从原用人单位被安排到新用人单位工作,原用人单位未支付经济补偿,劳动者依照劳动合同法第三十八条规定与新用人单位解除劳动合同,或者新用人单位向劳动者提出解除、终止劳动合同,在计算支付经济补偿或赔偿金的工作年限时,劳动者请求把在原用人单位的工作年限合并计算为新用人单位工作年限的,人民法院应予支持。用人单位符合下列情形之一的,应当认定属于'劳动者非因本人原因从原用人单位被安排到新用人单位工作':(一)劳动者仍在原工作场所、工作岗位工作,劳动合同主体由原用人单位变更为新用人单位;(二)用人单位以组织委派或任命形式对劳动者进行工作调动;(三)因用人单位合并、分立等原因导致劳动者工作调动;(四)用人单位及其关联企业与劳动者轮流订立劳动合同;(五)其他合理情形"。其一,利丰公司和某水电公司均未提交证据证明利丰公司与王某丽建立劳动关系时,王某丽的原用人单位某水电公司已向王某丽支付了经济补偿金。其二,王某丽被利丰公司派遣至某水电公司工作后,仍在原工作场所、工作岗位工作,属于"劳动者非因本人原因从原用人单位被安排到新用人单位工作"的情形,王某丽请求计算支付经济补偿或赔偿金的工作年限时,把在原用人单位的工作年限合并计算为新用人单位工作年限的,应予支持。其三,在王某丽本人未提交辞职申请的情况下,利丰公司解除与王某丽的劳动关系,也未向王某丽送达解除通知,属于违法解除劳动合同。其四,《劳动合同法》第四十七条规定:"经济补偿按劳动者在本单位工作的年限,每满一年支付一个月工资的标准向劳动者支付。六个月以上不满一年的,按一年计算;不满六个月的,向劳动者支付半个月工资的经济补偿。劳动者月工资高于用人单位所在直辖市、设区的市级人民政府公布的本地区上年度职工月平均工资三倍的,向其支付经济补偿的标准按职工月平均工资三倍的数额支付,向其支付经济补偿的年限最高不超过十二年。本条所称月工资是指劳动者在劳动合同解除或者终止前十二个月的平均工资",第八十七条规定:"用人单位违反本法规定解除或者终止劳动合同的,应当依照本法第四十七条规定的经济补偿标准的二倍向劳动者支付赔偿金",利丰公司违法解除与王某丽的劳动关系,应当按照《劳动合同法》第四十七条规定的经济补偿标准的二倍向王某丽支付经济赔偿金。原一审、二审判决根据 2014 年 9 月至 2015 年 4 月利丰公司未给王某丽安排工作及王某丽 2014 年 5 月至 8 月工资总收入21850.80元的事实,依据《劳动合同法》第五十八条及《青海省人民政府关于调整全省最低工资标准的通知》的规定,确定利丰公司解除与王某丽劳动合同前12个月王某丽的月平均工资为2654.23元正确,应予维持,利丰公司应当向王某丽支付经济赔偿金148636.88元(2654.23元×28×2)。其五,王某丽与利丰公司建立劳动关系后,被利丰公司派遣至某水电公司仍长期从事非临时性、辅助性、替代性的水工、库工工作,利丰公司和某水电公司违反法律规定,且违法解除劳动关系后,又未支付经济赔偿金,损害了王某丽的合法权益。依据《劳动合同法》第六十六条"劳务派遣用工是补充形式,只能在临时性、辅助性或者替代性的工作岗位上实施"和第九十二条"劳务派遣单位、用工单位违反本法有关劳务派遣规定的,由劳动行政部门责令改正;逾期不改正的,以每人五千元以上一万元以下的标准处以罚款,对劳务派遣单位,吊销其劳务派遣业务经营许可证。用工单位给被派遣劳动者造成损害的,劳务派遣单位与用工单位承担连带赔偿责任"的规定,本案给付王某丽的经济补偿金因连续计算,某水电公司应当就利丰公司给付王某丽的经济赔偿金承担连带责任,某水电公司关于王某丽申请仲裁已过仲裁时效及分段计算经济赔偿金的再审理由无法律依据,不予支持。综上所述,再审法院认为,再审申请人利丰公司、某水电公司的再审理由不能成立,不予支持。原一审判决处理不当,应予撤销。原二审判决认定事实基本清楚、适用法律正确,但计算赔偿金有误,应予纠正。判决维持二审法院部分判决主要事项,变更了经济赔偿金金额。

【案例评析】

本案为劳务派遣纠纷,案情较为复杂,案件历经一审、二审、再审,且用于确认劳动关系的另案还经过劳动仲裁、一审等程序,案件审理程序完整复杂,本案不同审级法院意见亦存在较大差别,各方证据较多、争议较大,争议内容具有典型性和代表性,对于类似案件的预防和处置存在一定价值。结合本案案情及类似案例可知,法院在裁判劳务派遣纠纷案件时,主要适用《中华人民共和国劳动法》《劳动合同法》《劳务派遣暂行规定》《最高人民法院关于审理劳动争议案件适用法律若干问题的解释》等法律法规、司法解释对劳务派遣纠纷的责任分担进行判断,由裁判意见可知,本案主要争议点包括:一、王某丽申请劳动仲裁的仲裁时效问题。本争议点的核心在于判断王某丽申请仲裁的时间是否超过法定期限,而这也取决于仲裁时效的起算点。本案中,王某丽在知道自身权益受损后即就本案被告提起了确认劳动关系之诉,该诉产生了使王某丽申请劳动仲裁索要经济赔偿金的仲裁时效中断的效果,最终其主张得到再审法院支持。二、经济补偿金的计算时长问题。本争议点的核心在于王某丽工作时间的认定,1986年7月至2008年3月,王某丽在某水电公司从事水工、库工等工作,2008年4月1日,王某丽在工作单位、工作内容均无任何变化,且某水电公司未支付解除合同经济补偿金的情况下,非因自身原因直接与某水电公司解除合同,改与利丰公司签订劳动合同,其在某水电公司的工作年限依法可以计算为在利丰公司的工作年限。三、利丰公司与某水电公司的连带责任问题,该争议点决定了某水电公司在本案中是否需要承担相应责任。根据《中华人民共和国劳动合同法》第九十二条"劳务派遣单位、用工单位违反本法有关劳务派遣规定的……给被派遣劳动者造成损害的,劳务派遣单位与用工单位承担连带赔偿责任"之规定可知,用工单位只有在给被派遣劳动者造成损害的情况下才需承担连带赔偿责任。本案中,某水电公司存在明显的以劳务派遣手段规避用人职责的行为,违规使用被派遣劳动者,依法应当承担相应连带责任。整体而言,某水电公司在本案中虽仅承担了连带责任。在一定程度上规避了直接的用人责任,但可以推测的是,利丰公司就王某丽在1986年7月至2008年3月这段期限内的经济补偿金额与某水电公司之间存在较大争议,甚至存在引发新的诉讼纠纷的风险。

各类建筑施工企业中,在人员管理、类似事件处置中不排除有类似情形,所以需要对相应情况予以主动地梳理分析,尽可能在维护劳动者合法权益的基础上规避相应的法律风险。

第三节 未与员工签订书面劳动合同的风险

建筑施工企业人员流动大,在员工劳动合同管理中经常出现问题。随着中国法律体系越来越完善,法律对劳动者的保护也越来越完备,企业如未与劳动者签订书面劳动合同,则会面临较大的法律合规风险。

一、法律合规风险点描述

1. 补缴社会保险费用和罚款的风险

劳动者主张无限期劳动关系,且存在未签订劳动合同证据的,用人单位要承担劳动者主张的工资、福利、保险费用等全部费用,还可能会被责令补足应缴纳的社会保险费用和罚款。

2. 承担高额赔偿金的风险

《劳动合同法》第八十二条规定:"用人单位自用工之日起超过一个月不满一年未与劳动者订立书面劳动合同的,应当向劳动者每月支付二倍的工资。"劳动者因用人单位未签订劳动合同,要求解除劳动关系的,用人单位不仅要支付经济补偿金,还可能被要求支付赔偿金和违约金。

3. 视为签订无固定期限劳动合同的风险

未签订劳动合同一年的,将被默认为双方订立了无固定期劳动合同。给企业带来额外成本和潜在诉讼风险。《劳动合同法实施条例》第七条规定:"用人单位自用工之日起满一年未与劳动者订立书面劳动合同的,自用工之日起满一个月的次日至满一年的前一日应当依照劳动合同法第八十二条的规定向劳动者每月支付两倍的工资,并视为自用工之日起满一年的当日已经与劳动者订立无固定期限劳动合同,应当立即与劳动者补订书面劳动合同。"

4. 面临行政处罚的风险

如果因用人单位未签订劳动合同,导致用工不符合国家法律、法规规定,可能受到相关部门的行政处罚。

5. 损害企业信誉的风险

未签订书面劳动合同可能会损害企业的信誉度,降低企业在市场中的竞争力。没有书面合同,可能无法明确员工对企业商业秘密和知识产权的保密义务,导致企业信息泄露和被侵权风险。

6. 存在安全隐患的风险

未签订书面劳动合同可能会使企业无法明确员工的权利和义务,难以对员工进行管理，员工可能不受约束，不履行职责或违反企业规章制度，引发相交不利后果。

二、法律合规风险防范措施

1. 按照国家有关规定，及时与员工签订书面劳动合同，明确劳动关系和工作内容，明确约定工资、保险、福利等条款，以确保双方的权益。

2. 加强对用工合同签订的管理，建立用工合同档案，保留劳动合同、工资支付记录等相关资料，便于日后查询和备查。

3. 定期进行用工合同的核查，及时更新劳动合同，确保用工合同与用工实际情况相符。

4. 对于未签订劳动合同的员工，应当立即与其尽快签订书面劳动合同，以规避潜在的法律风险。

5. 提高员工对企业及劳动合同的认识和理解，加强员工管理，让其良好适应当前劳动内容，及时解决劳动纠纷。

6. 加强企业形象塑造，树立良好的企业信誉度。同时，建立健全人资管理制度，保障员工的劳动权益。

三、典型案例：劳动合同及时签，权利义务定明确

【基本案情】

杜某芳于 2010 年 1 月 10 日入职二建公司，岗位为保洁员，一直在搜宝商务中心 3 号楼处负责保洁工作；二建公司及二建北京分公司未与其签订劳动合同，未为其缴纳社会保险；其入职时月工资标准为 1500 元，逐年递增，2020 年前工资 4500 元，2020 年后涨到 6500 元，其中 4500 元是固定工资，2000 元是加班费；其刚入职时月工资由二建公司的集团公司账户转账支付，自 2018 年 10 月起由个人账户转账支付，其在职期间的工资已结清。杜某芳入职后，二建公司借用二建公司集团公司账户转账发放杜某芳工资，自 2010 年 9 月至 2012 年 1 月期间二建公司的集团公司转账发放杜某芳工资，备注"二公司工资"，自 2018 年 10 月起由二建公司行政部门工作人员个人账户转账支付工资。

杜某芳于 2021 年 3 月 5 日以二建公司、二建北京分公司未为其缴纳社会保险为由，口头提出解除劳动关系。二建公司及二建北京分公司表明 2021 年 2 月杜某芳曾以口头方式提出离职，离职理由为"回家带孩子"，至 2021 年 3 月期间双方处于协商状态。另外，二建北京分公司于 2020 年 7 月 29 日注册成立，企业类型为有限责任公司分公司（法人独资），营业场所为北京市丰台区南三环西路 16 号 3 号楼 17 层 2001。

杜某芳向一审法院起诉请求：1. 确认杜某芳与二建公司在 2010 年 1 月 10 日至 2021 年 3 月 5 日期间存在劳动关系；2. 二建公司向杜某芳支付 2020 年 2 月 1 日至 2021 年 2 月 28 日期间未签订无固定期限劳动合同的双倍工资差额 71500 元；3. 二建公司、二建北京分公司共同支付杜某芳解除劳动合同补偿金 80000 元。后不服一审判决，进行上诉。

【裁判结果】

一审法院判决杜某芳与二建公司自 2010 年 1 月 10 日至 2020 年 7 月 28 日期间存在事实劳动关系；杜某芳与二建公司北京分公司自 2020 年 7 月 29 日至 2021 年 3 月 5 日期间存

在事实劳动关系；二建北京分公司支付杜某芳 2020 年 7 月 29 日至 2021 年 2 月 28 日未签订劳动合同二倍工资差额 42069.9 元；驳回杜某芳其他诉讼请求。

二审法院认为，本案中，杜某芳在仲裁中请求确认 2010 年 1 月 10 日至 2020 年 7 月 28 日期间与二建公司存在劳动关系，确认 2020 年 7 月 29 日至 2021 年 3 月 5 日期间与二建北京分公司存在劳动关系；一审法院根据杜某芳与二建公司均认可双方自 2010 年 1 月 10 日至 2020 年 7 月 28 日期间存在事实劳动关系、2020 年 7 月 29 日二建北京分公司依法注册成立后杜某芳在其注册地址从事保洁工作至 2021 年 3 月 5 日的事实，确认杜某芳与二建公司自 2010 年 1 月 10 日至 2020 年 7 月 28 日期间存在事实劳动关系、杜某芳与二建北京分公司自 2020 年 7 月 29 日至 2021 年 3 月 5 日期间存在事实劳动关系，并无不当。杜某芳坚持主张自 2010 年 1 月 10 日至 2021 年 3 月 5 日期间其均与二建公司存在事实劳动关系，但其提交的证据不足以证明该主张。二建北京分公司确认未与杜某芳签订劳动合同，一审法院认定二建北京分公司应支付杜某芳 2020 年 7 月 29 日至 2021 年 2 月 28 日未签订劳动合同二倍工资差额，符合法律规定。杜某芳提起本案仲裁前置程序时要求二建公司、二建北京分公司支付违法解除劳动关系赔偿金，虽然其在一审中将该项请求变更为要求二建公司、二建北京分公司支付解除劳动合同补偿金，但杜某芳与二建公司、二建北京分公司均述称杜某芳的离职系以口头形式提出，杜某芳未能举证证明其确系以用人单位未为其缴纳社会保险为由提出离职，而二建公司、二建北京分公司提交的录音则显示杜某芳系因个人原因离职，且杜某芳在一审中对该录音的真实性亦表示认可，故一审法院据此对杜某芳要求二建公司、二建北京分公司支付解除劳动合同经济补偿金的诉讼请求未予支持，并无不当。综上所述，杜某芳的上诉请求不能成立。判决驳回上诉，维持原判。

【案例评析】

本案是一起因劳动关系及劳动合同签订引发的劳动纠纷。此案经历了从仲裁到一审、二审，案件跨度大，但是审理关键和审查内容几乎一致，基本上都是围绕证明劳动关系和是否签订劳动合同展开，但是为何如此大费周章终审还是维持原判呢？

一是因为"谁主张，谁举证"，在劳动争议案件中的举证责任分配原则上也遵循普通民事诉讼规则，即谁主张谁举证。但是，任何原则都有例外，由于在劳动关系中，用人单位处于强势地位，劳动者一般处于弱势地位，这就导致一旦发生纠纷，很多证据都在用人单位的掌控之中，劳动者往往难以获得这些证据材料。基于这一点，劳动争议案件的举证责任分配上存在一些不同，例如《劳动争议调解仲裁法》第六条规定："与争议事项有关的证据属于用人单位掌握管理的，用人单位应当提供；用人单位不提供的，应当承担不利后果。"再如《最高人民法院关于审理劳动争议案件适用法律问题的解释（一）》第四十四条："因用人单位作出的开除、除名、辞退、解除劳动合同、减少劳动报酬、计算劳动者工作年限等决定而发生的劳动争议，用人单位负举证责任。"在本案中，杜某芳不仅被对方举证是自愿离职，且无法提交符合自己主张的证据，并且也不符合用人单位举证的情形。

二是因为劳动争议中事实优先的裁判原则，实现劳动权利与企业效益的平衡。事实优先原则要求司法机关认定劳动关系时优先考虑当事人双方的实际履行行为而非以合同的名称或类型为依据，其核心功能在于揭露隐蔽劳动关系。对符合劳动关系认定标准的案件，应当认定为具有劳动关系。

三是因为倾斜保护原则是《中华人民共和国劳动法》的基本原则，彰显了其价值取向。劳动司法审判是立足于倾斜保护劳动者权益的。同时，司法机关会充分考虑案件可能造成的社会影响，会积极采取调解、协商等柔性手段解决争议，避免劳资矛盾激化，充分发挥维护社会和谐稳定的功能。

杜某芳要求二建公司、二建北京分公司支付解除劳动合同经济补偿金的诉讼请求，因其未能提交真实有效证据证明其主张，法院经审理后依法不予支持，确实避免了给二建公司造成较大经济损失，但该案系由于对单位员工劳动合同关系和签订劳动合同把关不严，法律意识淡薄所导致，是十分值得警醒的。如果负责劳动合同管理的部门和人员没有把好入口关，一旦员工或者应聘者以此疏忽去申请劳动仲裁，企业会十分吃亏。部分员工甚至会主动去造成这样的局面，力图混淆或者改变和企业的劳动关系。部分项目对自己单位的人资聘用辞退流程不熟悉，经常做出不合规不合法的影响劳动关系的决定，这都给建筑施工企业自身埋下严重的法律风险隐患。在日常的施工运作中，人员流动非常大，要杜绝这种法律风险，积极采取合法合规的多种劳动方式和技巧保障自身权益。

第七章
授权类法律合规风险防范

第一节　开具授权委托书的风险

授权委托是指受托人按照委托人的授权委托行使代理权，在代理权限内，以委托人名义实施民事法律行为，法律效果由委托人承担的法律制度。授权委托书又称代理证书，是指由委托人单方签署的，向第三人出具的表示委托人将代理权授予受托人的一种法律文书。《民法典》第一百六十五条规定：委托代理授权采用书面形式的，授权委托书应当载明代理人的姓名或者名称、代理事项、权限和期限，并由被代理人签名或者盖章。以此明确代理权限和代理内容。

建筑施工企业一般通过出具授权委托书的方式，委托管理人员、项目经理代表企业对工程项目投标、施工合同签订与履行、工程项目组织管理等事宜进行实施，由施工企业承担相应的民事责任。如建筑施工企业对授权委托书管理不善则会埋下极大的风险隐患。

一、法律合规风险点描述

1. 授权委托书内容不全、授权不明的风险

委托代理中书面委托应当载明《民法典》第一百六十五条规定的内容。单方出具授权委托书会直接产生代理关系，委托书具有法律性质，常见的有商事和法律代理。由于代理人依照授权委托书以被代理人名义实施的民事法律行为，对被代理人发生效力，直接约束被代理人和相对人。所以对于授权委托书，内容和要素务必尽可能完整。但是有些企业为了图方便，在出具授权委托书时采用一些概括性的、持续性的用语，未遵循一事一授权的原则，免去了针对每一个具体的事项逐一出具授权委托书的麻烦，但也带来极大的风险。

若授权委托书内容不明确、不具体，就会无限制地扩大施工企业承担民事责任的范围，同时也增加构成表见代理的风险。

具体而言，出具授权委托书风险点如下：

（1）致送对象不明的风险。授权委托书致送单位具体就是指受托人以委托人的名义与之发生代理行为关系的第三人。如果事先已经有明确的致送对象，应在委托书中明确致送单位，限定授权委托书的适用对象范围，受托人再向其他人出具授权委托书，对委托人不发生法律效力。如未明确致送单位，可能存在受托人再向其他人出具授权委托书，侵害委托人利益的可能性。

（2）委托事项不清的风险。委托事项就是企业授权员工可以对外代表企业所做事项，一定要表达清楚明确。如委托事项不够明确，基于法律保护第三人对该授权的信赖，授权

委托书会被认定为授权不明,从而由委托人和受托人对第三人承担连带责任。因授权不明,受托人可能超越委托人的本意做事,但委托人却要为此承担责任,风险较大。

(3)委托权限不明的风险。委托权限的宽窄决定了办理事务权限的大小,委托人为了自身便利过多地给予受托人代理权限时,较难防范受托人不当行为带来的风险。受托人有什么权限就一项一项列清楚,避免在列举委托权限后面加上"等"这样的字样,这将带来授权不明的法律风险。

(4)委托期限不明确的风险。实务中在授权委托书中简要说明委托的事项,但对于委托的期限并未进行明确,此类授权存在较大的风险,或出现受托人将授权委托书反复使用或用于其他不当用途的情形。

(5)未明确无转委托声明的风险。转委托是受托人把本应由自己亲自处理的委托事务交给他人处理的行为。经委托人同意,受托人可以转委托。转委托经同意的,委托人可以就委托事务直接指示转委托的第三人,受托人仅就第三人的选任及其对第三人的指示承担责任。正常情况下,委托人是基于对受托人的信任才委托其代理处理相关事宜,一般不想赋予受托人转委托权利,故最好在授权委托书中表达清楚,以此避免受托人擅自转委托可能出现损害委托人利益的情形。例如明确"受托人无转委托权,以及超出授权权限,如因转授权或超出本授权权限办理的一切事项我单位均不承担任何责任。"

(6)委托人落款签章和日期不规范的风险。委托人应核实确认授权委托书的内容后在落款处签名和盖章,并据实填写日期。如果委托人是法人或其他组织,最优的署名方式是盖法人公章,再由法定代表人或负责人签名;其次是只盖法人公章,而没有法定代表人或负责人签名;最不可取的是只有法定代表人或负责人签名,而没有加盖法人公章。前两种方式没有什么问题,能够表示法人或其他组织的合法授权,但第三种方式容易出现法人或其他组织否认其法定代表人或负责人签字效力的情形。

2. 出具空白授权委托书的风险

实务中存在委托人为了图方便对受托人出具一些空白授权委托书的情形,比如授权事项、授权权限、致送单位是空白的,由受托人根据需要自行填写,这样风险很大。一是避开了委托人事先对第三人资信的审查,甚至有可能出现受托人和第三人恶意串通损害委托人利益的情形;二是空白授权委托书易形成表见代理。委托人向受托人出具空白授权委托书,后来取消委托后没有及时收回,如果行为人向第三人出具该授权委托书,第三人有理由相信其有代理权。表见代理本质上是无权代理,但因为无权代理人有使第三人相信其有代理权的表现(如持有空白授权委托书),且第三人在善意并无过失的情况下,表见代理对委托人来说产生有权代理的法律效果。

3. 授权书遗失的风险

如果建筑施工企业丢失授权书,将来发生纠纷时,对方如以签署人未获授权,而建筑施工企业主张有签署权,则法院会判定由建筑施工企业承担证明对方签署人有权签署的举证责任,若施工企业无法举证,则会判定对方签署人为无权签署人,则有可能进一步导致合同无效的法律后果。

二、法律合规风险防范措施

1. 明确主体信息。委托人和受托人的基本信息应尽量明确具体化,写清楚被代理人公司名称、住所、法定代表人等信息，同时应当写清楚代理人姓名、性别、年龄、工作单位、职务、身份证号码等基本信息，相关信息需仔细核对无误，并建议将身份证复印件作为附件，便于第三人核实相关信息。注意明确该授权委托书的相对主体，限制授权委托书的适用相对主体范围，降低相关风险。

2. 细化委托事项。授权委托书对委托代理事项的描述应当有据可循，签署授权委托书所需达到的目的，即委托人希望受托人到第三方做什么事，建议明确具体，写清楚代理的具体事项，尽可能地细化，表述应无歧义，把控受托人行为的范围，从而控制委托人的风险。

3. 框定委托权限。委托代理权限应当具体明确，以能够顺利办理相关事项为限制。建议合理的控制委托权限，如受托人代理权限比较窄，仅授权参与但不决策，建议在授权委托书中明确"如有相关决策性的结果或任何签署之书面文件均应当以我公司的盖章/本人签字确认作为文件之生效要件。"

4. 明晰委托期限。授权委托代理期限应当具体、准确，期限宜短不宜长，以能够顺利完成相关事项为限制。可确定期限的，建议约定委托期限自某年某月某日起至某年某月某日止。如为代理人参与投标活动出具的授权委托书，期限只能截止到相关投标活动结束时止，如需代理其他事项，可另行出具授权委托书。期限无法确定的，建议委托期限自委托人签署授权委托书之日起至受托人完成委托事项之日止。

5. 委托书中排除或限制转委托权。写明不允许受托人私自转委托给第三人，明确"受托人无转委托权，以及超出授权权限，如因转授权或超出本授权权限办理的一切事项我单位均不承担任何责任。"

6. 严禁出具空白授权委托书。

7. 授权委托书签署日期应当与实际日期一致，不得涂改。应当由授权单位盖章，法定代表人签字。对单位授权委托书登记造册，留存备案。

三、典型案例：授权管理要严谨，忽略细节惹麻烦

【基本案情】

2012年3~4月被告海某因工程建设需要向原告李某多次借款，合计410万元。2017年5月，海某向原告李某出具借条，内容为"今海某借到李某人民币240万元整。"海某在借条右下方借款人一栏签名捺印，王某在借条左下方签名捺印。同日，海某向李某出具借款说明，内容为"海某2017年5月打给李某的240万元借款借条是海某在2017年5月前借李某的借款，到2017年5月止，经双方对往来账目核对，海某还借到李某本金200万元整，2017年5月前2年利息40万元整。"海某、王某均在借款说明下方签字、捺印。

为了偿还借款，海某以上海某公司名义出具授权委托书，内容为"兹授权委托李某先生为本公司的代理人，前去某某建设局办理工程款拨付事宜，特此委托"。授权委托书下方记载了代理人的姓名、性别、身份号码、开户行、户名、卡号等信息。授权委托书加盖上海某公司公章，日期为空白。授权委托书背面由海某注明：此授权书由上海某公司某某分公司负责人海某提供。海某在名字处捺印。同时海某交给李某两联收据（存根联和收据联），收据上人民币一栏填写130万元，其余均为空白。收据联加盖上海某公司公章。但

因未办理完成结算，某某建设局未向原告李某拨付该笔工程款，李某遂诉至法院。

【裁判结果】

法院认为，本案的争议焦点是上海某公司、上海某公司某某分公司、王某是否承担清偿责任。海某向李某借款发生在3~4月间，而上海某公司某某分公司此时尚未成立；2017年5月海某出具的借条和借款证明未记载借款用途，也未加盖上海某公司或上海某公司某某分公司印章。至于李某提交的授权委托书和收款收据，虽然加盖了上海某公司印章，但并不必然得出以拨付工程款抵顶借款的结论，且上海某公司对该授权委托书享有任意解除权，庭审中上海某公司辩称该枚公章系海某伪造，对授权委托书和收据不予认可。李某主张海某向李某借款系职务行为且借款用于工程施工的诉讼请求证据不足，法院不予支持。李某无证据证明海某的行为具有代表权或者代理权，海某借款及出具委托书的行为亦不符合表见代理的构成要件，不构成表见代理。综上所述，海某的借款行为对外不代表公司，属于个人行为，应由其个人承担相应还款责任。法院判决驳回原告李某对上海某公司及其分公司的全部诉讼请求。

【案例评析】

本案是一起因授权委托不善引发的民间借贷合同纠纷。法院判决驳回原告李某的诉讼请求，上海某公司及其分公司不承担引发的法律责任，原因如下：

1. 案涉借款是否为分公司借款问题。分公司成立时间为2012年5月，原告李某在向被告海某出借借款时分公司并未成立，也就不存在借款给分公司一说。

2. 表见代理该如何认定，本案中海某的行为是否构成表见代理问题。合同相对人主张构成表见代理的，应当承担举证责任，不仅应当举证证明代理行为存在诸如合同书、公章、印鉴等有权代理的客观表象形式要素，而且应当证明其善意且无过失地相信行为人具有代理权。

本案中，海某对外借款不存在分公司合同书、公章和印章等有权代理的客观表象形式要素。海某在2017年5月出具给原告李某的借条及借条说明，仅有海某个人签字，均未加盖上海某公司及其分公司的公章，因此，在上海某公司否认的情况下，不能证明上海某公司明知本案借款的存在。

表见代理的本质特征是具有外观授权的表象，并足以使相对人完全有理由相信该无权代理人具有代理权，且相对人对此作出的判断已尽到一个善良注意人的审慎义务，并无过失。我国《民法典》第一百七十二条规定了表见代理有如下的构成要件：

（1）行为人应以被代理人的名义与相对人实施"代理"行为。本案中，海某以其个人名义与李某之间产生借款关系，借条上仅有海某个人署名而未加盖分公司印章，不能得出以分公司名义向李某借款的结论。

（2）行为人实施"代理"行为并没有代理权。本案中，海某的身份仅为上海某公司下属分公司的负责人，其不具有代表上海某公司对外擅自借款的职能，并且上海某公司未授予其对外借款的代理权，事后亦未对其借款行为予以追认。故海某的借款行为本质上属于无权代理。

（3）客观上须具有使相对人相信行为人具有代理权的情形。在本案中，李某向海某打款时分公司并未成立，海某也不是分公司负责人，即不存在李某相信海某有代理权的客观条件。

（4）相对人系基于善意且无过失而信赖该行为人有代理权。在本案中，李某将系争款项借予海某时，对海某的借款行为究竟代表个人还是某分公司并未尽到一个善良注意人的合理审慎义务，其主观上存在较大的过失。具体表现在：

其一，李某作为完全民事行为能力人，对系争借款合同订立主体的认知能力理应有一定的基本经验。如果海某以分公司名义向李某借款，2017年5月在借条上理应加盖分公司单位印章而绝非仅由海某单独个人署名即可，事后亦未取得分公司的追认，故对系争借款在合同订立形式上存在的重大瑕疵，李某并未尽到合理、善良的注意义务；

其二，若确属分公司的借款，按常规应将款项汇入分公司账户，而不是汇入海某个人账户。除非分公司指令同意将所借款项划至海某个人账户，但原告李某对此项事实并无相关证据予以佐证。故从系争借款的资金走向上也无法认定本案系争款项属分公司的借款。原告李某认为系争款项借予分公司的观点显然违背常理。

鉴于上述理由，海某的借款行为不符合表见代理法律构成要件（1）（3）（4）的情形，不构成表见代理。其借款行为对外不代表公司，属个人行为，应由其个人承担相应还款责任。上海某公司及其分公司不应为此承担本案系争借款本息的还款义务。

3. 授权委托书的实质内容如何明确，该授权委托书是否有效问题。姑且不论该授权委托书的真实性，该授权委托书的授权内容并不能直接表达上海某公司同意用工程款抵顶诉争借款的事实。该授权委托书载明"兹授权委托李某先生为本公司的代理人，前去某某建设局办理工程款拨付事宜，特此委托。"该内容的正确理解应是授权内容仅包含办理工程款拨付事宜，但绝不包含款项抵顶诉争借款。并且，既是上海某公司出具的授权，那么上海某公司就享有任意解除权。

第二节　建筑施工企业印章管理的风险

企业印章作为企业身份和权利的证明，是企业从事民商事活动的符号和标记，关系着企业是否能够良性运转。建筑施工企业因工程建设项目地域分布广、建设周期长、人员流动性强、合同关系相对复杂等特殊性，企业印章使用的种类以及数量繁多，印章管理复杂。在实践中，加盖不同印章会对合同成立、生效产生不同影响，建筑施工企业印章繁多的特性极易产生管理混乱、职权划分不清的情况，导致印章管理风险较大。

一、法律合规风险点描述

1. 企业印章被伪造的风险

企业印章通常代表着企业的真实意思表示，一般情况下，凡是加盖了企业印章的文件、合同等，都可视为企业的意志体现。由此便导致实务中大量伪造印章行为的存在，尤其是在建设工程领域中，印章被伪造的乱象较为突出。一方面，伪造印章的行为将导致行为人被苛以刑罚处罚。根据《刑法》第二百八十条规定："伪造公司、企业、事业单位、人民团体的印章的，处三年以下有期徒刑、拘役、管制或者剥夺政治权利，并处罚金。"虽然伪造印章犯罪是建筑领域较为常见的犯罪，但其通常不单独出现，而是作为伪造证据、虚假诉讼、合同诈骗等行为的一种手段。伪造公司、企业、事业单位、人民团体印章罪的印章，不仅包括公司公章，还包括公司项目部章、合同专用章、技术专用章、财务专用章等印章。若行为人违规利用伪造的建筑施工企业印章实施虚假诉讼或是损害建筑施工企业利益的其他行为，构成其他犯罪的，往往根据从一重罪处断等原则进行刑事处罚。另外，对于施工企业来说，行为人利用伪造的企业印章对外进行经济往来并签订相应合同时，合同并不当然无效。若是存在因施工企业印章管理混乱而使交易相对人无法准确辨别伪造行为人在签订合同时所使用的印章是否真实，或是伪造行为人具有使交易相对人充分产生合理信赖的外观表象且整个合同的签订满足表见代理的构成，再或者伪造行为人本人即具有施工企业赋予的签订合同的授权且该授权并不需要所谓印章加以证实，那么在上述情况下，合同有效，施工企业将承担由此产生的一切责任。

2. 企业印章被盗、遗失的风险

印章具有一定的独立性，往往可以脱离相关责任人员的存在而独立发生法律效力，这一特点为印章的使用埋下了较为严重的隐患。在建设工程领域中，一些下属工程项目数量较多的大型施工企业，根本无暇对其所有的印章一一进行监控保管，加之绝大多数印章保管人责任意识与风险意识并不强，这就导致在实务中企业印章被盗或者遗失的可能性极大。印章一般情况下代表着企业的意志，很多人可能利用这一特性制作虚假文件并进行用印，那么印章使用人利用企业印章所为的民事行为产生的权利义务关系都可能将由企业自身予以承担。

对于印章被盗或者丢失的施工企业而言，如若施工企业能在发现印章被盗或者遗失的第一时间，立即由企业负责人携带相关证件到公安机关进行报案，并通过登报声明的方式向公众传达被盗或者遗失的印章已经作废，之后重新按照印章刻制备案的流程进行补办，那么之后由被盗或者被遗失印章而引发的一切纠纷则与企业无关，企业无须承担任何责任。但若企业在得知其印章被盗或者遗失后仍放任置之，极有可能将面临盗用印章或拾取印章行为人利用该印章在签订一系列合同并建立大量债权债务关系后逃逸的困境，由此导致企业陷入不必要的诉讼纠纷之中，若有证据证明企业在印章被盗或丢一事中存在过错，且该过错与被害人的经济损失之间存在因果关系，那么企业还应承担一定的赔偿责任。对于偷取企业印章的行为人而言，其行为轻则承担相应的民事责任，重则将承受牢狱之灾。具体而言，若其利用偷取的印章进行诈骗、虚假诉讼等行为，则在该行为满足诈骗罪、合同诈骗罪、虚假诉讼罪等罪名的犯罪构成要件时，其将受到严厉的刑事处罚，具体罪名视行为人盗窃印章后的具体行为而定。

3. 印章被借用的风险

印章作为企业对外活动的重要标志，其所有权属于企业，相关负责人以及管理人仅依据公司规章制度对印章享有一定的保管权或持有权，为此，企业印章保管人应当妥善保管印章，并严格按照规范履行用印程序。一旦因人情关系或其他事由将印章外借，将视为公司完全授权他人使用企业印章，那么印章借用人利用企业印章所为的民事行为产生的权利义务都将由企业自身予以承担。除此之外，若印章借用人将企业印章加盖于空白纸张上，在企业未对该印章的使用范围予以明确的前提下，也视为企业授权，该空白纸张上所产生的任何法律责任与后果亦将由公司承担。

4. 同时使用多枚印章的风险

印章作为企业对外进行各类活动的重要凭证，其重要性不言而喻。通常情况下，企业使用的各类印章均需依法申请，待有关部门通过审核后方可到公安机关批准的单位进行刻制并于公安机关完成备案，另外，企业在办理工商登记时也需要在工商部门对相关印章进行备案，而一经备案，该印章即具有对外公示的效力。故，在企业依法依规且唯一使用备案公章对外为民事行为的前提下，行为相对人有充分的理由相信备案印章的真实性，这相当于在一定程度上为企业规避了部分因印章使用混乱而导致的法律风险。然而，在建设工程施工领域中，鉴于项目工程往往跨地域分布，流动性和独立性都相对较强，故对印章的数量和种类使用需求也都相对较大，倘若将所有印章都进行备案，不但程序烦琐，而且耗时较长，不具备可操作性。在实务中，施工企业多使用未经备案的公司印章以完成经济交往活动，这就使备案印章的效力被大大削弱。当发生法律纠纷时，即使施工企业极力否认争议印章的效力，一旦满足一定的条件，该印章不论备案与否、真假与否，都将对施工企业产生法律约束力，由此便会为施工企业带来难以预估的损失。公司存在多枚印章甚至假章的情况下，如果公司对外用章不具有唯一性，或者公司对于该印章的使用不管是以明示还是默示的方式承认过其效力的，公司均不得主张使用公司印章对外签订的合同对公司没有约束力。

在实务中一般会出现一个企业存在两枚甚至多枚公章的情况，这样会导致公章使用混乱，并且一旦出现纠纷，无法进行司法鉴定，法院通常会判决多枚公章具有同等效力，从而导致建筑施工企业承担非常大的风险。

5. 项目部印章的使用构成表见代理的风险

建筑施工企业承包项目工程分布全国各地，建设工程项目往往与建筑施工企业法人所在地不在同一地区，因此，建筑施工企业会为其下设的施工项目部配备一枚印章或项目部私自刻制一枚印章，以便于项目部对整个项目工程的全面管理。通常情况下，项目部在建筑施工企业的授权范围内规范使用项目部印章，项目部印章的效力得到了建筑施工企业授权认可，由此产生的法律责任自然由建筑施工企业承担。但是在实务中，由于项目部印章管理制度的缺失与混乱，项目部印章的用途往往被无限"扩大"，有的甚至替代了部分企业公章，如在需要以建筑施工企业名义签订并加盖企业公章的工程承包、专业分包、劳务分包、材料采购、机械租赁、对外担保等各类合同上，往往出现的是项目部印章。基于项目部归属于建筑施工企业、不具有法人主体资格，故建筑施工企业往往需要对项目部的行为承担法律责任，即项目部印章对建筑施工企业产生一定的约束力。但是，若签订上述合同时并未经建筑施工企业内部管理流程的审核，或建筑施工企业并不知晓合同的存在时，如一些项目部印章不按规定范围使用，用于分包劳务人员工伤及劳动关系证明上，擅自用于对分包工作量签证单，对账单和债务确认单等单据上，用于签订结算、借贷、担保文件或承诺函上，未以建筑施工企业名义签订的合同上加盖项目部印章等，项目部印章的滥用会导致建筑施工企业面临诸多对己不利的表见代理风险隐患。一旦项目部印章的效力被予以认定证实，建筑施工企业将陷入漫长的诉讼纠纷，承担沉重的、本不应该由企业承担的债务之中，耗费大量的人力和物力成本。对建筑施工企业而言，不论是从经济上还是名誉上都将产生不可逆的严重损失与不良影响。

6. 用印手续审核不严、用印缺失过程监管的风险

大型建筑施工企业都已经意识到印章管理不善带来的法律风险，往往都建立了严格的用印审批制度，但在具体执行中却存在随意性较大问题。主要表现为：一是用印审批手续

不全，审核不严；二是越权用印，印章使用范围超越批准范围；三是忽视用印管理流程，在印章使用过程中疏于监管和防范，存在将印章交由用印人自行盖章或在白纸上盖章的情形。部分建筑施工企业仍然存在印章保管人员职责不清、风险意识不强、法律意识淡薄等现象，对本单位的印章管理制度规定和业务要求不甚了解，责任意识不强。一些用印申请应登记而未登记；用印事项需要相关业务部门审核而未审核，仅凭领导或管理人员的打招呼代替应该履行的用印审核程序。由此可能引发印章超范围使用、使用不当、诉讼过程中举证不能而承担法律责任的风险。

7. 印章回收管理不到位的风险

建设工程项目从项目开工到竣工验收完成竣工结算，再到财务销项往往要经历相当长一个周期，有的甚至长达数年。这一交易习惯和特性导致建筑施工企业对印章回收不够重视，突出表现在项目部公章何时回收、谁来回收、何时销毁、如何销毁等问题上。而且，项目一旦完成竣工验收，项目部人员通常转到其他项目或者就地解散，项目部印章也随之处于无人管控状态，极易导致印章管理失控、印章遗失等情况发生，从而引发较大法律风险或法律纠纷。

二、法律合规风险防范措施

印章往往构成表见代理纠纷中相对人"依法有理由相信"的证据。现实操作中，企业公章、合同专用章、项目部章、技术专用章等企业印章经常发生混乱的情形，那么对各类印章规范的出发点就应该是在公司内部规章管理中，尽力缩小对外有效印鉴的接触人员范围，并有针对性地完善项目部印章的管理制度。可从以下方面切实加强：

1. 完善印章管理制度

应当指定专人办理各类印章审批、刻制、备案等工作。明确印章审批层级。建立印章刻制及使用台账。加强印章登记检查。实行各部门负责人负责制，对于需要加盖公章的文件，应当由部门负责人审阅签名，待负责人审核同意后方可办理盖章登记。在盖章过程中，经办人必须在用印台账上签字，并记录用印事项，便于后续核查。印章以禁止携带外出为原则，特殊情况下必须携带外出的，须事先报请部门负责人批准，并办理登记手续后，方可携带外出。建议在携带外出过程中，由印章管理人陪同一并出行，外出用印人员及印章管理人共同对在此期间的用印负责。

2. 公司印章应具有唯一性

公司应加强行政公章、法定代表人印章、财务章、合同专用章等的管理，切勿在对外的文书（包括但不限于合同、对外联系函件、招标投标书、承诺书、工商登记备案文件等）上同时使用多个不同的印章，否则即使未经备案，也不会被认定为"假"章，而且不论章的真与假，最终还是要看公司是否对外公示了其效力，一旦混合使用多个印章，则诉讼过程中很难举证印章使用方使用的印章非公司对外使用的印章。在实践中，一旦发现公章被私刻冒用就应当立即提出异议，否则一旦被冒用的印章在实际中进行使用，公司也未提出异议，法院通常会认定合同有效，导致建筑企业承担合同中规定的责任。

3. 明确各类印章的使用范围和效力

公章的法律效力来源于印章本身的备案登记，经过公安、工商等行政主体的确认留存后，公章才具有企业对外的确认效力。企业对外买卖、租赁、借款担保等均需要公章的对外公示，方能使合同或其他法律文书本身符合法律成立生效要件，约束双方当事人。而未签章或者签伪章的文书直接背离公章的备案管理规定，从而诱发法律风险。

项目部章、技术章、财务章及其资料章是构成项目经理表见代理"权利外观要件"的重要因素，大部分表见代理纠纷也源于不规范的印章管理。所以，必须明确各种印章的使用范围及效力。根据公司印鉴管理制度，项目部章仅限于本项目业务往来之用，不能代替合同专用章或者公章对外签订任何文书，比如，向建设单位承认工程延误的文书、与建设单位约定违约金的协议书、向建设单位承诺减少工程款的协议书、与建设单位签订增加或者减少工程量的协议书、材料买卖合同、材料租赁合同、付款承诺书、承诺函、担保函、补充协议、变更协议、单方面声明等有可能加重项目部经济或者工期负担的任何形式的文件。对于技术专用章的适用范围仅限于：施工技术资料（包括报验申请表、检验批验收记录、隐蔽验收记录；基础、主体、屋面等分部和竣工验收记录）、设计变更、工作联系单等。严禁签订任何经济合同、出具任何性质的欠条以及开具工程量结算凭证。对上述可能加重建筑施工企业负担的文书应一律通过公司内部的正式评审流程，如加盖公司公章或者合同专用章。

4. 明确项目部印章的使用责任人与使用范围

首先，项目部印章的使用人只限于项目经理，其他任何人不得以任何理由使用项目部章。其次，项目经理对项目部印章的使用需要审核、备案登记，写明使用时间、事由，并留存备份。再次，明确项目部印章的用印责任，公司应派人定期检查项目部印章的使用情况及使用印章文件的留档，并要求项目部定期针对印章使用做书面汇报。若发生违反规定使用印章的行为，由印章保管人负直接责任，承担由此引发的法律后果。

5. 规范项目部印章的刻制形式与内容

鉴于当前司法裁判标准并不统一，建筑施工企业仍需要在关键争议印章（项目部印章、财务专用印章、技术专用印章）进行适当的备案登记及防伪处理，如刻制的新印章，能备案的，应到公安部门、工商行政管理部门备案，刻制带有编码和防伪线的新印章，并通过加盖相应字体载明该印章无权签署经济合同，防止印章轻易被他人伪造带来法律风险。对项目部章可做以下刻制：一律为椭圆形，上弧为单位名称自左而右环形，项目名称放在下边作为横排，下弧为"仅供参建单位联系、制作资料之用，不得用于任何其他用途"或"该章无权对外签订经济合同"等，自左向右环形。如此，则如果出现私刻印章的行为，可以以此提出抗辩，证明该印章系私刻、伪造的。

6. 做好印章的备案工作

认定私刻公章的关键在于"真假之争"，这种争论在司法争议中就表现为举证责任的分配承担，而建筑施工企业作为主张私刻的一方必须举证证明相关签证或者其他证据材料存在私刻公章并签章的情形。若在诉讼之前，企业的公章、财务章没有到相关主管部门备案，则企业在诉讼中与私刻印章相关的诉讼请求在法院认定方面，则很有可能因举证不力面临不予支持的诉讼风险。因此，一方面建筑施工企业成立合法的分支机构，并在项目所在地进行工商登记。登记后才允许其刻制项目部公章，建筑施工企业应积极到主管部门备案项目部印章，从源头上对项目部印章加强管理，以减少项目部印章使用过程中发生的纠纷。另一方面可有针对性地结合建筑施工企业实际情况，对变更后的公章等进行变更备案，提高公章的时效性和防伪性。

7. 发现印章遗失、被盗、被抢、毁损后及时报案

公章遗失、被盗、被抢、毁损后不能自行重新刻制，而是应当及时向公安机关报案或报告并在报纸上公告声明作废，否则会面临公安机关等有关行政部门的处罚；对恶意使用丢失或被盗公章形成的合同等难以被认定为恶意使用，建筑工程施工企业可能会因此承担不利的法律责任。

因此，在发生上述情形时：首先，应当立即向公安机关报案，并要求公安机关立案登记，取得立案材料，掌握案件主动权。其次，应当在相关报纸上发布澄清声明，及时知会潜在客户；再次，发现仿冒合同时，应当及时通知仿冒合同的相对人，陈述相关事实。

但在一些情况下，建筑施工企业需要注意，即使发布了公章遗失声明，仍然可能承担法律责任。

8. 加强印章审批监督管理

建筑施工企业要建立完整的印章管理制度，企业公章、合同专用章等所有印章的刻制均由建筑施工企业统一负责，并在相关主管部门登记备案；落实"盖章必须审批"制度，做到印章的有据可查；根据不同业务类型专章专用，严格审查印章使用申请，不得超范围使用印章；要在项目部技术专用章上注明"仅用于工程内部技术资料，对外签订合同无效"；发现有私刻、伪造的印章，应立即销毁并向公安机关报案，同时对有关关联方书面发函告知，以防印章被对外使用构成表见代理，进而由建筑施工企业承担子虚乌有的法律责任。

加强公司印章、介绍信、合同范本等的使用管理，针对业务活动中经常使用的重要单据，应采取编号、登记使用制度。对于已申领但未使用的重要单据，应及时收回。

9. 项目结束后及时回收封存和销毁

施工项目结束应组织相关部门对失效印章进行清理，及时回收竣工项目印章，降低印章管理风险。施工结束后将进行完善工程资料、后期工程款结算等工作，此阶段可能剩余的员工人数已经不多，往往存在工作弹性较大、职责划分不清等问题，印章使用相对更加随意。

因此，建筑工程施工企业应当在项目部章管理制度中制定相关的印章回收、封存、销毁内容，以指导工作人员实施并监督。项目施工结束后，建筑施工企业应当及时收回印章，需要盖章的资料由企业出具项目印章统一加盖。若企业与项目所在地距离较远，往来不便利，则可以预留行政人员专用印章，并明确用章直接对公司负责，项目经理不得私自使用印章或授权他人使用。

10. 加强普法宣传及违规处罚力度

建筑工程施工企业应当注重在企业内部开展有关公章风险管理培训，不能将公章管理风险防控意识仅仅停留在管理人员层面，需要全体员工都树立起公章风险防控意识。加强公章风险管理的普法教育与培训，让全体员工明确公章保管、使用和监督的重要性及必要性，尤其加强对合同印章效力、表见代理行为等重点法律知识的学习，提高对印章管理重要性的认识。定期检查公章管理制度的执行情况，对不遵守规章制度的人员进行公开批评教育。对违规使用印章等情况要及时进行通报追责，加大惩处力度；对违规使用印章造成经济损失的，依法追究其经济责任，涉及犯罪的要依法追究其刑事责任。

三、典型案例：印章加盖生效力，牢记假章也是章

【基本案情】

2013年12月22日，刘光持"一建工程有限公司"负责人王某祥的授权委托书、企业法人营业执照、安全生产许可证、资质证书、临时税务登记证、银行开户许可证等，与某水电公司大渡河沙坪二级水电站项目部洽谈分包施工合同。

2014年3月30日，刘光向某水电公司提供了一建工程有限公司"关于变更公司名称的告知函"（经市工商行政管理局更改名称为省第一工程有限公司），同时，提供了省第一工程有限公司法定代表人王某祥的授权委托书、身份证复印件、省第一工程有限公司的营业执照、安全生产许可证、建筑企业资质证书等相关资质材料。一建工程有限公司的授权委托书载明："本授权书宣告一建工程有限公司总经理王某祥合法地代表我单位，授权业务经理刘光为我单位的代理人，该代理人有权在某水电公司大渡河二级水电站项目部的工程分包活动中，以我单位的名义与某水电公司大渡河二级水电站项目部协商洽谈、签订分包工程协议书以及执行一切与此有关的事务。该同志就权限范围内与你方达成的协议及处理决定，我方均予以认可，并承担一切责任。其签名真迹如本授权书所示。在撤销授权书的书面通知到达以前，本授权书一直有效。被授权人在授权书有效期间内签署的所有文件不因授权的撤销而失效"。某水电公司对刘光提供的省第一工程有限公司的所有分包工程所需要的资质材料进行了审核，确认刘光具有省第一工程有限公司的合法授权。2015年2月10日，省第一工程有限公司沙坪项目部向刘康的中国工商银行账户转账支付51万元。刘光于2015年8月1日代表省第一工程有限公司与某水电公司大渡河二级水电站项目部签订《大渡河沙坪二级水电站拦河闸坝及发电厂房工程》和《右岸危岩体挡渣排水沟工程施工承包合同》。2015年8月5日，刘光给刘康出具了19万元的欠条，承诺在2016年1月20日付清，到期未付，每天按1000元计算；2015年9月25日，刘光给刘康出具了13万元的欠条，承诺在2015年11月25日一次性付清，到期未付，每天按1000元计算。刘光出具给刘康的欠条上都加盖了省第一工程有限公司沙坪项目部的公章、刘光的私章。欠条落款为"欠款单位：省第一工程有限公司沙坪项目部，欠款单位责任人：刘光"，欠条上还附有刘光的身份证号码及联系电话。刘康在本案法庭审理中，承认并未组织农民工到刘光分包的某水电公司沙坪二级水电站务工，实际为向刘光出借资金。

2016年5月4日，金口河区人民法院受理了朱桂诉省第一工程有限公司、某水电公司民间借贷纠纷一案，该案在审理过程中，省第一工程有限公司申请对2014年3月30日的《授权委托书》原件上的印章印文"省第一工程有限公司"与省第一工程有限公司提交的样本印章印文进行鉴定。经司法鉴定所鉴定，不是同一枚印章盖印形成。该院以案涉伪造公司印章罪为由，于2017年3月22日裁定驳回朱桂的起诉。

2017年9月5日，刘康以省第一工程有限公司和刘光为被告，向法院提起劳务合同纠纷的诉讼，诉讼过程中，刘康申请追加某水电公司为第三人参加诉讼。2018年1月17日，该院审判员当庭出示了与刘光之间的电话记录，刘光在电话中承认伪造省第一工程有限公司印章的事实，以及与刘康之间系民间借贷的事实。刘康当庭申请撤诉。2018年1月25日，刘康以省第一工程有限公司、某水电公司和刘光为被告，再次向该院提起劳务合同纠

纷诉讼。2018年1月29日，省第一工程有限公司法务李辉到派出所报案称刘光涉嫌伪造"省第一工程有限公司"印章。2018年2月1日，公安局决定对"省第一工程有限公司印章被伪造案"立案侦查。另查明，某水电公司通过银行转账直接将工程款支付给省第一工程有限公司沙坪项目部。

【裁判结果】

一审法院认为，刘康与刘光之间是借贷法律关系，某水电公司与刘康之间没有权利义务关系，不是本案的适格当事人。刘康要求某水电公司承担责任，没有事实依据和法律依据。刘光具有省第一工程有限公司法定代表人的合法授权，因此，刘光是省第一工程有限公司的业务经理、代理人。刘光在出具给刘康的欠条上加盖"省第一工程有限公司沙坪项目部"印章，并注明欠款单位为省第一工程有限公司沙坪项目部，欠款单位责任人为刘光。刘光是以省第一工程有限公司沙坪项目部的名义向刘康借款。省第一工程有限公司沙坪项目部系省第一工程有限公司的内设机构，不具备法律上的主体资格，其权利义务应由省第一工程有限公司承担。刘光系省第一工程有限公司的工作人员（业务经理），省第一工程有限公司依法应当对其工作人员的经营活动承担民事责任。故判决省第一工程有限公司在判决发生法律效力后30日内给付刘康借款本金32万元及利息；驳回刘康对某水电公司的起诉。

省第一工程有限公司不服一审判决，提出上诉。二审法院明确刘康与刘光之间确实存在真实的借贷关系。刘康提交了刘光出具的加盖有省第一工程有限公司沙坪项目部印章和刘光私章的欠条，并向刘康出具了省第一工程有限公司法定代表人王某祥的合法授权书，该欠条载明的欠款主体为省第一工程有限公司沙坪项目部，欠款单位责任人为刘光，且在此之前，刘光通过省第一工程有限公司沙坪项目部的银行账户与刘康进行过经济往来，刘康有理由相信刘光是省第一工程有限公司的代理人。因此，案涉欠条的欠款主体应当为省第一工程有限公司沙坪项目部，但该项目部系省第一工程有限公司的内设机构，不具备法律上的主体资格，其权利义务应由省第一工程有限公司承担。省第一工程有限公司主张本案涉及的所有印章均系刘光伪造，但并未提供证据予以证明，虽然省第一工程有限公司就刘光伪造印章罪向公安机关进行了报案，但公安机关至今仍未终结案件，无法证明刘光所用的印章系伪造。二审法院判决驳回上诉，维持原判。

省第一工程有限公司提起再审，再审法院认为，本案现有证据足以证明案涉借款已真实发生，且不违反法律、行政法规的禁止性规定。因此，省第一工程有限公司关于借款不真实的再审理由不能成立。《授权委托书》系刘康第一次起诉后人民法院从某水电公司处调取，刘光在借款时并未向刘康出示过该《授权委托书》，对于刘光具有省第一工程有限公司的真实授权这一待证事实，本案现有证据尚难以使人确信该事实的存在具有高度可能性。二审判决以表见代理和沙坪项目部系省第一工程有限公司内设机构为由，判令省第一工程有限公司承担还款责任，属于适用法律错误。鉴于两张欠条由刘光向刘康出具，载明了刘光个人身份信息，且刘光本人不否认案涉借款的真实性，相关借款亦由其个人接收，故应由刘光承担相应的还款责任。判决撤销一审、二审民事判决，改判刘光在判决生效之日起30日内给付刘康借款本金32万元及利息，驳回刘康的其他诉讼请求。

【案例评析】

本案是一起因印章问题引发的民间借贷纠纷。印章作为我国一种传统意思表示，与当事人签字具有同等法律效力。虽然某水电公司在本案中未承担法律责任，但从案例中可以得到启示：

用印管理是企业防范业务和经营风险的重要关口，建筑施工企业在项目施工过程中涉及多个外部主体，使用印章不规范将会导致诸多法律纠纷，因此建议建筑施工企业加强印章的内部管理，建立审核监督机制，注意印章的封存和销毁，还需要注意在印章丢失后及时报案、公告，防止印章被别有居心之人利用，防范可能出现的各类纠纷，同时牢记一个观点"假章也是章"。

建筑施工企业项目部印章是否能代表企业对外签订合同。项目部印章可以用于与建设方发生业务往来，但这并不意味着项目部印章可以对外签订合同。鉴于项目经理掌控印章的使用权，所以项目部印章使用权限不应超过项目经理的权限。项目部印章未经建筑施工企业授权或书面说明，也不具有对外签订合同的权力。但是受到我国传统交易习惯和认识的影响，一般人认为项目部印章的权限高于项目经理的签字，因此认定项目部印章为有权代理的表象，在一定程度上有其合理性。对于建筑施工企业来讲，项目经理的选任极为重要，实践中项目经理与材料商等签订合同约定过高违约金，与供应商串通损害企业利益的事情屡见不鲜，因此建筑施工企业在聘任项目经理时不仅需要从能力方面进行考察，更要从人品素质等方面进行考察，防止不必要的风险。

第八章
侵权责任法律合规风险防范

第一节　违规参与项目征地拆迁侵权损害的风险

许多建设工程项目需要业主或者政府征地拆迁后才能进场施工，但是在这个过程中有些建筑施工企业为了加快工期和节约成本，也会主动参与征地拆迁，甚至越过政府或业主自己实施，带来许多不可逆的风险。

一般情况下，政府作为土地征收和补偿的主体，被征收人签订补偿协议、接受补偿后，在规定期限内不搬迁的，由政府依法申请人民法院强制执行。但建筑施工企业为满足业主要求，忽视法律法规的规定，违规参与项目征地拆迁，极大可能会导致侵权，因为这种行为可能会侵犯相关方的合法权益，如土地使用权、财产权、人身权等。如果参与者没有得到充分的法律授权或未遵守相关法规，则可能会面临严重的法律责任和巨额赔偿要求。所以参与征地拆迁项目的人员应该遵守相关法规和程序，确保其行为合法，并尽可能减少对相关方的侵权风险。

一、法律合规风险点描述

1. 民事责任风险。如果违规参与征地拆迁行为造成损害，将面临民事侵权责任，承担赔偿责任。

2. 行政责任风险。如果违规参与征地拆迁行为违反了相关法律法规规定，企业将面临受到行政处罚的风险。

3. 刑事责任风险。如果违规参与征地拆迁行为涉及犯罪行为，如受贿、行贿、滥用职权等，相关责任人将面临刑事责任的风险。

4. 社会声誉风险。违规参与征地拆迁行为将会严重损害企业的社会声誉，影响其在市场上的形象和信誉，进而导致经济损失。

5. 经济损失风险。如果违规参与征地拆迁行为违反了与项目方签订的合同约定，将面临违约责任的风险，如被要求承担违约金或其他经济赔偿责任。

二、法律合规风险防范措施

1. 建筑施工企业应严格按照合同约定，不去承担自身义务、责任外的任务。严格按照施工合同约定，由对方负责征地拆迁，提供施工场地，企业积极做好施工任务、合法文明施工的准备。

2. 建筑施工企业在项目管理过程中，即使在一定程度上迫于业主方或政府压力，需要配合开展征地拆迁的相关事宜,也应厘清配合过程中的权利义务,并以书面形式进行确认。

3. 建筑施工企业在项目管理过程中,应积极做好证据的收集。配合业主方或政府方征地,如果发生了人员、材料及设备变动必须做好登记备案。同时也要抓住因发包人原因引起暂停施工造成工期延误的情况和证据,积极向发包人索赔,应注意索赔证据的收集。

4. 建筑施工企业在项目管理过程中,当涉及因征地拆迁发生争议时,应及时申请由业主及当地政府出面协调,这样才有利于尽快解决争议。

三、典型案例:征地拆迁要合法,各方责任需明确

【基本案情】

曹某作为开原市老城东关村村民,在 2019 年就征地问题及自身认定赔偿不合理的情况下,起诉了供水公司和某水电工程公司。曹某此案的诉求为:判令两被告先行给付原告经济损失 1 万元,判令两被告赔偿原告渔场被毁经济损失、渔场经营损失、设备损失及饲养鱼(锦鲤)损失等全部经济损失(具体数额以评估机构评定结论为准)并负连带责任;诉讼费、评估费等费用由被告方承担。

被告供水公司答辩:1. 供水公司不是本案适格被告,原告的诉请不是民事诉讼审理范围,应当为行政诉讼审理范围,应当驳回原告的诉讼请求;2. 即使原告向被告供水公司主张侵权责任,供水公司的正常施工行为也不符合侵权责任的构成要件;3. 原告诉称的经济损失是不真实的,损害事实没有发生;4. 假定在清理鱼塘的过程中发生了少量残留鱼苗损失,也是由原告自身过错(非法阻工)行为导致,供水公司无过错。

被告某水电工程公司答辩:1. 本公司不是本案适格被告,案涉鱼塘的征收征用行为系具体行政行为,本案应属行政诉讼受案范围;2. 本公司不存在侵权行为,其系在与被告供水公司签订真实合法的施工合同项下进行的合法施工。

本案开庭后,供水公司通过反诉请求法院判决曹某赔偿其阻工损失 2028811 元;另诉讼费、评估费等费用由曹某承担。供水公司向法庭提交了众多关键性证据。后曹某向一审法院提出撤诉申请,供水公司也向一审法院提出撤回反诉申请。一审法院裁定准许撤诉。

在曹某撤诉后,其另行起诉,其中原告为曹某,被告为某水电工程公司。案由是财产损害赔偿纠纷。曹某的诉求为:判令被告赔偿原告经济损失 14861223.68 元;判令被告将侵害原告渔场的土地恢复到国家规定的复耕标准,未恢复之前依照原告承包的土地亩数按现行被告对周边临时用地 5100 元/(亩·年)标准赔偿原告到恢复复耕标准为止;本案诉讼费、交通费、评估费、律师费等费用由被告方承担。

本案开庭前被告某水电工程公司向法庭提交了追加被告申请书,即申请追加供水公司及某市人民政府为共同被告。理由为:根据某水电工程公司与供水公司的施工合同约定,征拆义务人为供水公司,某水电工程公司无任何侵权行为,同时根据供水公司与某市人民政府签订的《征地动迁补偿协议》及原告曹某与某市人民政府供水领导小组签订的补偿协议,某市人民政府为案涉项目的直接征拆责任人。综上所述,案涉土地的征拆责任或侵权责任均应由供水公司和某市人民政府承担。

【裁判结果】

一审法院认为,从原告的诉求与被告某水电工程公司的意见来看,本案系征地过程中发生的争议,不属于人民法院民事诉讼受案范围,依法裁定驳回原告曹某的起诉。

二审法院认为,通过反映上诉人鱼塘征地的现场照片可以认定,鱼塘被征用的过程中不只有被上诉人一方参与。供水工程现场确认单也可以认定被上诉人施工是依合同行为,不是基于被上诉人方的意思表示。上诉人与某市供水工程领导小组已签订征地补偿协议,现上诉人就征地过程中产生的纠纷提起民事诉讼,不属于人民法院民事诉讼受案范围,原审驳回起诉并无不当,裁定驳回上诉,维持原裁定。

【案例评析】

本案虽然最终以驳回原告的起诉而结案,建筑施工企业并未承担责任,但是本案给予施工单位很多启示。

施工企业遇到这种类似风险时,要从多个方面下手,不仅是法庭前的准备和法律适用,也包括重视法律程序。曹某提起第一次诉讼时,供水公司就在开庭时提出了反诉,要求曹某赔偿阻工相关损失,使法官将本诉与反诉进行了合并审理;某水电工程公司在第二阶段一审开庭前申请追加供水公司与某市人民政府为共同被告,缩小了自身的法律风险和应对难度。故施工企业在面对这种风险时,应严格遵循程序法的相关要求,充分利用法律程序维护自身合法权益。本案也体现出证据收集的重要性,该案当事人曹某提交了多组证据,但其对于侵权主体及因侵权所遭受的财产损失并未提供有力证据证明,而某水电工程公司通过证据,直接证明了其并非征拆责任主体或侵权责任主体,其施工行为属于合法行为。故对于证据收集,应尽量向法庭提交直接的、证明力较强的证据,如此被法院采用的概率才大。

第二节 施工过程中对他人人身权利侵害的风险

施工过程中对他人人身权利的侵害一般都来源于建筑施工事故或者意外。在工程建设过程中,由于过失或意外情况造成人员人身伤亡,有关责任主体依法应承担民事赔偿责任。在施工过程中,由于项目管理不规范、劳动用工不规范、安全措施不规范等原因,人身侵权纠纷时有发生。

建设施工企业应当对此类侵权纠纷予以重视,积极防范日常施工中可能存在的人身侵权法律风险。

一、法律合规风险点描述

1.《民法典》第一千一百七十九条规定,"侵害他人造成人身损害的,应当赔偿医疗费、护理费、交通费、营养费、住院伙食补助费等为治疗和康复支出的合理费用,以及因误工减少的收入。造成残疾的,还应当赔偿辅助器具费和残疾赔偿金;造成死亡的,还应当赔偿丧葬费和死亡赔偿金。"

在工程施工过程中,施工方的安全意识不强,或违法转包、层层分包,安全管理责任层层衰减,极易引发安全事故,造成人员伤亡,将会面临民事赔偿责任。

2.《民法典》第一千二百五十六条规定,"在公共道路上堆放、倾倒、遗撒妨碍通行的物品造成他人损害的,由行为人承担侵权责任。公共道路管理人不能证明已经尽到清理、防护、警示等义务的,应当承担相应的责任。"第一千二百五十八条规定,"在公共场所或者道路上挖掘、修缮安装地下设施等造成他人损害,施工人不能证明已经设置明显标志和采取安全措施的,应当承担侵权责任。"

施工工地现场经常会有坑洞或其他危险场所,在未设置明显标志和采取安全措施的情况下,因为疏忽大意造成第三人人身伤害或财产损失,施工方可能需要承担民事赔偿责任。

3. 施工过程中如果造成他人人身伤害或死亡,且构成刑法规定的犯罪行为,施工方可能会面临刑事责任。施工过程中如果违反相关法律法规,如未经批准擅自施工、未采取安全措施等,可能会受到行政处罚。

二、法律合规风险防范措施

1. 加强安全管理,制定详细的安全操作规程,确保施工过程中安全可控。在施工前进行风险评估,制定应急预案,做好应对突发事件的准备工作。

2. 设立安全警示标志,引导周边居民和行人绕行,严格控制施工现场人员进出,确保施工现场没有未经授权的人员进入。

3. 引导员工严格遵守法律法规,尊重他人权利,避免违法侵占。及时与周围居民和相关部门沟通,解决可能引发纠纷的问题,保持良好的社会关系。

4. 配备专业的安全检测人员,进行施工前、中、后的安全检测,及时发现和处理安全隐患。

三、典型案例:施工安全要保障,侵害人身要赔偿

【基本案情】

原告杨某是一名被雇请的工人,2018年在被告承包的某中学新校区工地从事打桩事务。被告中科公司(建房部)在承包该工程后,于2018年3月8日将主体工程转包给凤林公司,后经三方协商,主体工程承包变更为财宝公司,财宝公司的代表史某以中科公司的名义将其中的桩机工程转让给周文某,但合同上没有加盖中科公司的公章及未得到中科公司的追认。周文某以被告德泰建工的名义承包,但没有在合同上加盖该公司的公章。后被告周文某又将该工程转包给被告兰顺某、黄文某,实际该工程分给黄文某、陈某、黄某及张景某4个组,每组互不干涉,兰顺某从工程200元/m的工价中抽取10元作为活动经费。

张景某为其承包桩基工程后雇请原告杨某和肖结某等人,在被告承包的案涉工程工地从事打桩事务,2018年4月20日晚上7时许,因张景某的桩机钻头上不来,需使用炸药才能将钻头炸上来,被告黄文某雇请的工人胡志某安排张景某购买烟花并要求原告杨某和张景某、肖结某将烟花中的火药取出来制作炸药,利用烟花拔锤,在使用烟花中的火药时发生爆炸,导致张景某炸伤死亡、原告杨某双眼炸伤的重大事故。原告杨某受伤后被送往医院住院抢救治疗。7天后转往眼科医院进行手术治疗。原告的伤情经法医学鉴定中心鉴

定，被评定为三级伤残，原告为此花费鉴定费1956元。原告受伤后，被告中科公司为原告支付了所有医药费及交通费、住院伙食补助，另支付了3万元误工费给原告。

事后杨某向一审法院提起诉讼，请求判令被告连带赔偿原告杨某误工费、护理费、营养费、鉴定费、伤残赔偿金、精神损害抚慰金等经济损失共计742661元（含被告支付误工费3万元）。

经一审法院判决后，原审原告与原审被告均提起上诉。

【裁判结果】

一审法院判决被告中科公司赔偿原告杨某误工费、护理费、鉴定费、伤残赔偿金、精神损害抚慰金等经济损失共计97077.18元；被告周文某、兰顺某共同赔偿原告杨某误工费、护理费、鉴定费、伤残赔偿金、精神损害抚慰金等经济损失共计258872.48元；被告财宝公司赔偿原告杨某误工费、护理费、鉴定费、伤残赔偿金、精神损害抚慰金等经济损失共计97077.18元；被告中科公司、被告财宝公司、周文某、兰顺某对原告杨某的损失相互承担连带赔偿责任；驳回原告杨某的其他诉讼请求。

二审法院认为，因本案系刑事犯罪行为导致的侵害，根据《最高人民法院关于适用〈中华人民共和国刑事诉讼法〉的解释》第一百七十五条规定："因受到犯罪侵犯，提起附带民事诉讼或者单独提起民事诉讼要求赔偿精神损失的，人民法院一般不予受理。"故杨某主张精神损失，在实体处理上不应得到支持。《最高人民法院关于审理人身损害赔偿案件适用法律若干问题的解释》第七条规定："误工时间根据受害人接受治疗的医疗机构出具的证明确定。受害人因伤致残持续误工的，误工时间可以计算至定残日前一天。"本案中，杨某因伤致残的事实存在，因没有医疗机构误工证明与法医学司法鉴定意见，结合杨某的伤残等级（三级），可以将其误工时间计算至定残日前一天，原判对杨某的其他获赔项目与标准基本正确。

二审法院判决撤销一审判决，中科公司赔偿杨某误工费、护理费、鉴定费、伤残赔偿金等经济损失共计104007.18元；周文某赔偿杨某误工费、护理费、鉴定费、伤残赔偿金等经济损失共计277352.48元；财宝公司赔偿杨某误工费、护理费、鉴定费、伤残赔偿金等经济损失共计104007.18元；中科公司、财宝公司、周文某对杨某的损失相互承担连带赔偿责任；驳回杨某的其他诉讼请求。

【案例评析】

本案是一起因违法分包违法转包后施工操作不当引发的人身侵权案。此案通过上诉，对一审判决进行了修正和新的判决。案件难度大，但是只要厘清两点：本案各方当事人的法律关系及责任承担与原告损害后果的相关项目的标准，依据此展开调查和举证就容易把准案件的关键。

本案中，中科公司承包工程后，将其中主体工程分包给凤林公司，后经中科公司、凤林公司、财宝公司三方协商，将承包方变更为财宝公司。财宝公司代理人史某与周文某签订《桩基工程施工合同》，将其中的桩基工程分包给周文某。周文某与兰顺某、黄文某签订《冲桩桩基劳务承包施工合同》，将桩基工程转包给兰顺某、黄文某。黄文某系黄文某、陈某、黄某及张景某四人的代表在合同上签字。兰顺某为什么不负责任，因为兰顺某并没有实际施工，所以从黄文某等4人处收取10元/m作为报酬，该行为应视为兰顺某退出与黄文某共同承包案涉工程而从黄文某等人获得利润补偿。因此，兰顺某退出工程承包，故不应对杨某的损害后果承担责任。黄文某、陈某、黄某及张景某虽共同承包桩基工程，但实际施工中分为4组，各自拥有主要施工机械（桩机），各自雇请人工，独立完成施工任务。杨某系张景某雇请员工，为张景某提供劳务，其在提供劳务中受损，黄文某、陈某、黄某亦不担责。胡志某提出用炸药取钻头，并拿钱让张景某购买烟花，是事故发生的起因，且胡志某因本次重大劳动安全事故受到刑事处罚，相应的应承担本案的赔偿责任。因胡志某系周文某雇请，因此，周文某应对胡志某的行为承担替代责任。杨某违反操作流程非法爆破烟花拔锤，应承担损害后果的相应责任。所以最后二审法院就有了新的方向和审判结果。

本案是由于个人安全意识和工程单位违法多次分包等原因引发的纠纷案件，但这也警醒了一众企业和人员。作为施工单位必须要牢固树立安全第一的理念，严格遵守安全生产责任制度和安全生产许可制度，广泛地开展安全教育培训，健全安全生产劳动保护设施，积极投保商业保险；做到依法分包，与劳动者建立合法的劳动关系；在施工过程中避免人员、财产的损失；同时要准确适用法律相关规定，明确侵权责任，定分止争。

第三节 环境侵权的风险

在建设工程施工中，经常会面临因不注重环境保护而引发的环境侵权问题。环境侵权风险主要是指在企业生产经营中因人为原因导致周边生态环境和自然资源的污染或破坏，对他人人身权、财产权、环境权益等造成损害等一系列存在环保违法、违规乃至犯罪的行为，从而引发各类法律责任的风险。

环境侵权还会受到监管部门的行政处罚或司法机关刑事追责的风险。如《环境保护法》中规定了警告，罚款，责令停止生产或者使用，责令重新安装使用，责令停业、关闭这5种行政处罚。环境污染的防治单行法中还规定了责令限期治理缴纳排污费，支付消除污染费用，赔偿国家损失，责令限期改正，责令停止违法行为，责令消除污染，没收违法所得，责令搬迁，责令改正等。根据《中华人民共和国刑法》第三百三十八条规定了污染环境罪：违反国家规定，排放、倾倒或者处置有放射性的废物、含传染病病原体的废物、有毒物质或者其他有害物质，严重污染环境的，处三年以下有期徒刑或者拘役，并处或者单处罚金；后果特别严重的，处三年以上七年以下有期徒刑，并处罚金。

一、法律合规风险点描述

1. 施工噪声污染侵权的风险

在施工过程中由于多种设备同时操作，或在建筑施工周转材料的装卸、安装和拆除过程中也会产生超出正常阈值的噪声，从而影响周边居民的正常生活。

2. 施工废水污染侵权的风险

建筑施工中的废水主要由以下水类产生：井点降水、桩基施工产生的泥浆、建筑材料及输送管道的清洗水以及施工人员生活废水等，导致水环境污染问题。

3. 施工废气、粉尘污染侵权的风险

废气主要来源于建筑中的装修材料，其中的相关污染物有甲醛、油漆、涂料、沥青、建筑黏合剂中的多种挥发性有机化合物。建筑粉尘主要是指在施工现场砂石料、水泥等建筑原材料在运输、堆放和使用过程中，由于人为或某些气象因素造成的。

4. 环境污染侵权引发经济与信誉损失的风险

《民法典》第一千二百三十五条规定，"违反国家规定造成生态环境损害的，国家规定的机关或者法律规定的组织有权请求侵权人赔偿下列损失和费用：（一）生态环境受到损害至修复完成期间服务功能丧失导致的损失；（二）生态环境功能永久性损害造成的损失；（三）生态环境损害调查、鉴定评估等费用；（四）清除污染、修复生态环境费用；（五）防止损害的发生和扩大所支出的合理费用。"建筑施工企业的环境侵权行为会造成严重的经济损失，如处置不当，很可能会带来负面的舆情，进而影响企业的声誉。

二、法律合规风险防范措施

1. 环境保护是国家的一项基本国策，也是企业生命底线。企业需要严格遵守项目建设环保要求，不可存有侥幸心理。

2. 要加强环境事件应急管理能力。制定包括环境应急装备、物资、公共关系管理在内的突发环境事件应急预案，建立一套行之有效的快速反应机制，在第一时间采取合理措施，以防止造成不可控的环境污染事件。出现环保问题尽可能通过行政途径解决，避免上升到刑事处罚层面。

3. 要积极践行绿色低碳的理念，从源头防控风险，提高资源利用效率，加速技术创新和制度创新，向以低能耗、低排放、低污染为基础的项目施工模式转变。

三、典型案例：环保要求要牢记，环境损害责任重

【基本案情】

某县林果种植园的投资人王某于 2014 年通过某县招商引资来到某县发展。2014 年 11 月 5 日，王某与某县 A 村委会签订《"红色农场"土地合作开发协议》，约定 A 村委会将田地共 102.88 亩集体土地使用权租赁流转给王某，合作开发期限为 20 年，期限自 2014 年 10 月 30 日至 2034 年 10 月 29 日止，还约定了费用支付方式等。2015 年王某成立了某县林果种植园后，从第一年开始的挖机整地、基础设施、苗木种植等，对自己所种植的枣树投入了大量的人力、物力及财力。林果种植园先后共计种植冬枣 100 亩，大部分冬枣于 2015 年种植完成，从 2018 年开始挂果。2021 年刚好进入盛果期。而 2021 年，某建投控股公司与某高速公路投资公司签订了建设工程合同，要对某省高速公路进行土建施工。该施工地点从林果种植园种植的冬枣土地中间穿过，由于当时的气温高、风力大，每天产生了大量的粉尘，导致林果种植园的枣树本应该在 4~5 月挂果都出现不挂果的情形。当时林果种植园要求某建投控股公司再等一段时间，过了开花期后施工，以减少对果树的影响（刚好在开花期，花粉因灰尘造成活性粉下降导致不挂果）。林果种植园针对粉尘导致不挂果情形多次找乡人民政府等相关部门帮忙处理均未果。后林果种植园于 2021 年 5 月 13 日提起诉讼，要求判决某建投控股公司、某高速公路投资公司共同承担林果种植园的经济损失合计 119.8339 万元；诉讼费、鉴定费由被告承担。

法庭审理中，各方当事人就"应当由谁承担赔偿责任"和"林果种植园的损失应如何

进行赔偿"进行了激烈交锋。

针对上述问题，某建投控股公司辩称：一、某资产评估有限公司作出的《资产评估报告书》在程序上和实体上均存在重大错误，依法不应采信。经查询，某资产评估有限公司仅是进行土地房产类资产评估的第三方咨询机构，并无生态环境损害评估鉴定资格，其作出的该份《资产评估报告书》不应被采信。二、林果种植园根本未提交其历年冬枣产量、销售量、销售价等数据，无法对比得出其2021年度冬枣是否减产和存在损失的结论，也未提供上述数据所对应的现金流（应包括日常物资采购、微信、支付宝、银行转账、现金取款凭证、工人工资发放记录、销售收入、纳税记录等有效证据），仅单方提出因高速公路施工导致损失80万元，后又当庭变更诉讼请求后为损失119.8339万元，无数据对比便不能支撑林果种植园2021年冬枣是否减产、减产数量及收入具体减少119.8339万元的金额。

某高速公路投资公司辩称，本公司与某建投控股公司签订了工程总承包合同书，把案涉工程施工全部承包给某建投控股公司，施工的主体是某建投控股公司，即使本公司有监督责任，也不是法定承担共同赔偿责任或连带责任，只能说作为合同主体监督的问题。

【裁判结果】

法院认为，某资产评估有限公司的鉴定人员已出庭接受质询，并对所提的异议（包括上诉状所述内容）作出了答复。某资产评估有限公司是具有合法鉴定资质的鉴定机构，鉴定程序合法，《资产评估报告书》应作定案证据采信。根据《民法典》第一千二百二十九条规定："因污染环境、破坏生态造成他人损害的，侵权人应当承担侵权责任。"第一千二百三十条规定："因污染环境、破坏生态发生纠纷，行为人应当就法律规定的不承担责任或者减轻责任的情形及其行为与损害之间不存在因果关系承担举证责任。"环境污染责任属于特殊侵权责任，不考虑侵权行为人的主观过错，只要其污染环境造成损害，就应当承担侵权损害赔偿责任。而造成损害的污染者主张免责的，应当就法律规定的不承担责任或者减轻责任的情形，以及行为与损害结果之间不存在因果关系承担举证责任。而某建投控股公司未提供证据证实其有法律规定不承担责任的情形，以及造成案涉冬枣损失与其施工中产生的扬尘无因果关系，应由其承担举证不能的法律后果。某高速公路投资公司未实施侵害行为，不属于侵权人，不应承担赔偿责任。

综上所述，且因某建投控股公司是在2021年4月初进行的施工，鉴定时已不能完全恢复到损害发生时的客观环境，且在案证据也不能证明施工中产生的扬尘对造成案涉冬枣损失的影响程度是多少，一审根据林果种植园提供的证据并结合损失资产评估报告，酌情判决由某建投控股公司赔偿林果种植园2021年冬枣损失599169.6元，二审予以支持，二审同时也对林果种植园提出应由某建投控股公司和某高速公路投资公司承担损失60%的赔偿责任的上诉主张，作出了不予支持的处理。

【案例评析】

本案是一起因工程施工引发的环境侵权纠纷，其中某建投控股公司还申请了新的鉴定机构对环境污染进行鉴定，鉴定结果也说明了施工50m范围内才有一定损害，但为什么法院没有支持其上诉诉求呢？原因如下：

一是由于冬枣田间管养维护环节多，对管养人员有一定的专业技术要求，冬枣的管养维护优劣、人员的专业程度、当年的光照条件、雨水条件都影响着冬枣的产量，因此，不能光从污染的鉴定结果来单独看侵权与否。

二是客观上鉴定时已不能完全恢复到损害发生时的情况，再根据林果种植园枣树与当地未被扬尘污染的枣树对比及林果种植园提供的当时的施工状况（照片、视频），某建投控股公司、某高速公路投资公司施工引起的扬尘对刚好处于开花期的枣树损失确实有一定影响。

三是依据《最高人民法院关于审理环境侵权责任纠纷案件适用法律若干问题的解释》第七条："侵权人举证证明下列情形之一的，人民法院应当认定其污染环境、破坏生态行为与损害之间不存在因果关系：（一）排放污染物、破坏生态的行为没有造成该损害可能的；（二）排放的可造成该损害的污染物未到达该损害发生地的；（三）该损害于排放污染物、破坏生态行为实施之前已发生的；（四）其他可以认定污染环境、破坏生态行为与损害之间不存在因果关系的情形"的规定，某建投控股公司证明不了自己的施工污染与果树产量无关。

根据鉴定意见及当地实际，加上侵权人无法证明自身免责，法院酌情进行判决是合理的。

该案是建筑施工环境侵权的典型案例，也明确告诉了施工责任方应该怎么做，应该怎么避免环境侵权，许多项目和分（子）公司对环境保护与施工污染置之不理，甚至美其名曰为节省成本，从而造成了巨大的法律风险。要杜绝这类法律风险，就必须要在思想上、制度上有深刻的改变。

第九章
涉外项目法律合规风险防范

第一节 项目所在国法律政策变化的风险

项目所在国的法律政策变化的风险，是指由于项目所在国法律不稳定，发生法律变动导致外国承包商受到重大不利影响的风险。法律政策变动具有不可预见和无法控制的特征，特别是在基础设施投资等领域，各国法律法规或政策的频繁修订，项目所在国法律环境的稳定对外国承包商的利益影响重大。如果项目所在国法制不健全，或者政策变动频繁，会使项目实施过程中的不确定因素增加，承包商无法进行合理的预测，甚至无法通过法律来保护自己的正当权益。

一、法律合规风险点描述

因政局变动、社会环境、市场准入或当地局势等变化，东道国可能颁布临时性的法律、法令，或采取新的政策措施。东道国法律政策发生变动，可能导致"走出去"的企业境外经营或投资项目发生履约不能、投资失败、项目被取消、资产被征收等风险。因此，国际工程总承包企业必须要重视东道国法律政策的尽职调查，关注法律的差异，熟悉项目所在国的法律环境，避免法律风险带来的损失。

二、法律合规风险防范措施

1. 及时开展项目所在国的法律尽职调查

在项目执行过程中，不但要熟悉工程承包合同对合同权利义务的约定，还要熟悉当地法律的相关规定。目前世界各国均制定了以保护本国资源和市场为目的的市场准入法律法规，其中广泛涉及经营主体、当地化份额、资金流动、货物进出口、非本国人力资源的使用、税收、保险等内容，同时项目所在国已经加入的国际公约、双边与多边条约等涉及准入的相关内容，都是进入目标所在国必须遵照执行的。国际工程的顺利开展受到项目所在国法律的约束，因此需要及时开展法律尽职调查，掌握项目所在国法律、法规的发布和收集，为项目顺利履约提供法律支持。通过对"走出去"的目标国国情、资源、人口、文化等相关信息、营商环境、投资环境、政府审批、具体法律制度、双边投资保护协定、双边税务协定、相关的国际公约和条约等预先进行全面的法律环境可行性调查研究，对可能存在的外汇风险、环保风险、税务风险、知识产权风险、劳工风险、争议解决、法律政策变动、政府审查等风险及其可能造成的不同程度的损失进行比较、分析、研究，提出初步的法律是否可行的结论和风险控制的建议方案，形成专题法律调研报告，作为项目可行性研究报告的组成部分。调研报告为企业"走出去"提供第一手的新鲜资讯和情报，是企业"走出去"之前进行决策的重要依据之一。如果调研报告结论为不可行或慎重，企业又难以控制、防范和化解相应的法律风险，那么企业应当理性决策，取消项目或暂缓实施。

2. 审慎对待合同条款

应当审慎对待合同的任何条款，对有争议或风险的合同条款，应当要求业主及时澄清，避免风险发生。

3. 及时发现和妥善处理法律合规风险

法律风险不同于其他风险的一个重要特征就是法律风险为一种制度规则产生的风险，法律风险必须以法律本身的规范内容作为衡量标准。相对于其他风险来说，由于法律具有较强的规范性和较高的透明度，因此法律风险具有较高的预测性和可控性。企业要在市场竞争中取得优势，就要加强对法律风险的防范与控制，要认识到法律风险的存在会给企业带来的危害后果，要学会运用法律手段保护企业自身利益。

三、典型案例：东道国法律变化，及时亮剑避损失

【基本案情】

1992年，科威特财政部颁布实施《反投资法》[1]，要求签约了科威特政府项目的国际承包商将所签合同总金额的35%作为反投资额，与科威特反投资管理机构签订反投资协议，在科威特境内履行反投资义务；否则应当承担合同总金额的6%作为不履行反投资义务的罚款。

2011年5月29日，科威特内阁召开会议对《反投资法》进行修订，通过了科威特第692号内阁会议决议（以下简称"第692号决议"），扩大了《反投资法》的适用范围，将基础设施类项目（即包括类似科威特5A&B等项目）纳入《反投资法》适用的范围中；2011年11月27日，第692号决议新修订的《反投资法》通过科威特第45号决议（以下简称"第45号决议"）生效实施。

科威特5A&B项目位于科威特大学城，主要工作范围包括环大学城道路、服务设施、变电站、地面停车场、绿化和喷泉景观等工程，工程总占地面积为253.1万 m²。2011年6月5日，科威特招标中心就科威特5A&B项目发布招标公告，要求投标时间为2011年7月19日；后投标时间经多次延期至2011年12月11日，中国水电建设集团国际工程有限公司（以下简称"原告"）按照该投标日期参与该项目投标；2012年8月13日，原告中标该项目；2012年10月15日，原告与业主方科威特大学城（以下简称"KU"）签订了科威特5A&B项目合同（以下简称"项目合同"），合同总金额9800万KD[2]（折合人民币约21.56亿元）。

---

[1] 1992年7月26日，科威特内阁通过并颁布《补偿贸易反投资计划》（我国普遍将该法令称为《反投资法》），授权科威特财政部实施，旨在要求与科威特政府签约的国际承包商应将所签合同总金额的35%作为反投资额，与科威特反投资管理机构签订反投资协议，在科威特境内履行反投资义务；否则，应当承担合同总金额的6%作为不履行反投资义务的罚款。2004年8月22日，科威特内阁中止该法令的施行。2005年8月7日，科威特内阁再次激活该法令的适用。2011年5月29日，科威特内阁对该法令进行修订，扩大了适用范围，将公共基础设施类项目纳入适用对象，并于2011年11月27日颁布实施。

[2] 科威特货币单位：科威特第纳尔，1KD≈21.56元人民币。

2014年4月,KU致函要求原告与科威特反投资管理机构——国家反投资公司 National Offset Company（以下简称"NOC"）沟通确定项目是否适用《反投资法》。2014年5月25日,原告致函NOC；2014年6月11日,NOC正式回函原告,确认科威特5A&B项目不适用《反投资法》。

2016年7月,KU致函原告,称根据项目合同第78条承包商需要满足反投资要求的约定,要求原告与新设立的科威特政府反投资管理机构——科威特直接投资促进局Kuwait Direct Investment Promotion Authority（以下简称"KDIPA"）签订反投资协议,履行反投资义务。原告收函后,立即回函告知业主,项目已于2014年6月获得了NOC出具的项目不适用《反投资法》的致函证明,项目无须履行反投资义务。

2016年12月27日,KDIPA通知KU要求科威特5A&B项目适用《反投资法》,需从每期项目进度结算中扣除6%的结算款作为反投资义务保证金,直到项目出具保函为止。经测算,如果按照KDIPA确定的科威特5A&B项目适用《反投资法》,那么自KDIPA通知扣款起至本项目完工,KU扣款将达588万KD（折合人民币约人民币12936万元）。原告就《反投资法》适用事宜多次与KDIPA协商,均未果。

2017年8月17日原告以科威特5A&B项目不适用《反投资法》为由,将被告KU（以下简称"被告"）起诉至科威特初审法院。诉讼请求包括：1.要求被告立即停止从进度支付款中扣除6%的金额作为反投资义务保证金的行为；2.本项目不适用反投资条款,原告无须履行反投资义务；3.鉴于被告以《反投资法》适用相关事宜对原告造成的利益侵害,要求被告对原告进行不低于5001KD的赔偿；4.要求被告承担诉讼费等。

双方的争议焦点在于案涉工程项目是否适用《反投资法》。原告认为科威特5A&B项目不适用《反投资法》,理由如下：(1)项目招标时间为2011年6月5日；项目投标时间为2011年12月11日；项目中标时间为2012年8月13日；在整个招标投标期间,招标人科威特招标中心未提及任何反投资义务事项,原告不应承担反投资义务。(2)2011年5月29日,第692号决议扩大了《反投资法》的适用范围；2011年11月27日,通过第45号决议使第692号决议颁布生效实施；无论是第692号决议还是第45号决议,原告未通过官方正式途径获得。(3)科威特5A&B项目招标时间早于第45号决议的生效时间,因此科威特5A&B项目不适用新修订的《反投资法》。(4)原告于2014年5月25日按照KU要求,致函NOC询问项目是否适用《反投资法》；NOC于2014年6月11日正式回函确认科威特5A&B项目不适用《反投资法》,无须履行反投资义务；原告将NOC致函转发KU后,KU未再就此事提出异议。被告认为科威特5A&B项目应当适用《反投资法》,理由如下：(a)根据合同条款第78条,承包商在满足反投资条件的情况下,应当履行反投资义务；(b)原告投标时间在第45号决议颁布生效日期之后,应当按照第45号决议执行反投资义务；(c)原告取得的NOC证明无效,2014年5月26日反投资业务的管辖权限已由内阁会议决议从NOC移交给了KDIPA；证明的签发日期是2014年6月11日,在权限移交以后,NOC没有权限,因此证明是无效的。

2017年10月2日,法院组织第一次听证会。2017年10月23日,法院再次组织听证会,被告补交了答辩材料。2017年11月13日,法院召开听证会,原被告双方均补充了辩护意见。2017年12月11日,原被告双方进行当庭答辩和质证,随后法院宣布听证会程序结束。2018年1月22日,法院作出临时裁决,指定一名司法部专家就该案件进行调查,并建议原被告双方协商谈判解决争议。2018 年 5 月 7 日，庭上原被告双方再次提交各自准备的庭审材料。2018 年 5 月 14 日，原被告双方当庭提交了对 5 月 7 日开庭的补充材料的答辩材料。2018 年 5 月 24 日，法院组织专家听证会。2018 年 5 月 31 日，专家听证会上司法部专家要求 KU 补充证据材料。2018 年 6 月 11 日，庭上原被告双方应司法部专家要求进一步补充了证据材料。2018 年 9 月 10 日，庭上司法部专家向法院提交了专家调查报告。2018 年 10 月 2 日，庭上被告以正在向内阁委员征询案件意见为由，向法院提出案件审理延期申请。2018 年 12 月 3 日，法院决定案件再次延期，以审查科威特法律咨询立法部提交的备忘录。2019 年 3 月 11 日，庭上原告向法院补充提交证据，原被告双方就各自观点进行再次辩论。

【裁判结果】

原被告双方达成和解，《反投资法》不适用于原告的项目，原告撤诉。

2019 年 3 月 31 日，为了尽快解决科威特 5A&B 项目反投资争议，减轻诉累和项目面临的资金压力，保障项目顺利实现移交，原告与 KDIPA 签署和解协议，KDIPA 同意科威特 5A&B 项目不适用《反投资法》，承诺发函给 KU 要求其返还反投资扣款给原告；原告同意撤诉，并承诺不再追究 KDIPA 的任何其他责任。

2019 年 4 月 10 日，KDIPA 正式发函给 KU，说明科威特 5A&B 项目不适用《反投资法》，要求 KU 返回全部扣款给原告。2019 年 6 月 25 日，KU 将所有反投资扣款 179.87 万 KD 返还给原告。

【案例评析】

中国承包商在"走出去"的过程中，面临陌生且复杂的法律环境，该案例的发生具有典型的代表性。项目所在国的法律变化，可能对项目的履约造成重大影响，这是中国承包商面临的巨大法律风险。

法律的修订与颁布涉及了法律的生效时间问题。法律的生效时间一般包括两种：（a）自法律公布之日起开始生效；（b）法律另行规定生效时间。在该案例中，2011 年 5 月 29 日，第 692 号决议扩大《反投资法》的适用范围；2011 年 11 月 27 日，通过第 45 号决议颁布生效实施第 692 号决议；即《反投资法》的修改生效时间为 2011 年 11 月 27 日。就一般法律原则而言，法律一般只能适用于生效后发生的事实和关系，不适用于生效前的事实和关系，即法律不溯及既往，除了刑法中新法规定的刑罚轻于旧法时有溯及力的规定。

该案件双方争议的地方，恰恰是该案件的复杂之处。科威特《反投资法》修改后的生效时间发生在业主招标时间之后，原告投标时间之前，究竟是以招标时间还是以投标时间，作为衡量该项目是否适用《反投资法》的标准，这在科威特《反投资法》中并未明确。法律规定模糊常常是中国承包商"走出去"面临的另一个难题。

针对国际工程项目所在国法律变更和法律模糊的难题，中国承包商应当时刻关注所在国家的法律变更情况，特别是对项目履约影响特别重大的，例如投融资、安全健康环境保护、劳工法律等，以此可以保障项目在所在国法律发生变化时及时向业主主张权利。针对法律变更，如果法律生效是在招标后投标前，那么应当及时要求业主澄清；如果发生在项目合同签订后，给项目造成影响的，中国承包商应当及时根据合同条款向业主主张合同权益。

此外，就法律适用问题与项目所在国政府或业主产生争议后，应当积极争取协商解决。在协商未果的情况下，中国承包商要敢于及时亮剑、依法维权，作为一个国际承包商，运用法律手段维护自身合法权益是开拓国际业务应当必备的能力。案件发生后，国内总部和前方项目部领导应当高度重视，成立案件处置工作小组，由前方经办人员和法务人员互相配合，深入研读合同文件和法律，全面准备证据材料，采取科学的应诉方案，运用律师等第三方资源，推动案件解决。

第二节　不可抗力下独立保函索兑的风险

独立保函，又称见索即付保函，是指银行或非银行金融机构作为开立人，以书面形式向受益人出具的，同意在受益人请求付款并提交符合保函要求的单据时，向其支付特定款项或在保函最高金额内付款的承诺。

相较于非独立保函，独立保函具有其特殊性，即独立于基础法律关系、见索即付、设置最高金额。其本质是为提升开立效率，降低信用成本，从而促进商事贸易的一种独立且单据化的付款承诺。独立保函运用于工程实践中，该特性形式上免除了开立人对基础法律关系的核查责任，减少了工程各方关于传统保证责任的谈判及资金成本，同时更有利于受益人高效获得赔付。

一、法律合规风险点描述

独立保函凭借自身特有的灵活性和独特的运作机制在众多担保方式中脱颖而出，几乎可以被用于国内外货物买卖、建设工程、融资借贷等各种交易的每个环节，在国际商业交易中发挥着至关重要的作用。

国际工程承包中保函的应用极为普遍，"一带一路"工程中涉及的独立保函多为履约保函，并且成为业主避免因承包商违约而蒙受损失的重要手段。然而正是基于独立保函的特点，在发生不可抗力的情况下，业主可能以承包商不继续履约为由对承包商提出保函延期或索偿的要求，存在滥用付款请求权的风险。

二、法律合规风险防范措施

承包企业应该对保函风险有防范意识及应对准备，在发生不可抗力时，承包商应遵照法律及合同及时履行应尽的义务，并明确自身权利，及时接洽各方，尽量避免或减轻保函风险。

1. 谨慎使用见索即付保函

对承包商而言，见索即付保函是风险较大的保函，故在议标的情况下，承包商应与业主商议不使用此类保函。若业主明确要求采用见索即付保函，承包商应仔细推敲保函内容，保函中应具体指出业主对保函索偿时应提交的单据或证明文件的种类和内容，并明确说明对单据内容的要求。另外，最好能在保函中规定，在业主的索偿与银行付款之间有一定的时间间隔，以使承包商有机会通过与业主的协商将争议解决在银行付款之前。

2. 熟悉合同及法律，履行应承担的义务

承包商应熟知工程合同与其适用的法律法规，这样在不可抗力发生时才能明确应有的权利，履行相应的义务，收集有力的证据，减少最终的损失。例如，在发生不可抗力的情况下，承包商在暂停工作时应根据合同履行其通知的义务，从而避免在以后的争端中，业主以此作为抗辩或申诉的理由。另外，承包商应根据合同或法律确定业主提出的要求是否合理，不满足业主的要求是否需要承担责任，从而为最后的决策提供依据。

3. 与担保银行及业主保持沟通

在不可抗力使项目停工后，承包商应与业主保持沟通，从而了解业主是否有就保函进行索偿的倾向或警告。同时，承包商也应及时告知担保银行项目停工的情况，说明若在项目停工期间业主以承包商不履行施工责任为由就保函进行索偿是不合理的，并可请求在业主就保函进行索偿时及时得到银行的通知。

4. 及时使用止付机制

在意识到存在业主可能就保函进行索偿的风险时，承包商可以考虑向法院申请止付令。承包商可以单独对银行或业主申请止付令，也可以同时对银行和业主申请。然而，不可抗力可能会阻碍承包商在项目所在国申请止付令。在这样的情况下，承包商还有可能在境外对反担保行（如果有）申请止付令。若保函中的管辖法律和管辖权条款规定，有关争议应在另一个司法辖区解决，承包商可以选择在约定的司法辖区申请止付令。

三、典型案例：独立保函风险高，国际项目要善用

【基本案情】

A工程总公司（以下简称"A公司"）作为总包人，与B建设工程集团公司（以下简称"B公司"）作为承包人，签订了《承包合同书》，工程地点在利比亚。合同约定，承包人向总包人提供预付款担保和履约担保。保函由中华人民共和国国内某一商业银行开立。合同也约定，不可抗力事件发生涉及承包人施工场地的，承包人应立即通知总包人，在力所能及的条件下，迅速采取措施，尽力减少损失。总包人和承包人协商一致，可以解除承包合同。承包合同解除后，不影响双方在合同中约定的结算条款的效力。如果因为不可抗力或发包人原因造成工程延期或其他责任，总包人和承包人双方免责，并共同采取措施减少损失。

B公司为履行承包合同，向C银行申请开立保函。C银行以A公司为受益人开立了保函。保函载明：保函有效期为一年，如保函申请人B公司未能履行承包合同书及其附件中规定的义务，包括双方就合同条款达成的变更、修改和补充义务，C银行在收到A公司提交的书面宣布申请人违反合同规定的正式通知及由A公司法定代表人（负责人）或授权代理人签字并加盖公章，列明索赔金额的索赔通知后5个工作日内，支付相应的保证金；本保函的款项构成本银行无条件的、不可撤销的直接保障责任；保函项下的所有权利和义务受中华人民共和国法律管辖与制约。

由于利比亚形势动荡，2011年2月17日发生武装冲突，民众的示威抗议从班加西开始向全国蔓延。3月2日，我国将在利比亚的工程建设人员等全部撤回国内。3月17日，联合国做出决议，同意在利比亚设立"禁飞区"，法、英、美等多国部队随之发动对利比亚的空袭，利比亚进入战争状态。

后A公司以B公司违约为由，向C银行发出索赔通知进行索款。C银行向A公司发

送通知，称 B 公司已经通知该行对案涉保函暂停保证金支付，该行认为由于目前项目已暂停施工，停止施工是因为项目所在国利比亚发生骚乱及战争等不可抗力造成，B 公司并无违反合同约定的行为。鉴于不可抗力的原因及 B 公司的要求，履约保函中止支付、预付款保函项下的款项由 B 公司与 A 公司清算后多退少补，并不再办理保函延期和重新开立工作。A 公司遂向法院起诉 C 银行，请求判令 C 银行支付保函下的款项及利息。

【裁判结果】

本案由浙江省高级人民法院一审，最高院二审。2019 年 6 月，最高院作出二审判决。

关于保函的性质，最高院认为：区分一份保函的性质是独立保函还是担保法规定的保证，关键在于考察保函文本是否为开立人设定了相符交单情形下的独立付款义务，而不在于是否使用了保证责任的措辞。案涉保函第一条约定了本保函项下开立人承担的保证责任的最高金额。第三条约定了"我行在收到你方提交的书面宣布申请人违反合同规定的正式通知及由你方法定代表人（负责人）或授权代理人签字并加盖公章，列明索赔金额的索赔通知后 5 个工作日内，支付相应的保证金。"案涉保函记载了据以付款的单据和最高金额，开立人无须在单据之外确定基础交易的履行情况，能够确定开立人付款义务的独立性和跟单性，一审判决认定案涉保函为独立保函正确。

关于 A 公司的付款请求，最高院认为：C 银行、B 公司提出了保函欺诈抗辩，故最高院有必要就案涉独立保函的基础交易进行审查。考虑到独立保函见索即付的制度价值，本案对基础交易的审查应当坚持有限原则和必要原则，审查的范围限于受益人是否明知基础合同的相对人并不存在基础合同项下的违约事实或者不存在其他导致独立保函付款的事实，具体为《最高人民法院关于审理独立保函纠纷案件若干问题的规定》第十二条规定的 5 种情形。《承包合同书》明确约定，如果因为不可抗力或发包人原因造成工程延期或其他责任，总包人和承包人双方免责，并共同采取措施减少损失。A 公司对不可抗力导致各方当事人的风险分担是明知的。因利比亚国内发生战争，B 公司和 A 公司撤离案涉工程项目。B 公司系因不可抗力不能履行合同，并未违约。在此情况下，A 公司对其不享有案涉保函索赔权是明知且清晰的。A 公司明知案涉工程因不可抗力无法继续的情况下，仍然坚持以 B 公司违约为由，要求 C 银行支付履约保函项下款项，缺乏诚实信用，属于滥用索赔权。一审未支持 A 公司的付款请求并无不当。

【案例评析】

1. 援引不可抗力免责的法律证成

因不可抗力不能履行合同的，应该是指不可抗力事件导致客观上不能履行合同，两者必须要有因果关系，而不是指以不可抗力为理由主观上不想去履行合同。如果能证明，合同不履行并非由于不可抗力事件导致，而是由于其他情况导致、造成或引起，这个因果关系能否成立就可能存在争议。

援引不可抗力的目的是使不能履行合同的情形不构成违约的情形，从而可以免除不履行合同本应承担的责任。但并非证明了不可抗力事件与不能履行合同有因果关系，就可以必然全部免责，还要证明不可抗力对合同的影响程度。如果能证明不可抗力事件只是对合同某一部分有影响而主张整个合同受影响及主张全部免责，也可能产生争议。

并非任何事件都可以认定为不可抗力事件，必须同时符合不能预见、不能避免、不能克服的客观情况的法定条件。如果能证明主张的事件不符合任何一个条件,则该事件能否最终认定为不可抗力事件,也有可能引起争议。

总的来说,要成功援引不可抗力来主张免责,先要考虑该事件是否符合不可抗力的法定要求,然后要考虑该事件是否与不能履行合同的情形存在因果关系,还要考虑该事件的影响是否足以免除全部责任还是只能免除部分责任。

具体到本案,涉及的事件是利比亚发生国内战争。对这个事件,法院认定了属于不可抗力事件,即认为该事件满足了不可抗力的法定条件。随后,法院进一步认定了 B 公司系因不可抗力不能履行合同,即认为利比亚国内战争与 B 公司不能履行《承包合同书》存在因果关系,最终认定 B 公司并未违约。对于 C 银行来说,并非因为与不可抗力事件有因果关系而免除保函下的付款责任,而是因为法院结合《承包合同书》的条款,认定 B 公司因不可抗力事件不能履行合同是未违约,以及 A 公司对此明知但还向 C 银行索赔,认定 A 公司存在《最高人民法院关于审理独立保函纠纷案件若干问题的规定》的滥用付款请求权的欺诈情形,未支持 A 公司的付款请求。

2. URDG 规则下,不可抗力发生后业主就保函提出索偿或延期的权利分析

诚然,鉴于保函有明确:保函项下的所有权利和义务受中华人民共和国法律管辖和制约,故本案例适用的法律为中国法律,因此第一点的分析也是建立在中国法律框架之下。但在涉外工程案例中,合同和保函适用的法律极有可能是适用项目所在地的法律,或者是适用国际商会《见索即付保函统一规则》(Uniform Rules for Demand Guarantees, URDG),因此在 URDG 规则下,不可抗力发生时业主与承包商享有的权利与义务如下。

(1) 不可抗力发生后业主就保函提出索偿的权利分析

见索即付保函的索偿条件一般是被担保人违约,在国际工程保函中表现为承包商没有按照主合同履行义务。URDG 在序言中声明,"见索即付保函只有当被担保人违约时,支付见索即付保函才是适当的","依照平等和公平交易原则,规定索偿要求应当采用书面形式且应当至少随附由受益人出具的关于被担保人违约及其违约事由的声明是合理的"。因此,当业主针对保函提出索偿时,承包商违约的情形应该是确实发生的,在这种前提下业主得到保函赔偿金才是合理的。在此次利比亚危机的背景下,业主若以承包商不继续履行施工义务为由提出保函的索偿是不合理的,因为在不可抗力发生时,承包商暂停工作或终止合同是主合同赋予的权利。

然而,URDG 第二条规定,"保函项下担保人的义务是在收到表面上与保函条款相一致的书面付款要求,及保函所规定的其他文件后支付保函所规定的金额"。同时,第十一条也写明,"担保人和指示方对向其提交的任何单据的形式、充分性、准确性、真实性、是否伪造或者法律效力,对单据中含有的一般及/或特别声明或者任何人的诚信、作为或者不作为不承担任何责任"。担保银行的责任只是从表面上核实业主提交的付款要求及其他文件是否与保函条款一致,而不负责进一步证明付款要求中的被担保人违约情形是否属实。这种情况下,业主的索偿要求即使是不合理的,也可以立即得到赔付。

根据以上分析可知,在不可抗力发生后,业主以承包商不继续履约为由提出保函的索偿是不合理的,但当保函为见索即付保函时,承包商容易遭受业主的恶意索偿。

(2) 不可抗力发生后承包商对保函延期的权利义务分析

不可抗力发生后,业主可能提出保函延期要求。利比亚危机爆发后,利比亚的业主对

多家中国承包企业发出保函延期要求，主要针对即将到期的保函提出延期要求，并声明"不延期即付款"。

根据 URDG 第二十六条规定，"如果受益人在按保函的条款提交了付款要求的同时，要求对保函的有效期限予以延展，以作为付款的替代，则担保人应当毫不迟延地通知向其发出指示的一方，然后暂停付款，以给被担保人和收益人以合理时间就延期达成一致，并由被担保人就延期做出安排"。此条又规定，"除非在前款所规定的时间内延期获得同意，担保人有义务对受益人符合要求的付款要求进行付款，而受益人无须采取进一步行动"。因此，对于保函的延期，受益人只能提出要求，而最终拥有对保函进行延期权利的是被担保人，即承包商，若承包商不延期，则需要看业主的付款要求是否符合保函的具体规定。因此，URDG 规定承包商有权对保函延期，而关于承包商是否有义务对保函延期，则需根据主合同确定。如果承包商拥有足够的理由行使终止合同的权利并最终使合同终止，则承包商不再有义务履行合同中包括对保函进行延期的任何义务，业主也不能再以承包商违约为由对保函进行索偿。

综上所述，若业主针对保函提出索偿，只有在承包商违约的情形确实发生时，索偿才可视为合理。在不可抗力发生时，承包商拥有暂停工作或在一定条件下终止合同的权利，这种情形不能视为承包商违约，故此时业主以承包商违约为由对保函进行索偿是不合理的。但在见索即付保函的情形下，银行无义务核实承包商违约的事实，此时承包商将承担业主恶意索偿风险。另外，不可抗力发生后，若主合同没有终止，在保函即将到期时，应业主的要求，承包商有义务对保函延期；若承包商拒绝履行此义务，业主有权提取保函的全部金额。在保函并未临近到期时，承包商并无义务对保函延期。